理解中国

主编｜贺雪峰　吕德文

大后方

作为稳定器和蓄水池的
中国农村

杨华　著

人民东方出版传媒
People's Oriental Publishing & Media
东方出版社
The Oriental Press

图书在版编目（CIP）数据

大后方：作为稳定器和蓄水池的中国农村 / 杨华 著 . —北京：东方出版社，2023.7
（理解中国）

ISBN 978-7-5207-3423-3

Ⅰ.①大…　Ⅱ.①杨…　Ⅲ.①农村—社会主义建设—研究—中国　Ⅳ.① F320.3

中国国家版本馆 CIP 数据核字（2023'）第 076781 号

大后方：作为稳定器和蓄水池的中国农村
（ DAHOUFANG: ZUOWEI WENDINGQI HE XUSHUICHI DE ZHONGGUO NONGCUN ）

- -

作　　者：杨　华
策　　划：姚　恋
责任编辑：杨　磊　李志刚
装帧设计：张　军
出　　版：东方出版社
发　　行：人民东方出版传媒有限公司
地　　址：北京市东城区朝阳门内大街 166 号
邮　　编：100010
印　　刷：北京明恒达印务有限公司
版　　次：2023 年 7 月第 1 版
印　　次：2024 年 1 月第 2 次印刷
开　　本：660 毫米 ×960 毫米　1/16
印　　张：21
字　　数：220 千字
书　　号：ISBN 978-7-5207-3423-3
定　　价：59.80 元
发行电话：（010）85924663　85924644　85924641

- -

"理解中国"总序

当前，中国正处于百年未有之大变局的关键时刻，理解中国是一个时代命题。

中国在延续一百多年来的现代化之路。"革命"和"改革"是中国时代变迁的主题，这注定了中国的现代化具有赶超性，其"变局"在某种程度上是规划出来的，结果却是剧烈的，也可能是意外的。

中国现代化在开启一种新的可能性。中国式现代化是勾连过去和现在的"变局"。当前的中国社会有无限的发展动力，也暗藏着社会风险。我们要顺利到达彼岸，还需要理解当下。

我们可以说，"变局"意味着一个全新社会形态的出现。无论从哪个角度上看，中国都已经告别了乡土社会，城市和乡村交融共生的城乡社会形态正在成型。当前，中国的城镇化率已经超过了65%，绝大多数人口都生活在城市，且相当部分生活在农村的人口也曾经生活在城市，都市生活方式已经扩张。但是，中国城市化具有典型的"半城市化"特征，人们也普遍过着"亦城亦乡"的生活，乡村是中国现代化的稳定器和蓄水池，乡土生活仍然是中国人的人生价值和生活意义的源泉。

中国社会运行的底层逻辑在发生改变。一些根植于传统中国的社会机制，如家庭本位、集体主义等，在工业化和城市化过程中不断地解体和重构。在互联网技术的加持下，人们的生活世界和交往行为在变革。哪怕是最弱势的老人，最偏远的农村，也很难摆脱现代生活方式的洗礼。但我们必须警惕，将抽象和外来理论机械地运用于解释中国社会。因为，中国式现代化过程根植于中国传统文化，也与中国特色的城乡关系有关。我们提倡进入到中国社会内部中去，"理解中国"，就要调查中国、认识中国。

过去二十多年来，华中村治研究团队一直致力于"理解中国"。20 世纪 90 年代末，我们开展了转型期社会性质研究，对乡村治理的社会基础展开研究。2009 年，我们出版了中国村治模式实证研究丛书，试图揭示进入 21 世纪后中国农村正在发生的静悄悄的革命。此后，我们又以团队的博士论文为基础，出版了华中村治研究丛书，对中国社会变迁的诸多专题开展了系统研究。这些年来，我们也努力将自己的一线观察及时呈现出来，参与公共政策讨论。

华中村治研究团队坚持"田野的灵感、野性的思维、直白的文风"的学术风格，我们的灵感来自田野，分析根植于经验，写作服务于大众，真正践行把学术做在祖国大地上。

"理解中国"丛书尝试理解"变局"，以鲜活、灵动的方式将中国社会的底层逻辑呈现出来。丛书论题不拘一格，我们希望通过持续的努力，将"变局"图景拼接完整。

贺雪峰　武汉大学社会学院教授

2023 年 6 月 16 日

目 录

第一章　要服务也要组织起来：

中国现代化进程中的"在乡农民"

一、"在乡农民"是农村现代化的压舱石

党的十九大认真分析了国际国内形势和我国的发展条件，作出了分两个阶段实现国家现代化的战略安排。党的二十大报告进一步强调指出，全面建成社会主义现代化强国，总的战略安排分两步走：从 2020 年到 2035 年基本实现社会主义现代化；从 2035 年到本世纪中叶，把我国建成富强民主文明和谐美丽的社会主义现代化强国。因此，未来的 30 年是中国特色社会主义现代化建设的关键时期。在这个历史进程中，城市是发展极，农村是稳定器和蓄水池。城市发展为农村问题的解决提供契机和突破口，农村为城市现代化发展创造稳定的基础底盘和供给优质的劳动力。

在未来的 30 年中，"三农"不能出问题，而且要解决"三农"问题。农村能否真正成为未来中国特色社会主义现代化建设的稳定器和蓄水池，关键在于农民问题能否得到解决，而农民问题的

核心是农民的出路问题，也就是农民能否体面进城和进城失败能否返乡安居的问题。

"农民"是一个身份概念，一般指有农村户籍的居民。现在已经走出农村的大学生、进城定居的农民还大量保留农村户籍，但他们不再是"农民"。从调查结果来看，农民主要包括两类群体，一类是"农民工"群体，他们虽然进城务工、经商或从事其他行业，但是他们并未城镇化，在城镇没有稳定的工作、居所和社会保障，城镇化是他们的期待，农村是他们的归属和保障。另一类是"在乡农民"群体，他们生活、居住在农村，或从事农业生产及兼业，或从事农业以外的其他行业，或是在农村退养，他们的主要利益关系和主要社会关系在农村。

相对于农民工，在乡农民是生活在农村的最主要群体，他们是中国特色社会主义现代化建设和农村政治社会稳定的"压舱石"。农村能不能成为稳定器和蓄水池，关键就在于在乡农民能不能成为"压舱石"。在乡农民之所以可以成为"压舱石"，与以下六个方面有关。

（一）农村是进城农民的大后方

进城农民能在城里安心工作、不成为城市流民，皆在于农村是进城农民的大后方。农村后方稳定，进城农民工作和心态就稳定，他们在城里就没有后顾之忧。农村后方稳定主要表现在在乡农民吃住有保障、老幼有照顾，不需要外出务工人员操心、惦念。在乡农民还可能向进城农民输送资源，支持他们在城市体面留下和扎根。

（二）进城农民的政治社会态度取决于在乡农民

虽然进城农民的工作关系在城市，但是他们不具备城市公民身份，不参与城市政治社会生活，他们在城市不是独立的政治主体和利益主体，他们的身份是"农民"，政治权益、土地关系在农村。说到底，他们的主要利益关系和主要社会关系依然在农村，他们必须依托于在乡农民才能实现他们的政治权益、土地利益，才能获得政治效能感。因此，他们是依附于在乡农民的一个非独立的群体，他们的政治社会态度取决于在乡农民。

（三）在乡农民是农村工作的主要对象

党在农村的工作是要领导和服务所有农民群众，但是主要对象和切入口是在乡农民。"三农"问题的关键是农民问题，农民问题的关键又是在乡农民问题。因而，党在农村的主要工作就是要解决在乡农民关切的问题。基层党委政府通过走群众路线，深入到在乡农民群众之中，了解他们的所思所想所盼，然后将自下而上的在乡农民需求、问题与自上而下的国家资源、政策结合起来，解决他们的问题，满足他们的需求。总之，在乡农民是党在农村工作有形的、可靠的抓手。

（四）在乡农民是党在农村的群众基础

党在农村的群众基础问题，就是党密切联系群众、赢得群众认可、拥护和支持的问题，群众基础稳固和扩大了，党在农村的执政基础就扎牢扎稳了。在农民加速流动和城镇化的大趋势下，将在乡农民作为党在农村的群众基础，有其特殊优势，他们作为农村稳定的社会群体，便于党对他们开展联系、了解、服务的工作，抓住了这个基础，党在农村的基本盘就稳固了；他们较分散流动的农民在思想观念上更加具有一致性和统一性，便于党开展群众工作；他们有较强的集体观念和意识，有利于将他们的思想和意识统一到党委政府的政策和意志上来；他们支持和拥护党委政府，与他们有着密切关系的农民工群体也就自然而然地支持和拥护党委、政府，通过他们可以更好地做好农民工及已城镇化农民的工作。

（五）在乡农民是乡村振兴的能动主体

乡村振兴是我国新"两步走"战略安排在农村的重大战略选择，它的实施不仅要将基层党委政府动员起来，还要将社会各种力量和资源动员起来。乡村振兴的主体既包括党委政府，还包括乡贤、市场主体、社会力量、农民群体等。其中，在乡农民是当仁不让的能动主体，只要将他们组织动员起来，他们的身上就会充满无限的力量和智慧。乡村振兴要力戒过去政府干、农民看的弊病，充分组织动员在乡农民，尊重他们的主体地位，激发他们的主体性、积极性和创造性，让他们在建设自己的家乡中有获得感、成就感和荣耀感。将在乡农民的力量和智慧发挥出来了，乡村振兴就可以达到事半功倍的效果。

（六）在乡农民是乡村社会的活力之源

虽然外出农民工是农村青壮年群体，但这并不代表留下来的在乡农民就没有活力。在乡农民中既有负担不重的低龄老人，也有精力旺盛的中年人，还有返乡创业的青壮年，他们在农村社会生活中扮演着不同的角色，既是活跃村社的主体，也是建设村社的主体；既是农村传统文化的承载者和传播者，也是自己解决自己问题的能动者。通过不同的形式将不同的农民群体组织动员起来，就可以汇聚巨大的能量，以解决农村不同的问题和不同农民群体的需求。

综上所述，说在乡农民是中国特色社会主义现代化建设的压舱石，一点也不为过，团结和支持了在乡农民，党在农村的群众基础和执政基础就巩固和扩大了；在乡农民有出路、有前途、有希望，农村才会成为稳定的大后方；在乡农民被组织动员起来了，乡村振兴、农村政策落地、小农村社建设就有了能动主体和取之不尽用之不竭的力量源泉。在乡农民作为压舱石，像定海神针一般镇守在农村，农村就可以成为中国未来30年社会主义现代化建设的稳定器和蓄水池。

在乡农民作为"压舱石"，在过去中国"三化"建设中扮演了重要角色，发挥了重要功能，在未来"两步走"战略安排中的角色和地位将更加凸显。那么，它作为农村的一个主要群体，有哪些类型、特点、政治社会态度、诉求以及可能的风险，党和国家的农村政策应该如何设计、如何实施，才能使在乡农民更好地、真正地成为新"两步走"战略安排实施中的压舱石，这是亟须研究的重大课题，也是本研究要解决的主要问题。

二、在乡农民的群体类型

充分理解在乡农民，需要对其做一个素描，对其内部群体进行细化和类型化，然后再予以细致解剖、条分缕析，在此基础上，再考察在乡农民作为一个整体所具有的个性特征和社会禀赋。这样，既可以从整体上把握在乡农民，也可以在细节上认识在乡农民，对在乡农民的理解就更为立体、全面。

从对全国农村的调研来看，在乡农民主要有三个子群体，分别是精英农民、中坚农民和留守农民。这三个子群体构成了农村社会金字塔型的"三元"结构，精英农民人数最少，处在金字塔最顶端；中坚农民人数稍多，位于金字塔的中层；留守农民数量最庞大，既是金字塔结构的底盘，也是农村社会的底盘。该"三元"社会结构已日益稳定。

（一）精英农民

精英农民是指在乡农民中，掌握政治、经济、文化、社会关系等优质资源的农民群体，他们或掌握其中一项资源，或总体性占有这些资源，因而在农村中拥有较高的地位和权威，被农民称为"能人"，对农村政治社会生活影响较大。精英农民在农村家庭户数占比不高，在不同地区有差别，普遍在 10% 左右，江浙沿海地区相对较高，可以达到 15%—20%。精英农民还可以再细分为政治精英、经济精英、文化精英三种类型。

政治精英主要包括在任村组干部、退职村组干部及无职党员等。他们的经济水平在农村不一定占鳌头，收入主要有三大块，一块是村干部误工补贴，普遍在 1 万元至 3 万元不等，主职村干部要高一点；一块是务农的收入，家庭一般还耕种一些土地，有 1 万元到 2 万元不等的农业剩余收入；一块是兼业收入，如务工、货运、经营门店、承包工程等，收入普遍在 3 万元到 8 万元，十几万元的较少。村组干部以非脱产形式任职，有利于他们融入群众、感知群众生产生活。政治精英的思想素质较普通农民高，尤其是党的十八大后加强基层党组织建设，无职党员的思想素质和组织原则进一步提高。政治精英直接或间接掌握村级政治权力、村集体资源再分配权力，他们与乡镇或县直部门领导干部有工作或私人关系，他们的超社区关系较广、质量较高。

经济精英是农村中的富裕农户，他们通过经商、承包工程或矿场、投资办实业、搞管理或其他门道而拥有数十万元到数百万元不等的年收入。在中西部农村，年收入有十几万元就被划入农村富人群体，而在江浙沿海地区，年收入在三四十万元至数百万元才是富人。他们既可能在本地致富，也可能在外地致富而返回家乡，在农村或本地城镇拥有住房。他们一般将承包地转出，不再耕种土地。经济精英与农村基层组织有千丝万缕的联系，他们会主动构建与基层干部的关系，以保护自己的实业，或希望从基层政府获得项目资源。与基层政府构建关系的方式包括直接参与村级选举成为村组干部，或者支持他人参与村级选举，抑或是被基层组织邀请回来做村干部。当前农村出现一股"富人治村"的热潮。经济精英与其他农民的日常交往相对较少，但他们参与村庄人情往来。

文化精英指的是农村中有一定文化知识、专业技术的农民，主要包括教师群体、医务工作者、农技人员、传统文化人（如"礼生"）等。他们靠文化技能"吃饭"，无须外出务工经商，还耕种一定数量的土地，因而家庭收入不会低于外出务工家庭，一般在3万元至8万元，而且家庭生活较为完整。农村文化精英有文化、有技术，熟练掌握最新通信工具、接受最新讯息；具有天然的"士人"情结，对党和政府有向心力，有较强的建设家乡和参政议政的热情。他们与其他在乡农民联系较为紧密，在农村社会生活中有一定的影响力和带动力。

（二）中坚农民

中坚农民是指那些在农村治理、乡村建设、社会生活中占据主导地位、作为生力军存在的在乡农民群体。他们是在农村大量青壮年外流、城镇化大趋势下，还留在农村生产、生活的壮年农民，是农村的"中坚"力量。中坚农民在农村家庭户数上的占比要比精英农民高，一般在 20% 上下，即 100 户农民中有 20 户左右是中坚农民户。他们的年龄普遍在 30 多岁至 65 岁之间，以四五十岁群体居多。中坚农民的家庭年收入普遍在 3 万元到 8 万元。

中坚农民由以下几个群体组成。

一是家庭农场群体。这是耕种中等规模土地农民群体。他们原有承包地 5 到 10 亩，再流转土地十多亩到数十亩不等，总共耕种三四十亩至一百亩不等规模的土地，少数高达二三百亩。一般一对壮年夫妻，外加一台拖拉机，以及老年人帮忙，就能够对耕种土地进行精耕细作。除了收割时需要租用大型机器，以及农忙时要请少量零工外，一般外请劳动力较少。耕种中等规模土地能够获得 3 万元到 10 多万元的年收入，不少于外出务工的收入，还拥有大量的闲暇时间。

二是农业兼业群体。这类农民耕种自己的数亩承包地，农闲的时候在周边农村、县市打零工，而非远离家乡打工。一般来说，妇女在周边村镇的土地、家庭作坊上打零工，或者在镇上门店、超市上班，每天能够得到 60 至 80 元不等的工钱；男子则主要是在周边建筑工地、项目工地、工矿企业上打工，能得到 120 至 200 元不等的日工钱。由于是兼业，工作的时间没有外出务工的多，获得的工资性收入也没有务工多，但是他们还有务农的收入，加起来也跟夫妻皆外出务工的差别不大。

三是非正规就业群体。这类农民是指在县乡非正规经济领域获得收入的农户，他们既脱离农业生产，又不属于举家外出务工经商人员。这些人中包括企事业单位里的管理者、营销人员、门店主、小摊主等，还有农村中的手艺人，如厨师、司机、理发师、电工、电焊工、建筑师、装修工、汽车修理工等。前者靠知识、经验、人脉、经营等获得相对较高的收入，后者以提供技术服务的方式获得较高的报酬。这类群体每年有5万元以上的收入。他们将土地转出，属于离土不离乡农户。

四是经营经济作物群体。这类农民多属于返乡创业群体，年龄多在三四十岁，有一定文化、胆识、门路和闯劲儿，他们承包一定规模的土地经营农业经济作物或搞畜禽等养殖。收入超过外出务工所得，但也要承担一定的市场风险。

中坚农民在农村当地获得的收入，足够支撑他们在农村完成劳动力再生产和体面的生活，因此他们无须再外出务工。他们与农民工群体相比较，有完整的家庭生活，其家庭没有留守现象。中坚农民作为留在农村中的壮劳动力，既可以为建设农村所调动，也可以用于给留守农民提供生活生产上的帮助。他们跟留守农民、精英农民的关系都相对较好，可以作为二者沟通的桥梁。在中西部农村，中坚农民是村组干部的主要来源。

（三）留守农民

农村"三留守"包括留守老人、留守妇女和留守儿童。留守儿童尚没有参与农村社会生活，遂对留守农民的讨论只限于留守老人和留守妇女。留守农民是在乡农民中最大的群体，占比70%左右。一般认为，留守农民是农村中的弱势群体，由于能力限制，无法解决自己的许多问题，同时他们的权益容易受到侵害、需求容易被忽视。因此，他们是需要被赋能、赋权和保护的群体。但调查也表明，留守农民是在乡农民中一支不应被忽视的重要力量。

留守老人是指子女皆长年外出务工而留守在农村的老人，可分为低龄老人、中龄老人和高龄老人。中龄老人多是指75岁至79岁的老人，他们一般还能够自理，但是经济上不能自主。高龄老人是指80岁以上、行动不便、不能自食其力、需要他人照料的老人，这部分人的日常看护、病期照料是农村空心化背景下新出现的问题。

低龄老人是指50多岁至74岁的老人，他们还有自主行动能力和劳动力，不需要子女照料。低龄老人属于农村"负担不重的人"，他们的子女已成婚，完成了主要的人生任务，精神压力不大；他们还能够耕种承包地，获取农业剩余，以自食其力，不需要子女反馈，也就无须看子女脸色行事；他们还能够照顾孙辈，解决外出务工子女的后顾之忧，甚至还能够向子女输入资源，支持他们城镇化。低龄老人在家庭中拥有较高的地位和威信，他们没有精神压力和物质负担，还有大量的闲暇时间，再加上国家在养老、医疗等方面给予了农村老人一定的保障，因此50岁至74岁这段时光被认为是农民最美好的时光。如何让农村低龄老人度过这段时光，成了农村的公共需求问题。为了实现"老有所养、老有所为、老有所乐"的目标，不少地方通过成立老年人协会、红白理事会、矛盾调解委员会、互助养老等形式，组织动员低龄老人，充分利用他们的闲暇、热情、劳动力等资源，解决他们自己的问题，让他们高质量地度过闲暇时光，亦助力乡村治理。

留守妇女指的是丈夫长年外出务工而留守在乡的农村妇女，她们的年龄一般在二十几岁至五十岁，属于农村的壮年。她们之所以成为留守妇女，有这么几种情况，一是生育后留在农村抚育小孩儿；二是家中有高龄老人或生病的老人需要照顾；三是家中有将要参加中考或高考的学生需要照顾或陪读。这样的家庭劳动力分工属于典型的性别分工，男子外出务工获取工资性收入，妇女在家照顾家庭，兼顾耕作、零工等。留守妇女在子女教育上比较上心，具有较高的期待，投入的精力和金钱较多。由于留守妇女家庭是性别分工，较代际分工的家庭要少一个壮劳动力外出务工，因此少一份务工收入，那么，家庭经济收入较其他家庭相对低，家庭支出压力较大。留守妇女有一定的文化、见识，也有建设家乡的热情，是农村社会交往的活跃者，敢于议论和提意见。

留守妇女在农村面临一些基本问题，包括：一是家庭生活生产中的一些重体力活儿、紧急事情如何应付的问题；二是权利、利益受到侵害、忽略时如何维护的问题；三是大量闲暇时间如何有效度过的问题；四是如何既照顾家庭又能就近务工的问题。

三、在乡农民的主要特点

在乡农民作为一个群体的主要特点，也就是他们拥有的社会禀赋，这是他们在乡村政治社会环境中所秉持的较其他群体所具有的比较优势。在乡农民的社会禀赋决定了他们的政治社会态度及主要诉求。

（一）在乡时间长、熟悉农村情况

相对于举家外出经商农户、农民工及已城镇化的农民而言，在乡农民的最大特点就是在乡时间长。固定人群的长时段交往生发熟悉，进而形成熟悉基础上的行为和思维逻辑，因而农村熟人社会维系于在乡农民。精英农民、中坚农民、留守农民构成的"三元"社会结构相对稳定和牢固，便于他们进行长时段的交互作用、相互影响。

在乡农民在乡时间长会有以下几个效果。

一是熟稔农村情况。不仅熟悉农民家庭之间的情况，而且熟悉不同农民家庭、不同农民群体的需求和问题，还熟练掌握农村地方性规范和传统习俗。

二是熟悉彼此情况。农民相互之间熟悉、互动就会讲人情、面子和情义，做事不走极端，能够相互给予方便和提供帮助。

三是对农村有感情。在农村生活时间长，生活、生产和社会交往都在农村，对农村有依赖、有感情，希望农村建设得更好、农村社会关系更和谐、人际交往更舒适，因而更可能积极参与乡村建设行动。

四是成为农村建设主体。在乡农民对农村情况熟悉，对农村又有感情、有热情，那么他们就是当仁不让的农村建设主体。

五是村组干部从他们中选拔。村组干部要扮演好在乡农民的当家人的角色，就必须熟悉农村、了解在乡农民的真实需求和实际问题，这就需要他们对在乡农民的生活、生产、社会交往有较深介入和切身体验，这样才能及时、准确地予以回应和解决。因而村组干部应该从在乡农民中选拔、培养。

（二）主要社会关系、利益关系在农村

除精英农民拥有较高的超社区关系之外，在乡农民的主要社会关系都在农村，他们围绕生产、生活、社会交往在在乡农民内部维系和经营社会关系。在乡农民也主要是从农村内部获取利益，这里包括两部分，一部分是土地剩余利益，一部分是工商业剩余利益。这两部分是在乡农民的利益之源，离开了它们，在乡农民难以在农村生存。

在乡农民的主要社会关系、利益关系在农村，他们就会千方百计地维系和强化他们的社会关系和利益关系。

一是在乡农民的主要利益在农村，就希望扩大农村的获利空间。包括更多青壮年外出务工经商，留下更多土地利益和工商业利益空间。比如中坚农民、留守农民等，他们最关心农田水利的基本建设、最关注国家在农村的各项政策和土地制度安排；与基层组织建立关系，以获得更多优惠政策和国家政策信息；最关心土地与耕地保护，在农业耕种上讲求精耕细作以获得最大收成；等等。中坚农民种地规模经营户希望保持土地流转政策，以转入一定规模的土地；留守老人中的低龄老人，希望承包地更方便耕种，包括连片耕种、水利设施完备、提高机械化率等，从而能够降低劳动强度，延长他们耕作土地的生涯。

二是在乡农民的主要社会关系在农村，他们要在农村长期居住和生活，他们就希望有一个人际和谐、社会安定、充满人情味儿的村社。在这里不仅能够度过生活的时间，而且能够获得人生意义和价值体验。所以，在乡农民除了会去经营农村的外部环境，还会主动营造村社的人文氛围，包括搭建在乡农户之间的良性关系。比如，中坚农民乐于照顾留守在家的"老弱病残妇幼"，乐于救济和帮扶其他有需要的农户，沟通留守农民与基层组织之间的关系，主动参与和支持村庄建设、村庄公共活动。

（三）实行半工半耕式家计模式

除中坚农民外，大部分在乡农民家庭都有两笔收入，一笔是务农收入，一笔是务工收入，属于典型的半工半耕的家计模式。这种家计模式在留守家庭中体现得最明显。这两笔收入缺一不可，缺少了任何一笔，都会使家庭总收入减少，从而可能使家庭陷入较大的支出压力，甚至难以完成劳动力再生产。

在留守老人家庭中，实行的是以代际分工为基础的半工半耕家计模式，也就是中老年人在家种地，年轻夫妇外出务工。这样，一个家庭就有两个壮劳动力获取务工的工业剩余，两个劳动力获取农业剩余。劳动力获取的工业剩余价值要远高于农业剩余价值，因此，在留守老人家庭的家庭收入中，务工收入与务农收入之比是8∶2或7∶3，高的达9∶1，也就是说绝大部分收入来源于务工收入。但是中老年人的"半耕"至关重要，一是它能够使中老年人在农村低成本地养老，二是中老年人还能够照顾孙辈、解放年轻人劳动力，三是"半耕"收入还能够向子代输出资源、支持他们城镇化。因此，一旦缺少了"半耕"这一块，子代务工的成本就会增加，甚至需要抽出一个劳动力来照顾小孩儿，形成巨大的机会成本。

在留守妇女家庭中，实现的是以性别分工为基础的半工半耕，即青壮年男子外出务工，年轻妇女留在家里照顾家庭。这样分工的优点是，年轻妇女能够在家照顾老人和小孩儿，家庭生活保持相对完整；缺点是家庭虽然还有务工和务农两笔收入，但是缺少了一个壮劳动力务工的收入，使得家庭总收入减少。留守家庭要想获得更多的收入，要么青壮年男子务工时多加班、增加劳动强度，要么留守妇女就近务工，有稳定的务工收入。

（四）属于农村中等收入群体

在乡农民中，除经济精英外，绝大部分家庭的收入在当地农村处于中等收入水平上下，因此在乡农民多数属于农村中等收入群体。一般来说，农村"中等收入线"为两个青壮年务工的收入与两个中老年人务农的收入之和，不同家庭因为家庭劳动力数量、质量、勤劳程度等原因，其家庭收入会在中等收入线上下波动，在中等收入线之上的为中等偏上收入水平，在中等收入线之下的为中等偏下水平。收入只要是在中等收入线波动范围之内的家庭，都是中等收入家庭，其成员属于中等收入群体之列。

农村中等收入群体数量庞大，占农民总量的 80% 左右。从中西部农村的情况来看，这些家庭的年收入在 3 万元到 10 多万元不等，而其中 5 万元至 8 万元的又占多数。农村多数家庭处于中等收入水平，表明农民家庭之间在经济上分化不大，农村不会因为经济上的分化而出现社会交往上的裂痕。同时，农民家庭有了中等水平收入，就能完成劳动力再生产以及在农村过上相对体面的生活，还能参与村庄的人情、消费等社会性竞争。

中等收入群体与经济精英相比，在收入、消费等方面有较大差距，但是他们在贫弱农民面前又有不少优越感。他们属于典型的"比上不足比下有余"的群体，在自我认同上满意度较高，精神状态相对饱满，对自身和社会持积极乐观的态度。因此，大部分农民家庭虽然有不同程度的经济上的压力，但是生活还算从容，心态平和，对现状较为满意。

由于中等收入群体占农村的绝大多数，可以形成群体效应，他们的生活方式、消费标准、价值观念、政治社会态度等容易辐射到整个村庄，被其他农民群体所效仿。比如，中等收入群体的消费标准会成为贫弱农民的奋斗目标，而该消费标准又相对较为容易达到，那么贫弱农民就会通过努力去达到目标，而不会望而却步。又如，中等收入群体对基层党委政府的态度会影响其他群体的认知。总之，作为农村中的中等收入群体，在乡农民有助于维护和促进村庄共同体的整合。

（五）农村制度和政策的受益者

在乡农民中的大部分人是当前土地制度、惠农政策的最大受益者。主要表现如下。

首先，农村土地第二轮承包后，农村土地制度变成了以集体所有制为基础，对农民土地承包权实行物权保护的农地承包权制度。《土地管理法》和《农村土地承包法》都规定"赋予农民长期而有保障的农地使用权""增人不增地、减人不减地"。并且，中央政策鼓励农民土地使用权和经营权在自愿、有偿的原则下规范流转，这样一种土地制度安排维护和促进了中坚农民、留守农民的利益。

其次，税费改革以来的一系列针对种田农户的惠农政策，如农技补贴、良种补贴、农机补贴、家电下乡等，也让耕种中等规模土地的中坚农民大受其惠。

再次，农村新型养老保险、新型合作医疗以及其他各种扶贫、救助措施的实施，给予了农民保障基础和安全感，降低了他们大额的货币化支出，减轻了家庭的负担。

最后，国家在农村的诸多工程建设，包括水、路、电、气、网等，不仅方便了农民的生产生活，还为他们提供了大量的务工岗位。

（六）拥有较多闲暇时间

在广大中西部农村，在农闲的时候经常看到三五成群聚集打麻将、打牌的情景，不少村镇都有市场化的麻将室，但这些现象在东部农村很少看到。这与中西部农村在乡农民的闲暇时间较多有关。农民的闲暇时间是指，农民除去生产经营时间和满足生理需求、劳务等生活必要时间支出之后，所剩余的个人可以自由支配的时间。

中西部农村闲暇时间多源于以下因素：一是务农有很强的季节性，有农闲与农忙之分，一般农忙时间不超过 3 个月，剩余 9 个月都可以算是农闲时间。农闲时不是没有农活儿，而是农活儿少，且不赶时间，可以灵活、机动安排。务农还要看天气，下雨、日晒的时候无法下地干活儿，也是闲暇时间。二是农业机械化、科技化水平提高，不仅极大地缩短了农业劳作时间，而且许多农活儿被机械、科技替代，把劳动力给解放出来了，如过去锄草费时费力，现在除草剂把这个问题彻底解决了。三是中西部农村工商业剩余利益空间狭小，留下的务工机会也就较少，无法给予在乡农民充分的就业机会。四是在乡农民收入达到了农村中等收入水平，能够应付家庭各项开支，因此他们获取额外收入的意愿不高，也就可能出现宁可打牌也不打零工的现象。

由于农村文化活动的形式单调、空间不足，在乡农民闲暇生活较为单一，过去主要是打麻将、看电视。近年农村公共设施逐渐完善，广场舞在广大农村兴起。一些农村地区还修通了环行政村、环自然湾水泥路，在乡农民开始有了相约傍晚散步、暴走的习惯，打牌、打麻将的人减少了。随着农村 Wi-Fi 普及，在乡农民男女老少刷短视频成为新的浪潮。

（七）具备一定的集体意识

与外出农民工、已城镇化的农民相比，在乡农民有较强的集体意识，主要表现为较强的集体认同感、集体观念、公共意识等。这种集体意识源于数十年的村庄集体生活、村集体为在乡农民提供公共物品、在乡农民在村集体中有共同的利益等。在乡农民的集体认同感，体现在他们对村组的主人翁意识、认可自己村集体成员的身份、村组的好坏会在他们身上激发荣耀感或耻辱感。在乡农民的集体观念则表现为他们认为集体利益高于个人利益、集体利益不受侵害、集体利益需要共同维护。公共意识是说在乡农民还有较强的公共规范意识、公共利益意识、公共参与意识等，表现为乡村治理中的公共精神和社会交往中的公共性。因为在乡农民有一定村庄集体意识，对村集体有期待和诉求，村庄就还能够生产出政治，在乡农民也容易被组织动员起来。

（八）自组织能力较弱

伴随着农民流动、职业分化、观念改变等原因，农村建立在血缘地缘基础之上的认同与权威关系逐渐瓦解，农民离散化、个体化程度加剧，农村内部很难再生长出权威性人物和组织动员机制，在乡农民的自组织能力较弱。但是农民的生产、生活和社会交往的诸多问题，包括生产互助协作、婚丧仪式举办、交往需求、闲暇文化需求、高龄老人看护等，许多都无法自行解决或通过市场购买解决，仍需要通过组织动员起来共同解决。因此，在乡农民仍有很强的组织需求。当他们内部不能自行组织起来，这部分需求空间就需要外部组织机构给予填补。外部组织机构最重要的是基层党委政府、村民自治组织等，它们既有组织动员的合法性和权威性，也有组织动员的资源和经验。但是如果它们不能及时填补进来对在乡农民进行组织动员，那么，有组织能力，又能获得农民认同的组织如非法宗教组织就会适时填补进去，如此在乡农民就会跟着非法宗教组织走。

四、在乡农民的政治社会态度

政治社会态度是指在乡农民对自身状况、农村社会生活、贫富差距、基层治理绩效、干部信任水平、党群干群关系等方面的认知倾向。由于中国社会与政府关系的特殊性，在乡农民的政治社会态度无论是否与基层党委政府直接相关，最终都会转化为对基层党委政府工作的评价和对基层干部的信任。因此，了解在乡农民的政治社会态度对于强化农村稳定器和蓄水池功能至关重要。

（一）对现状高度满意和认可

我们最近的一项抽样调查结果表明，在乡农民对现状的满意度和认可度超过90%。这主要表现在以下三个方面。

一是对生活水平的高度满意和认可。大部分在乡农民家庭在农村拥有体面而有尊严的生活，他们的自我认同度较高。在乡农民普遍是农村中等收入群体，有数万元到十几万元不等的年收入，收入来源相对稳定，能够支持他们完成家庭劳动力再生产、小孩儿在城镇上学、人情酒席、老人养老送终等基本事项。95%的受访在乡农民认为自己的家庭生活水平处在平均水平，主观阶层认同较高。在乡农民的贫富差距不大，没有相对剥夺感产生，相互交往不会因为经济差距而产生心理距离和隔阂。在兜底和扶贫政策支持下，即便是暂时贫弱的家庭也不认为自己是下层，更没有"认命"思想，他们对生活和家庭发展充满了干劲儿和希望。

二是对农村发展稳定的高度满意和认可。在乡农民较高的生活水平认知，与改革开放尤其是党的十八大以来农村持续发展稳定有关。在受访的在乡农民中，有高达92%的人对当前农村社会稳定和治安状况非常满意。首先是农村基础设施得到全面升级、改善，极大地方便了农民的生产、生活和社会交往，提高了农民的主观感知。农村水利条件、机耕道等设施的完善，极大地降低了农民的农业劳动强度，留守老人的务农生涯、社会性生命延长。通村、通组乃至通户道路普遍硬化，农村道路一改过去一下雨就泥泞不堪、一出太阳就尘土飞扬的局面。改水、改厕及农村环境整治极大地提高了农村的环境卫生水平。农村基础设施的完善，不仅提高了在乡生活的质量，而且加强了城乡人际往来沟通，越来越多的进城农民、城市居民愿意到农村来了。其次是随着农业现代化和适度规模经营的发展，在乡农民获取农业剩余和农业务工机会增多，增加了他们的家庭收入。再次是农村社会稳定提高了在乡农民的安全感和对未来的预期。这几年各地开展的扫黑除恶专项行动促进了农村治安环境的改善，净化了农村社会，赢得了广大在乡农民的普遍赞誉。最后是与城镇相比，在乡农民的优越感显著提升。如果说过去农民在城镇居民面前还有自卑心态的话，那么，随着农村发展稳定升级，农民对自己的农村生活更加自信了，甚至有了优越感和自豪感。

三是对党的全面领导的高度满意和认可。在党的十八大之前，农村基层治理和农村社会都出现了一些乱象，包括农民身边的"微腐败"、村级选举贿选、干群关系疏离、警民矛盾丛生等。党的十八大之后，随着党对农村的全面领导和农村基层党建的加强，在乡村实行"拍蝇"行动、加强党对村级选举的领导、举行群众路线教育活动、加强基层监督体系和规章制度建设等，极大地净化了农村政治生态、社会生态、经济生态，规范了基层党员干部的行为，弥合和融洽了党群干群警民关系。同时，规模浩大的脱贫攻坚战略、人居环境整治行动、抗击"新冠疫情"等，契合了农民需求、改变了农民面貌、改善了农民生活，也在很大程度上增强了在乡农民对党的领导能力、领导水平的认可度，提高了在乡农民的"三个认同"和"四个自信"。在被访的在乡农民中，有75%的人愿意加入中国共产党；67%的人声称相信马列主义；79%的人关心党和国家大事，有收看《新闻联播》的习惯。

从满意度和认可度的高低来看，在乡农民中，对现状最满意的是政治精英、中坚农民和留守老人。而这些人中占比较大的是农村中老年人。他们一般在50岁到75岁，基本上完成了人生任务、家庭负担不重、能自食其力、享受国家新农保新农合、闲暇时间较多、自主自由度高，此时正是他们享受幸福时光的时候，而农村的发展稳定和国家政策、制度支持正好给予他们享受幸福时光的外部条件和保障。正因如此，农村中老年人是农村中对现状最满意、对党的领导最认可的群体。

（二）支持农村基本制度和政策

在乡农民是党和国家在农村既有制度和政策的受益者，他们高度支持和认可农村基本的制度和政策。只要这些基本制度和政策不变，在乡农民就依然会受惠于此。

这些基本的制度和政策主要包括以下几个方面。

一是土地制度和政策。改革开放以来，在中央法律政策保障基础上，我国形成了农村土地集体所有、家庭承包经营为主的农村基本经营制度。党的十八大以来，根据农村实际变化，农村土地实行"三权分置"，坚持集体所有权，稳定农户承包权，放活土地经营权，实现了农民集体、承包农户、新型农业经营主体对土地权利的共享。对于在乡农民来说，该土地制度具有生活资料和社会保障的功能。

就生活资料功能而言，承包地及转入土地是中坚农民收入的来源，土地上的收益是其家庭的基本收益。对于半工半耕的留守农民而言，只有将务农收入和务工收入合在一起才能达到农村中等收入水平。就社会保障功能而言，农村集体土地能够为农民失业、生存和养老提供保障。作为集体成员，农民承包土地的权利可以流转但是不能被剥夺。对于在乡的留守群体而言，有土地在手，留守老人的子女或留守妇女的丈夫就能从容地外出务工，当他们在城市成为无效劳动力而无法在城市稳定扎根时，他们就可以退回农村耕种土地，获取农业收入，而不至于失去生存保障。

当前农村的土地制度和政策使得农民既出得去，又回得来。高达 95% 的受访在乡农民，支持和认可该制度安排。

二是户籍制度和政策。一般认为中国户籍制度限制了农民流动和享受城市公共福利的权利，形成了中国式的城乡二元结构。该城乡二元结构源于 20 世纪 50 年代中后期，新中国为了配合优先发展重工业的战略，通过制定严格的户籍制度限制全国劳动力流动，一方面是对人口在城乡之间的流动、城市招工、农转非途径等做了严格规定，将农民束缚在土地上，以维持城市大工业发展，导致农民无法享受城市福利和公共物品。另一方面通过强制性粮食统购统销和工农产品剪刀差等手段将农业剩余转化为工业积累。改革开放以来这一制度下城乡有别的劳动用工、户籍治理、社会福利等制度也被沿袭下来，农民的福利水平、机会平等、向上流动渠道等仍无法与城市相比。这种城乡二元结构具有历史合理性，但也被普遍认为是对农民的剥削式结构。

随着近些年户籍制度改革的推进，城市户籍所附着的福利和利益减少或被剥离，许多中小城市乃至完全放开户籍。农民进城的许多藩篱被解除，可以享受越来越多的市民福利。而伴随取消农业税费，国家向农村输入大量资源，附着在农村户籍上的福利明显增多，农村户籍的含金量越来越高，农民愈发不愿意放弃农村户籍。同时国家不允许城市居民轻易获得农村户籍，法律禁止他们到农村购买农地和宅基地。过去剥削式城乡二元结构逐渐转变为对农民利益予以保护的结构，也就是说现在的户籍制度和相关政策，使得农民既能享受外出务工经商、进城安家落户、子弟随迁就读等城市福利，又有农村土地、新农保、新农合及其他社会政策保障。调查表明，92% 的受访在乡农民支持和认可该项制度和政策。

三是社会保障制度和政策。我国农村社会保障制度和政策主要包括四个方面的内容，分别是农村社会保险、农村社会救助、农村社会福利和农村社会优抚。对于在乡农民来说，后三者都是针对少数特殊人群的社会保障，而社会保险针对的面较广，包括养老、医疗、失业、工伤、计生等方面，其中新型农村养老保险和新型农村合作医疗是在乡农民最为关心的，也是最迫切的需求。

新农保保障的是农村居民年老时的基本生活。根据新农保制度及相关政策规定，年满 60 周岁的参保农民可直接按月领取基础养老金和个人账户养老金。基础养老金从 2009 年的每人每月 55 元提高到了 2017 年的每人每月 135 元。金额虽然不高，但是对于农村老年人来说是非常重要的保障，一对老年夫妇每月可以领两三百块钱，就能满足基本的生活需求，不用向子女开口要。许多农村老年人讲，国家比亲儿子还亲，每月会定期给他们"打钱"。而新农合的实行，给农民减轻了极大的医疗负担，让农民越来越看得起病、越来越敢看病。农村基本公共卫生服务制度的建立和普及，农民享受基础性健康体检和慢病管理，对他们的健康有较大的促进作用。因为有不断健全的社会保障制度和政策，农村老年人说他们赶上了好时候，都想多活几年。受访的在乡农民对新农保的满意率达 91%，对新农合的满意率也在 85% 左右。

四是村民自治制度和政策。村民自治制度是一项具有中国特色的农村基层民主政治制度，是依照《宪法》和《村民委员会组织法》的规定，由村民直接选举村民委员会，设立村民自治组织，行使自治权力，实现村民自我管理、自我服务、自我教育、自我监督的制度。在乡村民之所以支持该项制度及相关政策，是基于以下缘由。

其一是在乡农民通过该制度能够实现自身需求偏好与国家资源输入的对接。在乡农民是农村政治参与的主体。越来越多的国家资源下乡需要与农村实际需求实现对接，国家资源才能有效落地。而在乡农民则可以通过村民自治的平台表达自己的需求偏好，再经由村民自治的相关程序将需求偏好转化为村级治理的需求，从而实现与国家资源的对接。

其二是在乡农民通过该制度能够获得政治效能感。在乡农民无论是通过民主选举、民主决策、民主管理、民主监督等途径直接参与村民自治，还是通过村民代表、小组代表、家族代表、利益代表等与自己相关的人参与村民自治或担任村干部，都能够获得一定的政治效能感。调查发现，在乡农民并不一定是直接担任村干部或参与村民自治才能获得政治效能感，只要与他们血缘地缘相近、能够代表他们利益的人参与了，他们也能获得政治效能感。如某大家族、某一片区一定要有人担任村干部，这一家族或片区在政治上才能安定。

其三是在乡农民通过该制度能够获得村庄主体性。在乡农民通过村民自治参与到村级事务的决策、管理和监督之中，能够彰显他们作为村庄成员的主体性，激发他们对村庄的荣耀感、责任感和主体感受。当前许多地方给农民做了好事，农民还不满，很大一部分原因是没有对农民进行组织和动员，农民没有参与进来，他们的主体性发挥不出来。村民自治是很好的组织和动员农民的形式。

在受访的在乡村民中，86%的人参加了村级选举投票，有78%的人对村民自治制度表示认可，有接近50%的人通过不同形式向村组干部提过意见。

（三）支持小农村社建设

在乡农民在农村生活时间长，其主要利益关系、社会关系在农村，小农村社建设得越好，他们的生活越惬意、越舒适。因而在乡农民最希望把小农村社建设好，也最积极支持和参与小农村社的建设。从调查来看，在乡农民对小农村社建设的支持主要包括以下几个方面。

一是支持基础设施建设。据调查，农民最支持的基础设施建设主要有四大类，首先是农田水利、土地平整连片、机耕道等基础设施建设，这些对中坚农民、半工半耕家庭、低龄留守老人而言非常重要，能使耕作更方便，降低劳动强度，增加粮食产量。对于低龄留守老人来说，还能够延长他们的劳作时间。因此在乡农民最支持农地上的基础设施建设。其次是村庄道路建设，此类建设不仅方便在乡农民出行，还方便本地农产品运出和外地产品输入，能够增加在乡农民收入，提高在乡农民生活水平。通路拉近了村庄与外部世界的距离，容易改变农民与世无争的观念，推动在乡农民外出务工经商，提高农民劳动力市场化程度。在受访的在乡农民中，有48.7%的人在村里修公路时积极帮忙了。再次是随着农村生活水平的提高，在乡农民对饮食健康越来越在意，安全饮水问题也提上了议事日程。最后是电商平台建设。随着智能手机及网络 Wi-Fi 在农村的普及，中老年人也普遍用上了智能手机。在乡农民不仅能在手机上购物，还希望自己的产品能够通过电商平台销往外地。因此他们非常支持本地建设电商平台，乃至积极参与电商培训。

二是支持乡风文明建设。文明乡风能够帮助在乡农民树立发展信心、改变落后观念、摒弃陈规陋习、节省家庭开支；能够提高在乡农民的思想道德水平、科学文化素质，起到凝聚人心、振奋精神、生发激情，为乡村振兴注入强大精神动力的作用；还能够满足在乡农民的精神需求，增强他们的精神力量，丰富他们的精神世界，促进农民素质的提高和乡村的全面发展。所以，农民非常支持基层党委政府开展的各项移风易俗活动，包括支持成立红白理事会、道德评议会、协商议事会、禁毒禁赌会等群众自治组织；支持制定村规民约、采取有约束力的措施狠刹大操大办风、奢靡浪费风、攀比炫富风、好逸恶劳风、封建迷信风、失信老赖风、天价彩礼风等；支持农村开展好媳妇好婆婆、身边好人、文明村镇、道德模范评选；支持红黑榜、诚信档案、文明积分、编写家规家训等机制建设。近几年，各地农村打牌赌博、封建迷信、大操大办等普遍下降 20%，农村办宴席的比例减少 30%，在乡农民户均节省人情开支 50%。

三是支持和谐关系建设。和谐的社会关系会给人以港湾的体验，而紧张冲突的社会关系则让人不舒适、承受心理压力，使人唯恐逃之不及、避而远之。一般来说，随着农民流动、职业分化，农村社会利益主体和利益来源多元化、利益关系复杂化，会形成复杂的利益新格局和社会矛盾新体系，如果处理不好，就会演变为社会冲突，危及农村社会的和谐发展。但是这种局面在农村并未广泛出现，这与在乡农民在意村庄生活，积极参与村社建设有关。典型的如，中坚农民或有威望的低龄老人会及时出面协调处理在乡农民个人及家庭之间的摩擦和纠纷，消除家族、群体冲突的源头；政治精英、文化精英、中坚农民会协调不同群体之间的利益关系，尽量使公共利益更多地向贫弱农民倾斜；中坚农民会在留守群体需要时出手相助，在村庄中营造互帮互助的氛围；中坚农民可以沟通留守农民与精英农民的关系，使各方各取所需，而非相互隔绝；在乡农民积极参与村庄公共活动，营造共同体氛围和打造共同的利益格局；在乡农民中的积极分子，积极参与组建各类文化活动组织，组织动员不同的在乡农民参与，等等。

（四）保守稳健的政治态度

在乡农民是农村制度和政策的既得利益者，是农村政治社会稳定的受益者。作为农村中等收入群体，他们对现状有较高的认可度和满意度，政治态度相对保守稳健。这主要表现在以下几个方面。

一是党（干）群关系上的权力对抗意识弱、群众路线意识强。在西方市民社会理论模型中，政治国家与市民社会是分离的，相互之间有独立的利益，二者在权力关系上是对抗和博弈的。但是中国农村的国家与社会的关系并不是对抗性质的，主要表现在党群干群关系属性上，而党群干群关系属性与群众路线有关。群众路线是党的生命线，当基层党委政府、党员干部走群众路线时，农民与基层党委政府（党员干部）就是相互交融、相互嵌入的关系。在群众路线中，农民在政治上受到了尊重，其主体性得到了彰显、需求偏好获得了表达，这样他们更容易与基层党委政府

（党员干部）在情感和价值上产生共鸣，在认识、觉悟和大局上更容易向基层党委政府靠拢。"鱼水关系"的前提是基层群众路线走得好。而如果基层党委政府（党员干部）脱离群众、群众路线走形式，那么农民与他们的关系是"没关系"，相互不打交道、相互不理睬，农民与基层党委政府（党员干部）没有交情因而不会主动支持其工作；如果二者发生了"关系"，也主要是利益关系，表现为在农村工作中基层党委政府（党员干部）与农民，皆以"自利"为原则，能占对方便宜就尽量占，有时可能引发利益冲突。在征地拆迁中这种利益冲突较多。所以，农民对政治权力没有争夺、对抗的诉求和意识，但对基层党委政府（党员干部）走群众路线具有期待。而当后者没有走群众路线时，农民就可能产生不满情绪，滋生离心离德心理。

二是民主理念上的投票选举意识弱、参与协商意识强。在形式上，西式民主主要表现为投票选举，公民通过投票来表达政治态度和政策偏好。用这种形式来观察中国村民自治制度，容易认为村民的投票选举不积极、民主意识薄弱。农民在村级选举中投票率高低与竞选双方的激烈程度有关，竞争越激烈，选举的动员程度越高，农民的投票率就越高。反之则低。事实上，村民的民主权利和政治效能感并不必须由投票选举来实现，而更多的是通过对村级事务的参与协商来实现的。协商民主是社会主义民主政治的特有形式，是人民内部围绕改革发展问题和涉及群众自身利益问题，在决策之前与实施过程中开展广泛协商并达成共识的重要民主形式。对于村民来说，村级协商民主能够使之作为利益主体平等参与村级治理，充分表达自己的意见，维护自身的参与权、知情权、决策权与监督权，凝聚不同利益的最大公约数，村级治理推动民主化发展。参与协商的机制健全、渠道畅通、方式多元，农民在村级治理中的主体意识就越能够得到彰显，他们在政治上的效能感、获得感、成就感就越强。

三是治理问题上的向上（总体）归因意识弱、向下（个别）归因意识强。对问题归因方向不同，会引发不同的情绪反应。向下归因认为总体是好的，不好的是属于基层个别的、部分的、偶然的因素，主体会把不满情绪对准基层干部，解决的方式是治理机制创新、整肃干部队伍。向上归因则是一种总体归因方式，把问题归结为总体性的体制问题、政策问题，主体会对体制生发怨恨和对抗情绪，解决的办法是体制变革或革命。对于农村基层治理问题、政策实施问题等，在乡农民的归因普遍是向下归因即向基层归因，而不是向上、向高级别政府归因，认为问题属于基层政府、乡村干部个人问题，而非中央或省市政府的政策问题，更不是体制问题。常言道，"经是好经，被歪嘴和尚念歪了"。所以，在乡农民认可体制、不反对体制，但对身边的"微腐败"深恶痛绝，他们高度认同和支持"打虎""拍蝇"行动、规范基层干部行为及治理机制创新。

四是土地观念上的生存权利意识强、财产权利意识弱。土地是我国社会主义现代化建设的重要资源，农民对耕地有承包权和经营权，对宅基地有使用权。针对土地权利，农民中有两种不同的权利观念，一种是生存权意识，另一种是财产权意识。前一种看重的是土地作为生产资料和社会保障的功能，农民通过经营土地而获得生存所需的农业剩余。后一种是将土地当作不动产，作为特殊商品进入市场可以获得财产收益。调查发现，由于大部分远离城镇的土地的市场价值不高，耕地只能用于耕种，宅基地只有居住的功能，因此大部分在乡农民对土地的生存权意识强，而财产权意识弱。在土地所有权属上，大部分农民认同土地的集体所有，他们只是承包和使用，他们在乎的不是土地登记确权和更多的土地支配权，而是如何使土地耕种更方便、更节省劳动力、投入产出比更高。也就是说，他们在乎的是土地上的生产问题。只有少部分城郊农村的农民因为土地价值飙升而产生土地的财产权意识，才会看重土地的权属问题。正是因为大部分在乡农民持有的是生存权意识的土地观念，因此他们并没有扩大土地承包权的主张，更没有土地私有化的观念，他们甚至认为农民个体对土地的权利越大，土地连片调整就越难，也就越不利于耕作。

综合起来，在乡农民在权力关系上，不对抗基层党委政府，期待基层党委政府、党员干部走群众路线；在民主问题上重视参与协商，而没有普选改革的动力；在问题归因上，倾向于认可体制而归因于基层和个别党员干部；在土地改革上，主张土地如何方便耕作就如何改，没有土地私有化的改革意向。因此，在乡农民希望保持现有制度、政策的稳健与持续，不主张激进的变革，更不希望看到农村因改革带来动荡，而主张"不变体制变机制"。

五、在乡农民的主要政治社会诉求

在农村，无论是政治诉求，还是社会诉求，诉求的对象都是基层党委政府及村级自治组织，这些诉求最终都会上升和转化为基层党委政府的事情。基层党委政府对这些诉求回应如何，会影响农民与基层党委政府的关系。

（一）参与的诉求

村庄是农民共同的村庄，农民是村庄的主体，农民的村庄主体性体现在两个方面，一方面是成员权，包括有权享受村庄集体的权利、利益、保障等；另一方面是责任感，即维护、经营、发展村庄的责任。在乡农民对村庄公共事务的参与，既是表达偏好、伸张权益的行为，也是彰显主体形象、履行主体责任的体现。因此，在乡农民都有通过不同形式参与村庄公共事务的诉求。这些诉求主要涉及三个方面。

一是参与村庄政治。村庄政治是对村庄政治权力、集体利益、国家资源、公共价值等的权威性分配，这些利益关涉在乡农民的根本利益，作为村庄主体的在乡农民都希望参与分配，在其中获得应有的份额。不积极参与，自己的份额就可能被剥夺掉。村庄政治涉及村级组织对在乡农民的组织动员，以及不同农民个体、家庭、家族、村民小组等多层次主体的合纵连横和政治博弈。村庄多层次主体的政治参与，会在村庄中形成获得认可、相对稳定的权力结构和分配秩序，以及有约束力的公共意志和共同规范。如果村民被排斥在村庄政治之外，或者缺乏参与村庄政治的渠道，乃至村庄缺乏政治，那么村民就会有利益受损感、政治排斥感，乃至不认可、不信任既有权力结构和分配秩序，村庄也难以形成约束个体的公共意志和共同规范。

二是参与村级治理。在乡农民是在农村居住时间最长久的人，他们支持村级治理和建设。同时他们作为村庄的主体，会把村级治理的事情当作自己的事情，有参与村级治理贡献力量的责任感和义务感。在参与村级治理过程中，在乡农民能够获得主体感、成就感和自豪感。当前国家在农村的诸多治理和建设中，之所以出现"干部干，农民看，还不满意"的局面，与农民没有被充分发动起来参与其中有关。他们被当作村庄治理和建设的客体、看客、旁观者，他们的主体性自然就没被激发，他们就不会有参与其中的主体感受、成事之后的成就感、村庄建设好之后的自豪感。也就是说，当他们在村级治理和建设过程中，没做任何事情、没有任何贡献，治理和建设就与他们没有任何关系，他们被置身事外，自然就会在一旁指指点点、说风凉话，这不满意、那也没做好，吹毛求疵、求全责备，甚至在其中做钉子户谋取利益。在乡农民有参与村级治理的诉求，只要基层组织稍加组织动员，他们的热情、积极性就会被调动起来，可以成为村级治理和建设的重要力量和资源。

三是参与公共活动。在乡农民参与村庄社会、文化类的公共活动，与参与村级治理一样，也有彰显主体性的需要。在乡农民积极参与公共活动还有三个目的。其一是满足社会交往的需要。越是积极参与村庄公共活动、什么活动都喜欢凑热闹的人，在村庄中地位就越高，也就越有人与之交往。村庄社会交往越频繁，社会沟通越畅通，社会和谐程度就越高。其二是活跃村庄氛围的需要。公共活动能够使村庄更具有活力、生气，生活在其中的人就更具有生机和动力。其三是营造村庄公共性的需要。在乡农民通过组织和参与公共活动，强化村庄的团结、互助、协作等，彰显村庄的公共性。村庄社会越有公共性，在乡农民之间的沟通、磨合成本就越低，组织动员起来就越容易，村级治理和建设的成本就越低。

（二）耕作的诉求

在乡农民中大部分家庭还耕种土地。其中，大部分中坚农民的主要利益关系在土地上，半工半耕家庭有一部分利益与土地有关，还有一部分外出务工经商农民要返乡，也需要耕作，因此他们在耕作方面也有较强诉求。在乡农民对耕作的诉求主要有以下三个方面。

一是方便耕作。农地要方便耕作，首先基础设施要完备，主要包括水利灌溉条件、机耕道等，水能引到田地，才不至于靠天吃饭；收割机、拖拉机、运输车等能够直通家门口和田地，可极大地降低劳动强度、减少劳作时间，中老年在乡农民、留守妇女、中坚农民对此诉求最强烈。其次要土地平整和连片。平整土地的目的是形成良好的土壤耕层构造和形成适宜坡度的田面或水平田面，以便于耕作、播种、灌溉、排水、施肥、打药及收获等作业。土地分散化、细碎化不利于耕作，增加劳动强度和农业投入，而土地连片可以实现土地的集约化经营，方便耕作、管理，降低经营成本。目前各地在解决土地连片问题上主要是采取农民自愿的原则，措施包括互换并地、土地流转、土地托管、反租倒包等。但这些措施力度都不大，难以满足农民的根本诉求。最后是要适度规模经营。以家庭为单位的适度规模经营是中国农业现代化的有效实现形式，它能够实现土地、劳动力、资金、设备、经营管理、信息等生产要素的最优组合和有效运行，取得最佳的经济效益。农业适度规模经营需要土地的适度集中，前提是土地流转。

二是老人耕作。在乡农民中，主要有两部分人在耕作。一部分是中坚农民，他们主要耕作的是适度规模农业和经济作物，此种农业被称为"中农农业"；另一部分是中老年人，他们属于小农户经营，该类型的农业被称为"老人农业"。在乡中老年人之所以还有较强的耕作的诉求，有这么两个原因，第一是能够自食其力。中老年人通过劳作自食其力在子代面前就能够保持最基本的体面和尊严，还能够参与村庄人情往来而不过快地进入"社会性死亡"，也能够减轻子代负担，甚至还能向子代输送资源、支持他们城镇化。这也体现了农村中老年人自身的价值。第二是作为休闲的方式。中老年人每天到田地里劳作一番，既可以打发时间，也可以疏通筋骨，还不至于无所事事，整天窝在家里遭老伴儿、子媳烦，引发家庭矛盾，看着农作物成长、收获也有成就感。中老年人对耕作的诉求主要有两个，一个是有地可种，也就是他们的承包地没有被剥夺、"被流转"，他们能够自主支配自己及家里的承包地；另一个是劳动强度不大。农地耕作方便、劳动强度不大，可以减少劳作对他们身体的损伤，还能锻炼身体，延长他们的务农生涯。

三是返乡耕作。返乡农民并不是一成不变的，他们会不断地补充、接替和再生产。当前农村主要青壮年劳动力都流动出去了，但这并不意味着他们都能够城镇化、在城镇立足，他们中有一部分会因为城镇化失败且成为城镇无效劳动力之后，返回农村，从而成为新的在乡农民。当前在乡农民中，有很大一部分就是返乡的第一代农民工。农民工的一般发展路径是，从十几岁到30多岁主要在工厂流水线上工作；35岁以后因头脑、手脚不再灵便及家庭负担加重，转向工地从事重体力活儿；到了45岁以后如果他们没有在城镇买房子，就得考虑返乡，逐步地退回到本地县市务工；55岁以后他们逐渐成为城镇无效劳动力，如果没有城镇化则会逐步返乡。返乡农民在城镇是无效劳动力，但在农业上却是有效劳动力，甚至是壮劳动力。因此，他们返乡之后有较强的耕作诉求。这就导致他们需要索回他们外出时流转出去的土地，或是从其他农民处转入土地，即土地制度及政策上的安排能够给予他们返乡耕作的空间。

（三）公共服务的诉求

基本公共服务包括三个基本点。一是保障人们的基本生存权，为每个人提供基本就业保障、基本养老保障、基本生活保障等；二是满足基本尊严、体面和基本能力的需要，要为每个人提供基本的教育和文化服务；三是满足基本健康的需要，要为每个人提供基本的健康保障。我国提出"基本公共服务均等化"的目标，工作的重点和难点在农村地区。从调查来看，在乡农民对基本公共服务的诉求主要包括以下三个方面。

一是解决留守老人照料问题。在乡农民中留守老人群体可分为低龄老人、中龄老人和高龄老人。低龄老人是指55岁至74岁之间有劳动能力、能够自我照顾的老年人。中龄老人多是指75岁至79岁的老人，他们一般还能够自理但是经济上不能自主。高龄老人则是指80岁以上的老人，他们有这么几个特征，一是经济不能自主，生活自理能力差或不能自理；二是体弱多病，有的是卧床不起和神志不清；三是大多数高龄老人需要家庭和社会提供经济帮助、医疗服务和生活照料；四是大部分属于老年未亡人，没有老伴陪伴和照料。农村低龄老人、中龄老人还有自理能力，在农村不是问题，而对高龄老人的照料则是当前农村社会面临的重要社会问题。由于青壮年外流、城镇化加速，农村过去的家庭养老模式已经不能适应新形势的需求。如果外出农民要返乡照顾高龄老人，短期可以，但是长期返乡就要承受巨大的机会成本。在城镇化、家庭发展和社会竞争压力加剧的情况下，大部分农民家庭无法承受该机会成本。因此，过去农村养老是家庭的私事，如今高龄老人的照料问题转变为农村普遍存在的社会问题，不再是个体家庭能解决得了的，需要家庭、社会、市场、政府等多元主体共同努力。所以，当前农村对解决高龄老人照料问题的诉求很强烈，各地都在探索照料模式。

二是就近接受良好的基础教育。农民家庭对子女教育越来越重视，希望子女不要"输在起跑线上"，因此，从幼儿园开始就力争将子女送进城、送到好的学校里。对于农民来说，他们可望也可及的最好的教育在县城。子女要进城读书，父母就得城镇化，不仅要在县城买房子或租房子，还需要有人在县城陪读，监管和照料子女。一般在县城陪读的是小孩儿的母亲，祖辈无法承担在县城陪读的重任。子女进城读书不仅要承担买房或租房的成本，还要支付比农村高得多的生活成本，而且家庭还因为陪读少了一个壮劳动力获取务工收入，这就意味着家庭支出在增加，收入却减少，必然成倍抬高家庭的经济压力。因此对于农民家庭来说，他们实际上是希望能够就近让子女接受良好的教育，即乡镇能办良好教育。村一级由于学龄儿童少且外流，教育投入高、成效低。而乡镇作为农村的中心，学生聚集有规模效应，教育资源利用率高，基础设施和良好师资都不是问题，因而可以将"中心校"办好。农民之所以对乡镇办好教育有诉求，主要基于三方面考虑，首先是乡镇学校离村里近，祖辈可照顾孙辈读书、生活，解放了家庭一个壮劳动力；其次是乡村生活成本低，可以节省家庭开支；最后是乡镇学校可以寄宿，农村学生有更多的在校时间，学习、安全等都有保证。

三是新农合个人缴纳费用涨幅低。农民已经享受到了新农合的好处，对新农合的认可度很高，新农合的个人缴纳部分缴纳率连年提高。但现在新农合面临的问题是，个人缴纳费用涨幅太高，从2003年的每人每年只需支付10元，逐年递增到2019年的人均250元，再到2020年的280元。虽然人均200多元看似不高，但是按户总缴纳额算也不是小数目。更为重要的是，对于最需要新农合的农村老年人而言，280元也是个非常大的数字。一方面是他们收入少，中高龄老人甚至没有收入，因而缴纳数额高会打击他们缴纳的积极性。另一方面是子代正直中年，家庭负担重、支出压力大，缴纳数额高也会打击他们给老年人缴纳的积极性。通过调查，我们了解到，一些没有收入的老年人在向子女索要个人缴纳费用费力、难为情时，就索性不缴纳了。可以预计，如果新农合个人缴纳部分上涨到500元上下，会有多半的老年人不再缴纳。不缴纳意味着他们生病后不看病，从而会降低他们的生命质量和对生活的预期。有95%的在乡农民对新农合个人缴纳有低涨幅和停涨的期待。

（四）闲暇的诉求

闲暇的方式和内容，反映一个地方的文明状况。农闲时间增多是农村经济社会发展的必然趋势，如何健康有效地度过闲暇时间，已成为当前中西部农村的公共问题。由于没有很好的闲暇方式、内容、基础设施等，在乡农民主要的闲暇方式是打牌、打麻将、闲聊、看手机、玩六合彩。但这些活动容易产生新的社会问题，如催生赌博之风、滋生邻里矛盾、引发家庭纠纷等，以及在乡农民容易被非法宗教组织、传销组织、电信诈骗组织等吸引，走向违法犯罪道路。在乡农民对闲暇的诉求主要有以下几方面。

一是闲暇方式多元化。当前农村既有的闲暇方式及内容非常单一，在乡农民的可选择性较少。但是，他们囿于自身的知识文化、经济水平、见识视野、生活习惯等，闲暇技能欠缺，缺乏自我探索闲暇方式的能力。因而在乡农民的诉求是，基层党委政府、村民自治组织能够作为供给方，提供和培育更多的闲暇方式供他们选择。在不同的地方有不同的探索，比如有的地方创办老年人协会，在固定场所为老年人提供看戏曲、下棋、吹拉弹唱、话剧表演等闲暇方式；有的地方为留守妇女、中老年人提供跳集体舞（广场舞、健身舞）的场地、器材、服饰、培训等；有的地方为青壮年男子提供篮球场、乒乓球台、舞龙灯等设备器材；有的地方为在乡农民提供书法、美术、乐器培训；等等。一般来说集体经济越发达的地方，给农民提供的休闲娱乐的形式就越多样化。

二是闲暇内容的高质量。当前农村已有的闲暇方式主要有三类，第一类是消遣娱乐型，如打麻将、跳集体舞、跳健身操、唱歌、看电视、上网、聊天、下棋等；第二类是社交型，包括结伴垂钓、旅游、购物、看电影、打篮球（乒乓球）、舞龙灯等；第三类是闲待型，主要是晴天在家门口晒太阳，雨天在家打瞌睡。

这些闲暇方式早已不能满足在乡农民对高质量闲暇生活的追求，他们期待有更多的学习型、发展型、成长型的闲暇方式。这些闲暇方式包括健康养生讲座、农作物种植知识讲座、科学育儿培训、厨艺培训、手工手艺培训、球类棋类比赛、舞蹈绘画比赛等，既能培养技能，达到休闲目的，又能契合在乡农民高层次的健康、精神、社会需求。如健康养生讲座，在农村劳动强度降低而生活方式未转变的情况下，很容易因为保持多盐、多油、多糖的生活习惯而给身体带来"三高"（高血脂、高血压、高血糖）问题，使农村慢性病高发，因此如果能够在农闲时节多举行健康养生讲座，就可以推动农民生活习惯的改变，促进农民的健康生活。

三是渴望基层组织的介入。当前农民闲暇方式主要以个体休闲和市场化闲暇方式为主，其质量和方向难以保证，而在农村自组织能力弱化的情况下，农村公共闲暇活动极其缺乏。这样，就需要基层组织介入农民的闲暇生活，将农民组织起来进行公共闲暇活动。当前农村文化活动供给的最大问题有两个，一个是文化活动形式与农民的需求脱节，典型的如农家书屋、送电影下乡等；另一个是没有对在乡农民进行充分的组织动员，参与活动的人数较少，投入与收益不成正比，如送戏下乡。农村基层组织可以在充分了解和尊重农民文化需求的基础上，通过兴趣动员、村民参与的方式，充分调动村民参与公共文化活动的积极性和主动性，实现基层文化供给与农民需求的有效对接。基于共同的文化闲暇需求将农民组织动员起来，既可以满足农民的精神文化需求，也能够促进村民之间的互动交往，实现村庄社会的整合和农民再组织化，降低基层治理成本。

六、过激农村政策带来的政治和社会风险

（一）激进城镇化政策带来的政治风险和社会风险

随着 GDP 崇拜下降，各地开始出现城镇化崇拜的倾向，不少激进的城镇化政策出台，有的地方提出"全域城镇化"，有的地方甚至出现"消灭农村"的论调。激进城镇化政策不仅违背城镇化规律，还会带来较大的政治风险和社会风险。

在实践中，各地在推行激进城镇化政策上有以下几种措施。一是基本公共服务向县城集中。以医疗、教育为主的基本公共服务向县城集中，而弱化在乡镇的相关公共服务的供给。尤其是在基础教育方面，不少地方通过拆并乡镇中小学、在县城兴建中小学的方式促使教育资源向县城集中，推动农民进城买房。"教育城镇化"成为农民城镇化的最大动力。二是宅基地政策收紧。一些地方政府一方面圈地盖房子，发展房地产；一方面收紧农村宅基地供给政策，或不再无偿分配农村宅基地，逼迫农民进城买房。农民结婚、分家须有自己的住房，当他们无法获取农村宅基地时，就不得不到城镇买房。三是拆村并居政策。有些地方以推动乡村振兴和农民集中居住的名义，强制拆除农民的房子，将农民集中安置到远离耕地的城镇，变相推动农民城镇化。这一点在易地扶贫搬迁政策上体现得较为明显。

由于中国广大中西部地区的县城、乡镇并没有强大的产业支撑，无法提供较多的就业机会，那么，政府政策推动的激进城镇化就不能与产业融合，无法让农民进城实现"有事做、有饭吃"的目标。从调查来看，激进城镇化政策会带来以下政治社会风险。

一是增加了农民家庭劳动力再生产成本。一般而言，如果县城就业稀缺，农民家庭即便在城镇购房，其青壮年劳动力也得向大城市、东部沿海地区转移，那么，留在城镇居住的就只有中老年人和小孩儿，或者留下年轻妇女在城镇照顾小孩儿、中老年人在农村耕种土地。无论是何种情况，与"以代际分工为基础的半工半耕"（青壮年夫妇外出务工，中老年人在家种地、照顾小孩儿）的家计模式相比，其家庭的劳动力再生产成本都要高出许多。一方面，在城镇的直接生活成本增加，包括饮食、出行、购物、娱乐、游戏等。另一方面是机会成本增加，如果小孩儿在乡镇学校就学，中老年人可以照看，还能够耕作土地，生活基本上自给自足，货币化支出较少。而在县城居住，如果是年轻妇女留守照顾小孩儿，则家庭缺少一个壮劳动力赚取务工收入，家庭总收入大为减少；如果中老年人进城，则家庭缺少务农的收入，生活开支的货币化程度提高。农民家庭劳动力再生产成本增加，就会降低农民家庭生活质量。

二是切断了进城农民返乡的退路。当前城乡二元结构对农民最大的保护是保障进城农民能退回农村，条件是农村有房可住、有地可耕、生活生产方便。而激进的城镇化正在破坏这些保护性条件，比如使住房远离耕地、剥夺农民宅基地、破坏村庄熟人社会等，不仅使得农民耕作、生活不方便，还使农民进城后无法返乡，或者使中老年农民无法退养农村、进行低成本养老。更重要的是，激进城镇化政策也给了农民一个发展幻想，而不会考虑进城失败的退路。切断了进城农民返乡的退路，一旦中国城市出现经济危机，进城农民最容易受到冲击，当他们又无法退守农村的

时候，就很可能沦落为城镇里的"难民"，成为救济对象或危险
源头。

三是拆村并居政策滋生农民仇恨情绪。拆村并居政策以乡村
振兴之名，打农民宅基地的主意，谋增减挂钩之利，而实际上增
减挂钩无利可图，最终会竹篮打水一场空。该政策是最激进的城
镇化政策，无异于驱赶农民进城，既劳民伤财，还招来农民的仇
恨情绪。农民不仅仇恨地方党委政府，还将矛头直指乡村振兴战
略。有的地方拆村并居还引发了群体性聚集事件。

（二）大规模土地流转带来的政治风险和社会风险

土地经营权流转被认为是地权制度变迁的核心内容，是农村
土地权利向农民倾斜的重要表现。我国农村土地经营由集约到分
散曾经是个巨大的历史进步，包产到户的联产承包经营激活了农
村巨大的生产力。随着社会的全面进步和发展，分散经营的土地
出现了资源配置效率低下等问题，土地适度规模经营反而成为现
代农业发展的必由之路。农村土地流转行为自包产到户以来就未
曾停止过，从全国土地流转实践来看，大多数农村自发的土地流
转都起到了较好的效果，反而是基层政府推动的强制性的大规模
土地流转存在系统性风险。

基层党委政府推动的大规模土地流转有四种模式。第一种是
直接流转，由农户直接与下乡的农业企业签订长期流转协议。第
二种是反租倒包，先由村集体与农户签订流转协议，再由村集体
统一与下乡的农业企业方签订长期流转协议。第三种是土地信
托，农户将土地流转给信托公司，信托公司不直接经营土地，而
是租赁给农业企业去经营。第四种是土地入股，农民将土地的经

营权量化为股权，入股组成股份公司或股份合作组织等，土地由合作社统一经营。农村土地大规模流转提高了土地配置和利用效率，有利于发展规模化农业生产，增加农民收入。但是，这种大规模土地流转同时也带来了一些问题，比如大规模土地经营成本高、市场风险大；大规模流转导致土地性质转变、盲目调整产业结构、土地产出率降低及由此带来的粮食安全问题。

就在乡农民而言，大规模土地流转还会带来以下风险。

一是大规模土地流转违约风险高，易导致社会风险和政治风险。农业企业转入获得的土地实际上是诸多农户土地的集会，甚至是整村、整乡土地的集中流转。这意味着大量农户的土地收益集中维系在一个或少量农业企业上。一旦农业企业出现经营困难导致现金流紧张，或基于其他因素导致企业可持续性经营出现问题，诸多农户的可期待利益就会处于被违约的风险之中。调查表明，只要是大规模经营的农业，几乎是百分之百失败，即地租大量违约的概率是百分之百，失地农民与农业企业的群体性纠纷随之而来。农业企业经营不下去、付不起地租，就只能"跑路"，留下"烂摊子"让引资本下乡、主导土地流转的基层党委政府收拾。最后，失地农民的群体性纠纷会上升为基层党委政府的维稳问题，带来较大的社会和政治风险。

二是适度规模经营的中坚农民消失。在大规模土地流转下，经营适度规模土地的中坚农民被迫放弃土地、只拿承包地租金，他们的家庭收入必然下降，他们就不得不另谋出路，或外出务工，或在当地打零工。这样不仅收入会较之前下降，他们的心态也会有很大变化。一方面他们也要为生计、家庭、养老等问题奔波，生活不再有钱有闲；另一方面他们也要外出务工经商，仅有的在乡青壮年农民都外流了。这样，之前作为积极稳定、有活力的中坚农民就会大量减少，会给农村社会及乡村治理带来较大的负面影响，如农村社会内部更加缺乏整合的力量；农村老弱病残妇幼缺少人照料和帮助；适合于担任村组干部的在乡农民更少；基层党委政府与农民缺少了稳定的连接点；等等。

三是在乡的中老年人陷入养老风险。有土地耕种的时候，在乡中老年人耕种适度的土地，既能自食其力、减轻子女负担，又能锻炼身体、满足养老的需要。因此，在乡中老年人一般不会将自己的土地流转出去。但是，基层推动大规模土地流转后，他们成为失地农民，使他们的养老陷入较大的风险之中。其一，他们没有了自主收入。耕作时土地收益由自己支配，流转后地租由子代支配。他们作为城镇无效劳动力，无法外出务工经商，附近的零工市场也被较他们年轻的人占据，他们也就无法通过务工获取收入。那么，他们的生活来源就由子代负担，经济上就不自由，容易产生代际矛盾，也会影响他们的社会交往。其二，他们不劳作易空虚。没地可耕，也没法儿外出务工和打零工，他们就成了农村无所事事的"闲人"，闲久了就会觉得精神空虚、无聊至极，甚至产生活着没什么意义的念头。在代际矛盾、过早社会性死亡和生活无意义感的多重作用下，有些老年人会有轻生的想法。总之，大规模土地流转会剥夺在乡中老年人耕作土地的权利，降低他们的生活质量，给老年生活带来阴影。

（三）扶贫政策不公平执行带来的政治风险和社会风险

2021年2月25日，习近平总书记在全国脱贫攻坚总结表彰大会上庄严宣告，我国脱贫攻坚战取得了全面胜利，现行标准下9899万农村贫困人口全部脱贫，832个贫困县全部摘帽，12.8万个贫困村全部出列，区域性整体贫困得到解决，完成了消除绝对贫困的艰巨任务。为了巩固脱贫攻坚成果，我国将设立脱贫攻坚与乡村振兴衔接的过渡期。在过渡期内，严格落实摘帽不摘责任、摘帽不摘政策、摘帽不摘帮扶、摘帽不摘监管的要求，主要政策措施不能急刹车，驻村工作队不能撤。也就是说，既有与脱贫攻坚相关的政策将在5年过渡期内得到延续。

但是，这里需要规避一个问题，就是现有针对贫困户的扶贫政策存在不精准，进而有不公平执行的一面，如果这些政策执行措施进一步延续，将会给农村带来较大政治风险和社会风险。调查发现，在精准扶贫识别中，存在两个大问题，一是各省上报的贫困户数量普遍高于当时标准下的实际贫困户两倍以上，上报的贫困户必须与各县乡农户逐一对应，这样必然有三分之二的建档立卡户是非贫困户。二是这些被纳入建档立卡的非贫困户中，既有贫困边缘户，也有一般农户。

问题就出在，当前农村，农民家庭普遍采取"以代际分工为基础的半工半耕"的家计模式，一个家庭年轻人外出务工、中老年人在家种地，就可以获取务工和务农两份收入，该收入一般处在农村中等收入线上下。也就是说，只要家中有壮劳动力参与务工，家庭收入就可以维持在中等水平，不可能成为贫困户。而没有壮劳动力务工，只有老弱病残务农的家庭才会因为没有务工收入，务农收入又不高，成为真正的贫困户。所以，真正的贫困户与非贫困户的界线是清晰的，而贫困边缘户与其他非贫困户其实都有壮劳动力务工和兼业，差距在于劳动力的数量、质量和勤劳程度，因此，双方的差距不太明显。

如果贫困边缘户或非贫困户被纳入精准扶贫对象享受扶贫政策，其他非贫困户就会认为精准扶贫政策不公平，从而产生相对剥夺感，进而引发对基层党委政府的怨恨情绪。农民一向是"不患寡而患不均"，对身边的不平等、不公平现象非常敏感。对于越是公共的资源，农民越持公平态度。扶贫资源是公共资源，理应得到公平公正分配。如果分配到真正贫困户身上，其他农民不会有意见，但若分配给与自己经济条件差不多但不是贫困户的身上，而自己没有得到，那么他们就会感到不公平。

在脱贫攻坚期间，因为识别不精准使得政策执行不公平，已经在农村积累了大量的怨恨情绪。如果那些不是贫困户的建档立卡户在过渡期内继续享受相关政策，其他农户的怨恨情绪就会更大，可能会带来以下风险。

一是怨恨对象上移。农民针对扶贫政策中的不公平现象，初始情绪对象是基层党委政府，认为是基层党委政府执行政策的偏差所致。随着时间推移，不公平执行非但没有得到遏制，反而还延续到乡村振兴时代，农民就会认为这是政策问题，就会把怨恨、不满情绪一股脑儿地撒到政策制定者身上，进而影响他们对党中央的认同。

二是不支持农村工作。农民对基层党委政府扶贫执行不满，心中有怨气，且因为政策的延续而没有得到及时纾解，就会疏远基层党委政府，对党在农村的一切工作产生排斥感，不支持党在农村的工作，这必然会抬高组织动员农民的难度和农村工作的成本。甚至当看到党在农村的工作开展受阻受挫时，一些农民还会幸灾乐祸。

三是懒汉特权思想蔓延。因为识别不精准，许多因为懒惰而非缺少壮劳动力的贫困边缘户享受到了扶贫政策的好处，会给农村带来不好的效应，那就是懒惰致贫的人获得了国家的扶持，而勤劳致富的人没有得到肯定，一方面会使得这些农户继续懒惰下去，以获得持续的国家扶持，甚至这种观念会传染其他农户，使有些农户也不再秉持勤劳致富的思想。另一方面，建档立卡贫困户容易产生特权思想，认为他们是国家的"宠儿"，理应受到国家的扶持和保护，所有政策利好、权益分配都首先由他们来享有，而他们可以不尽义务、责任。因此，这些人在党在农村的工作中容易成为特权户、钉子户和上访户。

（四）村级组织过度行政化政策带来的政治风险和社会风险

伴随着强化对村级党组织的管理、国家下沉治理任务的增多以及基层治理规范化的要求，村级组织出现了行政化的倾向。村级组织行政化有两方面的内涵，一方面是国家权力对村级组织的行政控制加强，村级组织丧失独立性和自治性；另一方面是村级组织内部管理上的行政化、正式化，包括村干部的职业化、正式化、坐班化。

村级组织行政化使得上级对村干部的组织、动员、调配的力度加强，村干部完成上级任务的积极性、能动性更高，有利于上级工作的推动落实，同时也增进了村级组织运行的规范化、法制化，有利于规避群众身边的腐败。而村干部职业化则给了村干部稳定的预期，有利于村级工作的稳定性、延续性。

但是，调查也发现，村级组织行政化，将村干部束缚在村办公室，也会带来诸多弊病，甚至会带来政治隐患和社会隐患。

一是浪费村干部人力资源。虽然说事务增多了，每天都有村民来办理，但数量仍不多，不成规模，分配不到每个村干部头上。如果每个村干部都坐班，就会将村干部都耗在办公室，大部分村干部的大部分时间无所事事，极大地浪费了村干部的人力物力资源。久而久之，村干部就会没事找事干，打牌、看报纸、撕报纸、整理文件等成了他们的常规工作。村民见到这些不做事、吃干饭的干部都斥之为"一群懒人"，村干部颜面扫尽、权威尽失，从而影响村民对基层干部的评价，降低他们对基层党委政府的认同。

二是增加基层组织负担。村干部本来是拿误工补贴的非脱产干部，他们的主要收入不来自村干部补贴，而来自办公室之外的创收，如务农、务工或者经商。现在将他们限制在村办公室，他们就无法去做创收的事情。既然不能创收，就相当于全职村干部，基层组织就得给他们发放全职工资，再缴纳五险一金。做不到这些的时候，村干部就觉得自己做村干部划不来，做的事情不比乡镇干部少，待遇却有着天壤之别。他们就会吵着要待遇。普遍情况是，村干部的工资标准至少不低于当地中等收入水平，也就是外出务工的收入。

三是窄化村干部来源。农村空心化、城镇化是必然趋势，青壮年农民外出使得村治主体难以寻找。本来在农村还有一定利益空间的小老板、小包工头、中农群体等，他们四五十岁，年富力强，又有经营、管理、跟群众打交道的能力，完全可以吸收他们做村干部。但村级坐班化之后，他们就必须丢掉主业。这会使他们的家庭收入大幅降低，他们自然不愿意进到村干部队伍中来。调查中，有的村支书是中小老板，有较大的产业，乡镇请他们来建设村庄，他们的家乡情结也就来了，来后发现老板当不成了，大呼上当。那么，此时，村治主体就只剩下两类人，一类是有子女成家立业、负担不重的中老年人，一类是可以把产业交给妻子打理的中小老板。后一类人很少，前一类人相对较多，但他们能力欠缺、体力不支、精力跟不上，只能维持基本秩序，许多任务难以承担。

四是降低回应群众需求的能力。农民的事情和需求不像行政事务那样有规律性、分门别类，多数是偶发性、个性化、不定时的，难以用统一的标准和专门的部门来解决，同时许多事情还嵌入农村社会关系之中，牵一发而动全身，需要熟悉内情、掌握当事人秉性的人去解决。要解决这些问题，就不能在办公室坐等群众来找，而是要在正确的时间、正确的地点去做正确的人的思想工作，也就是群众工作。做群众工作需村干部能想群众之所想、急群众之所急，也就是要站在群众立场思考问题，要求村干部能够跟群众打成一片、深入群众之中。这样，村干部就必须是非脱产化、非全职化的，他们要嵌入到群众社会关系、生产、生活之中，才能对群众的主要利益、关系、关切有切身体会。也就是说，村干部必须是群众的一员。如果村干部脱产化、全职化，那么他们在生产、生活上就会脱离群众，与群众的关系就会隔一层，对于群众急什么他们就不会有真切体验，也就难以准确、及时地回应群众需求。比如种大棚蔬菜的村支书最了解菜农群众的急难问题，知道什么时候迫切需要解决什么问题；坐班的村干部就不可能再半夜去解决群众家庭纠纷。

五是抬高国家与群众打交道成本。坐班后，村干部就成了体制的一部分、体制的代理人，按照体制的时间、规则作息、上下班，也按照体制规范与群众打交道。这也就意味着国家要与千家万户的农民直接打交道，直接回应他们的需求。在非脱产化的时候，国家并不与村民直接打交道，而是与村干部对接，再通过村干部与村民联系起来。国家与少数村干部对接，方式较为单一、成本相对低廉，而村干部在熟人社会的条件下通过走群众路线、做群众工作跟群众对接，成本也较低，效果也较好。而一旦国家直接跟千家万户的农民打交道，要回应千差万别的群众需求，成本会大幅度增加，效果还不一定好。

总之，村级组织过度行政化、村干部过度职业化不但会增加基层治理成本，还会拉开国家与农民的关系，疏离党群干群关系，引发在乡农民不满，甚至导致治理失败，积累在乡农民与基层组织的矛盾。

（五）脱离群众路线带来的政治风险和社会风险

当前下乡的国家资源越来越多。乡村建设项目越多、越密集，群众得到的好处就越多，群众的满意度也随之提高。但是在有些地方，乡村建设项目很多，却引起了群众的很多不满。之所以如此，是因为许多乡村建设项目和行动都是基层政府、项目建设公司在做，而不与群众发生直接关系。即便是与群众利益相关的建设项目，如改厕、环保、修路、空心村整治等，也往往是以中心工作、政治强压的方式，而不是以做通群众思想工作、反馈群众意见的方式进行，暴露出农村基层工作简单粗暴的一面。

调查发现，脱离群众路线的乡村建设，会引发与在乡农民相关的政治风险和社会风险。

一是在乡农民在政治上没有受到尊重，与基层党委政府离心离德，存在党在农村的执政基础和群众基础流失的风险。基层党员干部走群众路线，对于在乡农民来说，最重要的功能是在政治上受到了尊重。农民在政治上受到基层组织的尊重，在双方关系上就容易建立"自己人"的关系，拉近与基层党员干部的心理距离，对基层党员干部生发信任感、亲密感和"自己人"的情感；在农村工作上，农民就会按照"自己人"的行为逻辑办事，予以积极的理解和支持。如果基层组织没有走群众路线，就意味着双方没有建立"自己人"的关系，双方就会按照"陌生人"的关系逻辑办事，即双方的关系是利益博弈、竞争关系，如此双方的关系就会疏远。乡村建设行动越多，双方博弈、竞争就越多，关系就越疏远，影响党在农村的执政基础和群众基础。

二是在乡农民成为乡村建设项目的看客，建设村庄的主体性没有得到彰显，在乡农民对乡村建设行动"无感"，乡村建设项目没有带来农民支持和认同感的提高。按一般的逻辑，基层党委政府给农民办的好事越多，就越会得到农民的支持和认同。但农民的逻辑并非如此，农民只有在做"自己"的事情时感知到了基层党委政府的帮助，才会生发出对基层党委政府的感激之情，才会支持和认同基层党委政府。也就是说，只有首先将乡村建设转变成农民"自己"的事情，或他们要做的事情，而不被认为是基层党委政府的工作，那么，在基层党委政府提供"帮助"之后，农民才会对乡村建设有感，才会感激基层党委政府。而要将乡村建设项目转变成农民自己的事情，就得将他们组织动员进乡村建设行动之中，激发他们的主体性和能动性。否则，乡村建设行动就仅仅是基层党委政府的"工作"，该工作完成与否、完成得如何与在乡农民无关。在乡农民虽然享受到了乡村建设行动的成果，但不会生发对基层党委政府的感激之情，不会因此支持和认同基层党委政府，乡村建设行动白做了。

三是在乡农民的需求信息没有上传，资源输入与需求偏好无法对接，造成资源大量浪费与在乡农民不满。由于没有走群众路线，一些乡村建设项目与农民的需求不相符，或者在实施中与农民的要求、文化、习惯等不契合，造成项目建设与农民需求对接不精准，农民的意见得不到反馈。项目虽然强制落地了，但是项目实施成效很低，或根本没有效果。比如山坡造田项目，田是造出来了，却没水灌溉、没法耕种，很快再次荒芜。结果是，国家资源输入了，但农民的真正需求没有得到满足，造成大量浪费。这必然导致农民对基层党委政府的嘲讽和不满。

四是在乡农民没有被组织动员起来，乡村建设的成本很高，不同村庄建设的差异很大，容易使在乡农民产生相对剥夺感和怨恨情绪。只要将他们组织动员起来，在乡农民就是乡村建设项目的巨大资源，可以使乡村建设达到事半功倍的效果。而不走群众路线，没有组织动员在乡农民，乡村建设项目就成为基层组织"单干"的事情，不仅建设成本很高，而且不可能照顾得到每个村，只能重点打造亮点村。这样会引起国家资源的分配不均衡，引发农民的关注，容易使他们产生相对剥夺感和怨恨情绪。

总之，国家资源是公共资源，在向农村投放的过程中，如果不走群众路线，就可能做了好事却得不到好报，导致农民对基层党委政府产生不满情绪，造成党群干群关系疏离。

（六）"双带工程"、"富人治村"带来的政治风险和社会风险

在乡农民中的经济精英利用自身经济及其他资源上的优势，通过选举上台主导村庄政治，形成"富人治村"的村庄治理格局。"富人治村"的形成与基层组织建设中的"双带工程"有关。该工程指出，"农村各级党组织要坚持把党员培养成致富能手，把致富能手培养成党员，把党员致富能手培养成村组干部，使广大农村党员在带头致富和带领群众共同致富两个方面充分发挥先锋模范作用"。"双带工程"在农村基层党建和村庄治理中影响深远，并率先在东部地区实现了村庄政治精英的富人替代，"富人治村"在东部地区迅速普遍化，成为其村庄治理的特色。

"富人治村"有其正面作用。村庄的这些经济精英可以通过他们与上级政府部门和官员的良好关系，为村庄争取建设和发展的资源和机会，实现村庄自然和社会环境的改变。经济精英可以利用其巨大的资源体量来团结政治精英，实现村庄政治的稳定性和持续性，同时也能够利用其财力和其周边聚集的社会力量清除"钉子户"，为政府政策和工程项目尽快落地扫清障碍。从这些方面讲，"富人治村"在短时间内确实能够确保村庄的稳定和有序，甚至在一定程度上改变了村庄的面貌。但是，从党在农村的执政基础和群众基础的高度考虑，"富人治村"有消极影响。"双带工程"需视实际情况进一步完善。

一是经济精英与其他农民尤其是贫弱农民缺少实质性交往，经济精英主导村庄政治不利于基层党委政府联系和动员其他农

民。经济精英和其他农民都处在同一个村庄中，共享一套价值规则，他们在村庄当中相互比较和竞争。首先，经济精英通过制定和不断刷新村庄消费标准，使得贫弱农民无论如何都无法企及，进而陷入不能获得村庄认可的境地，在经济精英面前抬不起头。其次，经济精英垄断和总体性占有村庄经济资源、政治资源和社会关系资源，实现相互转化和再生产，并将许多农民排除在共享这些资源之外。最后，经济精英利用其主导的村庄政治权力和再分配权力，将村庄公共资源收入囊中据为己有，将许多农民完全排除在再分配之外。针对经济精英的排斥，许多农民在村庄社会生活中对经济精英积累了大量不满情绪，与经济精英形成严重的对立状态。

二是经济精英利用自身资源不断抬高村级选举的门槛，将其他农民排除在村庄政治之外。村级选举引入竞选，其成败的关键在于对选民的动员，而动员的关键又在于候选人资源的体量，谁的资源体量大，调动资源的能力强，谁就能在竞选中实现对村民的动员。很显然，在村庄中经济精英的资源体量大，且具有多元化的资源。因此，他们在选举中能够组建上百人的竞选队伍，并将竞选团队细分为不同的结构和功能，实现团队内部的分工协作，强化竞选拉票的可操作性和针对性，从而能够有效地调动村庄血缘地缘关系、业缘关系及其他的资源。更为重要的是，在村级选举中只有经济精英才能够出得起资金进行贿选。贿选是经济精英进行选举动员的重要策略，它能够将其他动员方式动员不起来的那部分选民（中间票）给动员起来。贿选作为动员方式具有较强的确定性，只要选民收了钱，在选举的时候就一定会给贿选的候选人投票。随着村级竞选越来越成熟和竞选的程度越来越激烈，贿选的金额也越来越大。从组团竞选到贿选动员，选举的成本不断拉高，意味着抬高了参与村级选举的门槛，使得只有经济精英才有能力参与选举，其他农民尤其是贫弱农民则完全被排除在参与选举之外，他们只能被动接受贿选金额，降低了他们的政治效能感。"富人治村"对其他农民的排斥，最终使村庄政治和治理带有鲜明的"寡头"色彩。

三是经济精英利用个人资源进行村庄治理，给村庄政治和治理带来了一些问题。村庄治理要耗费公共治理资源，而对公共资源有效利用的监督是村民的基本权利，村民也就有权利和义务介入和参与村庄政治和治理。但是，在"富人治村"中，经济精英的私人资源扮演着重要的角色，有的经济精英利用自己的社会关系资源向上和向外争取项目，有的经济精英私人掏腰包来贴补村级运转和建设资金，或者用私人资源扶贫济困，还有的经济精英担任村干部不从村集体中支取一分钱工资。这样的结果，一方面是经济精英在村庄中树立了崇高的道德形象，增加了其权威和社会声望。另一方面是在村庄中形成了这样的舆论氛围，即只有"有钱人才能当村干部"。没有钱的人去竞选村干部没有道义性和政治正确性，会被其他村民认为是企图通过村干部身份谋取利益。这就使得一些有政治抱负、有能力和有一定群众基础的农民怯于参与村级竞选。再一方面是，由于村庄项目等资源是经济精英通过私人资源争取过来的，被认为是其私人努力的结果，不再被认为是村庄的公共资源，其他村民对这些资源的使用和流向进行参与和监督，也缺乏足够的底气。经济精英怼一句"这是我争取过来的，有本事你去争取"，其他村民就无言以对。所以，在形成"富人治村"之后，村民对村庄政治和治理参与的合法性基础减弱，降低了他们参与的积极性，使得村庄政治和治理成为少数农民的事情，结果可能使村级民主萎缩。

四是"富人治村"导致国家输入农村资源的精英俘获效应。当前我国各级政府以项目的形式向农村输入的资源越来越多，给农村带来了诸多正面变化。但由此带来的一个意想不到的结果是，国家向农村输入的资源越多，农民对基层党委政府的不满意度也越高。其中缘由就与资源的精英俘获效应有关。国家项目输入需要落地，而能够承接这些项目的只有村庄中的经济精英，因为经济精英有相关的企业资质和清除"钉子户"的资源体量。在项目落地的过程中，首先是经济精英通过与基层干部的合谋套取相关资源，使得工程的质量大打折扣，由此带来农民的不满意；其次是一般农户被排除在这些资源的分配之外，使得农民有较强的相对剥夺感，加深了对经济精英的怨恨情绪；再次是其他农民被排除在参与项目建设和监督过程之外，打击了他们参与的积极性，因而会有较强的被排斥感和边缘感的体验；最后是经济精英借钱搞项目配套，普遍形成新的村级债务。基于这些原因，虽然国家输入项目对村民的生产、生活有极大的便利性，农民从中获益，但是普通农民尤其是贫弱农民反向思维，想象项目中必定会有基层党员干部和村干部的腐败，项目资源会被他们收入囊中。于是为了不给乡村干部腐败获利、赚便宜的机会，一些农民不仅反对国家输入，在项目落地过程中充当"钉子户"，而且在项目落地之后否定项目本身，给予基层党委政府"不满意"的评价。

综上，国家推动和形成"富人治村"之后，加剧经济精英与其他农民的对立关系，强化经济精英对村庄公共资源的争夺，最终使得一些农民通过频繁的上访来纾缓怨恨情绪和打破村庄利益再分配结构。"富人治村"还会离间占多数的在乡农民与基层党委政府的关系，使他们站在了基层党委政府和农村政策的对立面，降低了党和国家政策在农村的认可度，加大了农村政策实施的难度。同时，经济精英的阻隔，使得基层党委政府悬浮于农村之上，无法真正深入农村了解普通农民的所思所想，进而造成国家自上而下的资源输入与农民自下而上的对公共物品的需求偏好无法有效对接，导致公共物品投放的效率不高，农民的需求得不到满足。

七、强化"在乡农民"地位的政策选择

（一）农村政策要讲公平公正

公平公正是在乡农民对农村公共政策的最大诉求和期待。他们宁可得不到好处，也不愿意看到公共政策的不公平不公正。在大量资源下乡的背景下，诸多涉农的公共政策都与公共资源的分配相关，因此更要讲究公平公正，否则容易引发农民的不满和怨恨情绪。

根据农村公共政策发挥效力的领域，可以将其分为农村经济公共政策、农村社会公共政策、农村政治公共政策。农村公共政策的公平公正主要有三个方面。

一是农村经济公共政策的制定和执行要公平公正。农村经济

公共政策是指为实现一定的农村经济发展目标，对农村经济发展过程中的重要方面及环节所采取的一系列有计划的措施和行动准则的总称，主要包括农村基本经营制度、农村土地政策、农村产业发展政策、农业财政政策、农村流通政策等。主要是要保障农业补贴政策、农村土地流转政策、农村产业发展奖补政策等的公平公正。

二是农村社会公共政策的制定和执行要公平公正。农村社会公共政策是指政府向农村人口提供的社会服务和实施社会管理的政策体系，包括人口、就业、社保、医疗、教育、扶贫等方面的内容。其中，农民感受最深切、最需要讲公平公正的政策是涉及民政救助、扶贫两个方面的政策，如低保、特困人员评选要符合标准、确保公平公正。

三是农村政治公共政策的制定和执行要公平公正。农村政治公共政策是指调节农村政治关系、规制农村治理的公共政策，主要是以村民自治制度为核心的农村治理的政策规定。其中，主要是要保证村级选举符合制度规范，要确保公开公平公正。

（二）农村工作要走群众路线

群众路线是我们党最大的政治优势。无论在什么时候，群众路线都不过时。在乡村振兴战略背景下，既要加快培育一支懂农业、爱农村、爱农民的农村工作队伍，又要强调农村工作走群众路线的必要性。

党的农村工作的最大目标就是要实现党的目标和农民群众利益的结合，保持农村社会稳定和长治久安。要达到该目标，就必须走群众路线。只有走群众路线，在乡农民在政治上获得了尊重，才会与我们党同心同德、同向同行，农村工作才有基础和动力；只有走群众路线，才能拉近与在乡农民的距离，了解他们的所思所想所盼，农村工作才有针对性、目标性；只有走群众路线，才能激活村庄政治，获得农民支持，组织和动员农民的资源，农村工作才能因利乘便、事半功倍；只有走群众路线，充分调动群众的积极性、主动性和参与热情，依靠群众做好群众工作，农村工作才有创造性、创新性。

中国特色社会主义进入新时代，农村工作走好群众路线面临一些新挑战，同时也蕴含新机遇。一方面，农民群众主体的多元化和群众诉求的多元化增加了群众工作的难度。另一方面，基层干部和农民群众的思想发生了深刻变化，一些干部脱离群众增加了群众工作的难度。那么，要走好新时代农村工作的群众路线，就要坚持正确的群众工作方法，消除基层干部与农民群众"两张皮"现象；就要把群众工作同农村经济、政治、思想、文化、社会等各项工作有机融合，把群众工作嵌入党在农村工作的方方面面；就要坚持传统的走村入户、与群众同吃同住同劳动的工作方法，适应新时代农村群众工作多元化、服务化、知识化、媒介化的特点，创新走群众路线的方法、载体、机制，增强群众路线的适应性、灵活性、多样性。

（三）主动回应新时代农民的新需求

伴随着农民生活向现代化转型，以及农民流动、农村空心化，在乡农民不但会有新的需求，他们生活中也会出现新的问题。如果这些新需求得不到满足、新问题得不到解决，就会降低农民的生活质量。

　　与传统的邻里纠纷、家庭矛盾、文化活动、基础设施建设等公共需求和问题不同，在乡农民的新需求、新问题主要与个体或家庭生活相关，虽然具有普遍性，但更多地涉及私人生活，因而具有私密性、隐匿性的特点。如果基层组织不主动、不积极地去发现和回应，在乡农民自己又无法解决，那么这些问题就会被遗留下来，进而影响农民的生活。比如年轻农民家庭对"四点半"课堂、高龄老人照料、电商培训的新需求；比如留守中老年人面临的液化气点不着、银行卡用不了、电视机打不开、智能手机没网络、流行 App 不会用、聊天软件卡死等问题；比如留守农民要面对的重活儿、技术活儿、夜间生病需要上医院等问题，都需要乡村干部主动出击，主动回应和解决。乡村干部不能仅仅是被动地等待有问题才去解决，还要主动去发现农民真正的需求和问题。

　　这些新需求、新问题，本来是在乡农民的私事，但是他们自己办不了，又不能拖着不办，那么对他们来说就是急事、重要的事情。谁帮忙解决了，在乡农民就会记上大人情。基层组织去解决了，就能拉近与在乡农民的心理距离，成为他们能够接受和亲近的人。

（四）将农民组织起来解决自身问题

　　伴随着乡村振兴战略的推进，越来越多的国家资源要下乡。同时，我国服务型政府建设的理念也深入人心。那么，基层服务型政府怎么把国家资源用于为农民提供服务？是直接提供服务，还是以国家资源为支点撬动农民解决他们自己的问题，这是一个亟须讨论的问题。

　　直接为农民提供服务，会存在几个问题。一是国家专业机构无法解决农民大量细小琐碎的问题和需求，会造成问题的积累；二是农民作为被服务的对象，会养成对国家资源及服务的依赖性；三是农民的服务需求不断增长，国家恐将难以承受；四是在服务中农民是被动的客体，其主体性、主动性、创造性没有发挥，会减少他们对服务的主观体验；五是国家资源下乡存在与需求脱节的问题，造成资源浪费和真实需求得不到满足的问题。

通过将国家资源作为支点来撬动农民的资源，就是要将农民组织动员起来利用国家资源解决他们自己的问题。相对于直接为农民服务，它有几大优势：一是农民自身的人力资源、物质资源、注意力资源、精神资源等被调动起来，极大地丰富了服务的资源；二是将农民组织动员起来解决自己的问题，就会形成自我解决问题的氛围，而不是"等靠要"；三是农民作为主体参与其中，他们自身的积极性、主动性、创造性就会被激活，集聚巨大的能量，同时在自我提供服务的过程中，会有较强、较积极的体验；四是在提供服务、解决问题的过程中，大的服务（问题）国家出"大力"、农民出"小力"，小的服务（问题）国家不用管，农民自己解决；五是可以很好地实现国家资源输入和农民需求偏好表达的精准对接，提高国家资源下乡的使用效率和农民需求的满足率。

因此，推动乡村振兴，推进服务型政府建设，以及相关政策的实施，要秉持将农民组织动员起来解决他们自己问题的原则，而不能越俎代庖，对农民的问题和需求大包大揽、包办代替。

（五）健全和加强村民自治制度

村民自治制度在乡村治理，保持农村政治稳定和社会稳定方面发挥了至关重要的作用，未来的政策选择应该继续健全和加强村民自治制度，而非削弱该制度。健全和加强村民自治制度，最主要的有两条措施。

一是确保村级组织的自治性质。维持村级组织的非科层化和非正式化，有以下几重考虑：其一可以确保上级组织不过多地干预村级自治组织的自治事务，也不过多地将条线事务布置给村级组织。其二可以确保村级自治组织将主要的人力、物力等资源投入自治组织内部事务上，而不是应付上级各部门的事务上。其三可以确保村级自治组织的主要职责是组织和动员村民解决自己的事情。自我管理和自我服务是村民自治的内在要求，村民有许多细小琐碎的日常事务需要解决，但是单个的村民又无法解决，村级组织就可以将村民组织动员起来解决。

二是确保村组干部的非脱产化。这样，村组干部拿的报酬就属于"务工补贴"，而不是工资，可以节省村级运行的成本。村组干部在没有村务的时候可以就近务农、务工和经商，这样既可以获得"误工补贴"之外的收入，也可以就此了解农村情况。村组干部的非职业化，其身份就是村民选举的干部，那么他们就会更在乎村民的公共诉求，他们有责任有义务接触群众、了解群众需求。村组干部保持农民身份而不是干部身份，更有利于他们深入群众，与群众打成一片。"脱产化"则很可能使村干部脱离群众。保持村组干部的"非脱产化"，让他们还把自己当作"农民"，有利于强化他们对农民的伦理责任。

八、小结

改革开放以来，"中央一号文件"连续以农业、农村、农民为主题。中共中央在1982年至1986年连续五年发布"三农"主题中央一号文件，对农村改革和农业发展做出具体部署。2004年至2023年又连续二十年以"三农"为主题，强调"三农"问题在中国社会主义现代化时期的"重中之重"地位。乡村振兴战略实施以后，农业相关财政转移支付力度不断加大。2023年财政部提前下达农业相关转移支付2115亿元、衔接推进乡村振兴补助资金1485亿元、水利资金941亿元、农村综合改革转移支付156亿元，并下达52亿元用于支持引导各地开展农村厕所革命整村推进，不断改善农村人居环境。足见"三农"在国家战略上的重要地位。

由于农民群众的分化，能够承接国家惠农政策、被组织起来参与乡村建设的主要群体是"在乡农民"。将在乡农民从农民整体中抽离出来，具有重要的政策内涵和理论意义。根据上文的分析，"在乡农民"与"不在乡农民"根本区别，是参不参与乡村建设和社会关系构建、主要利益在不在乡村。"在乡农民"概念的提出，有利于更清晰地认识农民群体，把握农民群体的新结构，精准确定党和国家政策的重点和方向，提炼我国农村政治社会保持稳定的经验密码。

第二章　农民如何参与现代市场和社会：

新"三代家庭"的兴起及其韧性

一、新"三代家庭"广泛存在

中国农村正在经历巨大而深刻的变化，体现在农村社会的许多重要方面，其中家庭结构的变革尤为突出。学界一般认为，农村家庭结构变革的总体趋势是从以宗族、家族为基础的大家庭迈向以核心家庭为基本单元的结构形式。这符合西方社会家庭形态的发展趋势，即伴随着西方国家工业化的发展和社会的现代化，传统的家庭生产单位被个体的产业工人所取代，家庭结构也迅速核心化。学界也就此认为中国以小农经济为基础的家庭组织将被资本主义经济产业工人所取代，传统的三代扩大家庭也必定被两代核心家庭所取代。

但事实可能并非像理论所预设的那样。经济史和法律史的研究已论证了当代中国三代直系家庭仍顽强延续的事实，农村家庭赡养父母的功能不仅在社会上得到认可，还受到国家法律制度的保护。正是这一点决定了中国家庭发展方向与西方社会家庭发展方向的不同。[①] 还有研究发现，农村三代直系家庭在 1982 年和 1990 年相对稳定，1990 年后逐渐增加，2010 年较 1990 年提升 26.92%，主要原因是农村独子家庭增多，长大后外出非农就业成为主流，结婚、生育后与父母同居共爨获益较多，且矛盾冲突少于多子家庭，三代直系家庭比例提高。[②] 这些研究对农村三代家庭不断增多趋势的判断是以农村户籍"分户"为前提的。但是，在农村现实中广泛存在父母与分户的子代家庭同居共爨的现象，也存在父母与已婚子代未明确分家、不住在一起却可能共爨的现象。这些家庭形态又与传统的联合家庭有较大区别，主要是子代家庭之间在经济上是独立的，它们与父母家庭在经济上也是分开的，父母不掌握和决定子代家庭的经济收支，但是各子代家庭与父母家庭又没有形式上的"分家"，相互之间尚存在较强的权利义务关系。这种家庭形态是一种崭新的家庭类型，由于它由父代、子代和孙辈组成，与传统三代直系家庭有一定的形似之处，可称为新"三代家庭"。

新"三代家庭"在农村越来越普遍，也受到了研究者的广泛关注。已有研究关注到的由父母与独子家庭未分户所构成的家庭形态，事实上在会计单位上是分立的，是新"三代家庭"的一种类型。在城市"夫妻店"中，父母、子媳与孙辈所组成的家庭也是新"三代家庭"。因为在夫妻店中，经济权力主要掌握在子媳

[①] 黄宗智：《中国的现代家庭：来自经济史和法律史的视角》，《开放时代》2011年第5期。
[②] 王跃生：《三代直系家庭最新变动分析——以2010年中国人口普查数据为基础》，《人口研究》2014年第1期。

手中，父母起到的是帮忙照看孙辈和看店的作用，这与传统三代家庭有质的区别。有调查了解到，农村"分户不分居"的三代共居家庭的比例要高于三代扩展家庭，农村有相当比例的老人在子女婚后分户，但仍与子女生活在一起，这在独生子女中比例更大。[①] 另外，新老两代农民工从农村流向城市改变了农村社会的分家规则和资源流向，使得新生代农民工容易从家庭经济利益和家庭理想出发理性地选择有利于自己的"不分家"策略。[②] 在农村分家过程中，子代逐渐取得主导权，分家仪式和内容日益简化，分家后形成了一种"分而不离"的家庭代际关系，子代可以从这种代际关系中获得多方面的收益。[③] 在有的地方，"分而不离"是"虚分"的结果，由于要面对社会转型带来的家庭发展压力，农村分家由过去的实分变成"虚分"，父代家庭成为子代家庭面对生活压力的转嫁对象，代际关系和代际互动因"虚分"而更加紧密。[④] 还有学者将农村青壮年外出背景下出现的由留守老人和留守儿童组建的家庭称为"隔代家庭"，[⑤] 该类家庭具有新"三代家庭"的典型特征。社会学者近年对农村"代际剥削"现象的调查研究，也是在新"三代家庭"及其代际关系性质基础上做的分

---

① 何兰萍、杨林青:《分户不分居：代际支持与农村老年人居住方式》，《人口与社会》2017年第2期。

② 姚俊:《"不分家现象"：农村流动家庭的分家实践与结构再生产》，《中国农村观察》2013年第5期。

③ 龚继红、范成杰、巫锡文:《"分而不离"：分家与代际关系的形成》，《华中科技大学学报（社会科学版）》2015年第5期。

④ 印子:《分家、代际互动与农村家庭再生产——以鲁西北农村为例》，《南京农业大学学报（社会科学版）》2016年第4期。

⑤ 李全棉:《农村劳动力外流背景下"隔代家庭"初探——基于江西省波阳县的实地调查》，《市场与人口分析》2004年第6期。

析，其基本的逻辑是子代通过婚姻市场要价的策略，从父辈手中索取资源用于结婚和购房，实现小家庭在城镇立足，并依托父辈的隔代抚养和其他后续资助完成家庭再生产。[①] 近来有研究关注到农村进城的"老漂族"，他们迁移到城镇给务工或在城镇立足的子代家庭帮忙做家务和照顾小孩儿，由他们和子代、孙辈组成的家庭是典型的新"三代家庭"。[②]

二、新"三代家庭"的基本结构

（一）家庭形态

与新"三代家庭"相似和相对的是传统"三代家庭"，它是由父代、已婚子代和未婚孙辈组成的三代直系家庭。传统"三代家庭"来源于两种情况，一种是父代与婚后的独子不分家。独子不分家是传统农村的伦理习俗，由此自然形成三代家庭。另一种情况是父代与多子中的一个儿子不分家。在有多个儿子的家庭，父代一般将婚后的儿子逐一分家，最后与未婚幼子组成核心家庭，待到幼子婚后依然不分家从而构成了三代家庭。而分家出去的儿子则形成两代人的核心家庭。在多子家庭中，父代与分家出去的子代核心家庭的权利义务关系不强，他们没有制度性义务为子代核心家庭提供帮助。父代可以出于情感而帮助子代家庭，但必须给予每个子代家庭均衡的支持，否则就会闹矛盾。为了避免

① 陈锋:《农村"代际剥削"的路径与机制》,《华南农业大学学报（社会科学版)》2014年第2期。

② 陈辉:《我的妈妈是老漂：城镇化进程中的老人流动和代际支持》,澎湃新闻2017年09月18日。

矛盾，父代一般哪一家都不帮忙。父代的劳动力和资源属于其与
婚后幼子构成的三代家庭，父代与幼子具有较强的制度和情感纽
带。分家出去的子代没有责任赡养父代，但需按照村庄伦理在年
节、父代寿辰时孝敬父母。只有父代的财产（主要是土地）均分
给子代，即其退出三代家庭之后，其他子代才有赡养的义务。在
2000 年以前，虽然农村三代家庭有增多的趋势，但是由父子两代
人组成的核心家庭占比最重。

新"三代家庭"虽然也是由父代、子代和未婚孙辈组成的家
庭形态，但与传统"三代家庭"有本质区别。新"三代家庭"虽
然包括父代与已婚独子、未分家的幼子构成的三代家庭，但它要
概括的是父代分别与已婚子代构成的三代家庭。也就是说，在多
子家庭中，子代成婚组成核心家庭，而父代则被分别纳入子代
的核心家庭形成新型的三代家庭。在传统"三代家庭"中，父代
只能跟未分家的子代家庭组成一个"三代家庭"，或者父代与所
有子代分家而单过。但是在新"三代家庭"中，父代不存在"单
过"的概念，也不止与一个子代家庭组成三代家庭，而是与所有
子代家庭都组成三代家庭。有多少个子代家庭，就会有多少个三
代家庭。然而，子代家庭之间又是相互独立、相互区别的（见图
2-1）。即是说，父代分别属于所有子代家庭的成员，但是子代之
间互不隶属。

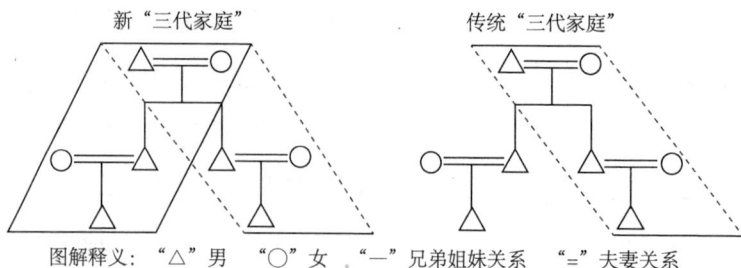

图解释义："△"男　"○"女　"—"兄弟姐妹关系　"="夫妻关系

图 2-1　新"三代家庭"与传统"三代家庭"比较

　　在权利义务关系上，新"三代家庭"内部，父代与子代的联系较为紧密，相互之间具有较强的制度性联系。父代有责任向每个子代家庭输入资源，而子代则有权利利用父代的劳动力和资源。子代家庭之间的制度性联系较弱，并且由于父代是每个子代家庭的"共有"财产，子代之间有针对父代的竞争关系。

　　在成员的构成上，新"三代家庭"成员可以分成两类：一类是有劳动能力的成年人，一类是没有劳动能力的未成年人。前者是父代和子代，后者是孙辈。在新"三代家庭"中不包括没有劳动能力的老年人，一旦父辈因故丧失劳动能力，就会主动或被迫退出"三代家庭"，因此，父代一般是中年壮劳动力和有劳动能力的老年人。新"三代家庭"具有整合劳动力的效应。而在传统"三代家庭"中，没有对父代劳动能力条件的限制。从这一点上讲，传统"三代家庭"是在子代婚后按照地方习俗自然形成的，而新"三代家庭"的形成则与子代理性选择有关。也因此，传统"三代家庭"在农村占比具有稳定性，它在 20 世纪 90 年代以后的增长与独生子女增多有关系。[1]而新"三代家庭"内含着父代对子代的支持，在人口流动和城镇化背景下会伴随"80后""90后"的结婚而不断增多。在过去，多子家庭分家后形成核心家庭，现在则所有子代家庭在婚后分别与父代构成新"三代家庭"，使核心家庭减少，新"三代家庭"逐渐普遍化。

（二）会计单位

经济上与母家庭分开是子家庭独立的标志，所谓"分家"很大程度上是"析产"。一旦与母家庭分家，就意味着子家庭与母家庭都是独立的会计核算单位。在传统"三代家庭"中，因为子代与父代没有分家，三代人共享一个会计单位，并由父代掌管财政大权。与之相对的是会计单位同时也是人情单位，父代与子代的人情关系也没有分开，即便是子代的娘家关系和朋友关系也属于"三代家庭"的人情关系，人情礼金的收支由"三代家庭"统一管理。只有分家出去的子代家庭才既有公共的人情，也有自己的人情。在很多地方，分家的同时要分人情（所谓"分亲戚"），分家之后父代不再负责人情往来。不分家就不分人情，人情往来仍由父代负责。父代掌管经济大权，其好处是可以开源节流，控制年轻人的无谓花销，为家庭积攒财富。不便之处是年轻人要花钱还得向父代申请，他们觉得不自由。这是年轻人闹着分家析产的重要原因。

而在新"三代家庭"中，子代家庭在经济上是分开的，他们各自组成一个独立的会计单位，而父代也有自己的会计单位。因

---

[1] 王跃生：《三代直系家庭最新变动分析——以2010年中国人口普查数据为基础》，《人口研究》2014年第1期。

此，新"三代家庭"中就有三个会计单位。在结婚之前，子代务工经商的收入会纳入父代的会计单位，由父代积攒起来为子代建（买）房和结婚。婚后，子代无论分家与否，其收入都不再上交父代，而是由自己掌握和支配，成为独立的会计单位。在人情上，由于没有分家，父代的人情也就不分给子代承担，而子代的人情理论上则由子代负责。但是在实践中，由于子代在外务工，其人情也由父代承担了。有多少子代家庭，父代就要承担多少家庭的人情往来。这笔费用通常也从父代会计单位中出。即便子代要还给父代人情费用，父代也只会象征性地收取，不会斤斤计较。

由于没有分家，父代的会计单位就不具备独立性，父代拥有的资源亦属于各新"三代家庭"共有的财富，各子代家庭可以通过不同的形式从中抽取资源。除了让父代支付人情礼金之外，子代还"免费"在父代家庭吃喝，谓之"吃公家的"；子代的子女放在父代家庭中抚养，父代要负责看护，甚至还要出学费和生活费。在有的新"三代家庭"，父代还要为子代家庭还房贷、输送冬天的"烤火费"等。有的子代会象征性地给父代支出学费和自己在父代家庭吃喝的生活费，以填补父代会计单位的空缺。但是多数子代在父代还有劳动能力时不会考虑给父代回馈。父代的会计单位出现亏空或负债时，诸如为子代婚姻背负数十万的债务，子代独立的会计单位也不会予以偿还，还得由父代来负责。子代会计单位也不负责未婚兄弟的买房结婚成本。

较之传统"三代家庭"中父代只与一个子代家庭共享一个会计单位，其他子代家庭不共享父代的会计单位，新"三代家庭"中父代要与所有子代家庭共享自己的会计单位。那么，新"三代家庭"中的父代就要承担更大的经济压力，他们要向每个子代家庭输送等量等质的劳动力和资源。子代也有理由向父代会计单位抽取资源。但是，在新"三代家庭"中也因为父代的财产和资源（包括土地）未因分家而被均分，所以父代还拥有财政权力，相对子代家庭而言就具有一定的独立性。

（三）权利义务关系

在传统人口学研究中，户籍上的"分户"才具备统计意义。但是在农村家庭实践中，形式上的分家越来越"虚化"，甚至没有分家仪式和分家形式，子代只要结婚就等于成为一个独立的家庭，它们与父代、兄弟家庭在经济和社会关系上是独立的。子代家庭可以跟父代家庭仍然是一个户（人口学上的"联合家庭"），或者分立了新户（人口学上的"核心家庭"），但这些情况在农村传统观念中被认为没有"分家"，因为没有举办过"分家"的仪式。但是子代家庭又确实在很大程度上相互独立和独立于母家庭。然而，说它们是独立的核心家庭又算不上，因为子代家庭返乡以后还在父代家庭生活，或者与父代家庭分居共爨（分家合灶）。这是典型的"不分家式的分家"，或者说是形式上不分家、实质上已分家但仍联系紧密的家庭形态。

"形式上不分家"的机制，是父代与子代家庭构成新"三代家庭"的前提。传统的分家析产具有较强的仪式感和庄严性，需要家族头人和娘舅家的人参与，家里的儿媳妇则被禁止参加。分家仪式在内容上除了确定房屋、土地和其他财产（含债务）的归属之外，在形式上主要是明确家庭成员之间的权利义务关系。只有被分在同一个家庭里的人相互间才具有较强的权利义务关系，而分属两家的人尽管有情感联系，但缺少了制度性约束，相互间的权利义务关系不明显。譬如，在传统"三代家庭"中，父代与子代家庭没有分家，因而就有较强的权利义务关系，而父代与分家出去的子代家庭则因为有明确的分家仪式，他们相互间的权利义务关系就不像"三代家庭"那么强。如果此时，父代给某个分家出去的子代家庭输送利益，那么"三代家庭"中的子代家庭就有意见，因为它认为父代的劳动力和资源属于"三代家庭"。

但是在新"三代家庭"中，因为父代与任何一个子代家庭都没有"分家"，它们之间在形式上仍被认为是"未分家"状态，那么父代与每个子代家庭就仍属于同一个家庭。那么，父代与每个子代家庭之间的关系就是制度性的，相互之间仍有较完整的权利义务关系；在村庄伦理和规则上，父代对每个子代家庭仍有支持的责任，而每个子代对父代则有赡养的义务。在子女外出务工或城镇化过程中，父代与每个子代家庭皆无形式上的分家，那么父代就得向每个子代家庭输送利益和贡献劳动力，包括给每个子代家庭照顾小孩儿。反过来，每个子代家庭因为没有与父辈分家，那么他们就有向父辈要求资助、索取资源和劳动力的权利。譬如，子代有权利要求父母到城市给自己做家务和照顾小孩儿。父代会有这样的意识，给大儿子在这个城市照顾小孩儿，也应该到另一个城市给二儿子照顾小孩儿。

在新"三代家庭"家庭中，兄弟之间的"分家"仪式就是结婚仪式，只要某一个儿子结婚，他与其他兄弟就等于分家，双方家庭之间也就没有权利义务关系了。所以，在新"三代家庭"中，只有兄弟分家，没有父子分家。只要父子形式上不分家，每个子代家庭的压力就会通过制度上的权利义务关系传递到父代身上，父代就要竭尽所能为每个子代减轻负担，从而数倍地增加了他们的压力感和焦虑感。反过来说，若父代与子代皆已分家，那么父代对子代就不会有那么大的责任，子代的压力也就难以传递到父代身上。

（四）家庭关系结构

在农村家庭关系中，有两重关系较为重要，分别是纵向的代际关系和横向的夫妻关系。但是这两重关系并不是并行不悖的，而是有矛盾和冲突的。若以代际关系为重，就会抑制夫妻关系，尤其要打压年轻媳妇构建小家庭、分裂大家庭的潜在力量。若以夫妻关系为重，就会减弱代际关系，可能引发代际矛盾和冲突。在传统农村，通过制度和伦理规定家庭以纵向关系为主轴，以横向关系为辅轴，横向关系服从和服务于纵向关系。纵向关系作为主轴，实质上就是确定了代际关系尤其是父子关系在家庭中的主导地位。父子轴心意味着家庭关系以纵向的血缘关系为连接纽带，注重大家庭、家族和宗族利益，而倾向于抑制小家庭的独立利益。所以在传统家庭中，父子关系较为紧密，夫妻关系较为疏松甚或不重要，乃至视夫妻间的亲密关系为宗族血缘的分裂力量。因此，在传统农村，无论是"三代家庭"，还是核心家庭，在父子轴心的支配下都对宗族血缘有着较强的认同感，男子尤其如此。

但是随着 20 世纪历次革命运动，宗族血缘不断瓦解，宗族对个体支配力减弱，小家庭的分离运动加剧，在大家庭里则表现为子代与父代争夺权力，媳妇不断挑战婆婆的权威，年轻妇女欲将丈夫从宗族和大家庭里拉进小家庭，小家庭的利益愈发独立，分家也更多地由子代提出，子代婚后分家的时间不断缩短。其结果是在20世纪八九十年代出现了持续性的代际矛盾、婆媳矛盾和夫妻矛盾，最终年轻妇女将男子拉进小家庭。20世纪90年代中期以后，夫妻关系上升为家庭的主轴，代际关系权重下降，小家庭利益超越宗族、大家庭利益成为家庭成员奋斗的目标。因此，在这一时期的"三代家庭"中，年轻夫妻主导着家庭决策和经济大权，父代没有发言权和资源分配的权力，甚至出现了子代不养老、殴打辱骂父代的情况，代际关系的重心向子代倾斜。

新"三代家庭"的家庭关系既不像传统时期那样只注重父子轴心，而未给夫妻关系留下空间，也不只是倾注核心家庭的利益而导致代际关系的严重失衡。在新"三代家庭"中，家庭关系虽然是以夫妻关系为轴心，但是代际关系在家庭关系中的重要性上升，代际关系与夫妻关系的冲突性和矛盾性减少，夫妻、父子共同经营家庭的意识和一致行动能力增强。主要表现如下：一是父代对于每一个子代家庭而言都不可或缺。缺少了父代的角色，子代家庭无论是外出务工还是进城立足，都需要付出额外的成本。二是父代参与新"三代家庭"的决策，与子代共同协商决定家庭事务的安排。同时，父代与子代又相互尊重对方在各自会计单位的自主权。三是父代在经济上不依赖于子代，他们以支持者而非索取者的身份进入子代家庭，在新"三代家庭"中的角色具有主动性和主体性，其言行也有底气。四是由于没有分家，父代财产未均分，父代依然是大家庭会计单位的执掌者，拥有财政和决定大家庭事务的权力。因此可以说，新"三代家庭"中的家庭关系具有平权的特点，家庭成员之间的角色和地位相对平等，夫妻关系和代际关系相对平衡。

（五）代际分工模式

在新"三代家庭"中，由于父代和子代都有劳动力，那么在经营家庭的过程中，就会依照劳动力的年龄、能力和有效性，以及家庭所处阶段对家庭劳动力进行分工，主要是代际分工。[①]譬如，在父代尚年轻时，他们在城市是有效劳动力，那么父代和子代可能都外出务工，而当父代在城市属于无效劳动力时，父代就要退回农村务农，子代继续在外务工。代际分工的目的是要合理配置家庭劳动力，以实现家庭利益的最大化。那么，代际分工就会形成以子代为主、父代为辅的分工模式，即代际分工首先要有利于充分发挥子代的劳动力优势以创造更多家庭财富，同时在一些辅助性工作上合理安排父代的劳动力，意在获取额外财富，或减轻子代负担。

新"三代家庭"的代际分工主要包括三类：一是务工务农分工。由于年轻人在城市是有效劳动力，中老年人在城市则是半有效或无效劳动力，而在农村是有效劳动力，那么家庭分工就是子代外出务工和父代在家务农。每个子代家庭都有一对成年夫妇外出务工，能在最大限度上获取务工收入。父代在家务农不仅可以获取务农收入，还能够照料每个子代家庭的孩子，解决子代外出务工的后顾之忧，这样对父代的劳动力也是充分和合理利用。二是家庭内外分工。如果子代和父代生活在一起，家庭分工就存在

---

① 在20世纪八九十年代的非新"三代家庭"中，不存在代际分工，只有夫妻分工和性别分工。

内外之分，一般是子代外出工作，父代在家负责家庭的饮食起居。三是抚育孙辈分工。父代进城给子代照看未成年小孩儿也存在代际分工，主要是父代担负物质性照料，而子代则负责社会性抚育。

三、新"三代家庭"的形塑条件

新"三代家庭"在农村的涌现有其独特的时代背景。从宏观上讲，它是农村人口流动和城镇化的产物。在微观上，村庄竞争加剧、少子家庭普遍化和代际价值观相同等都是新"三代家庭"形成的条件。

（一）激烈的村庄竞争

村庄竞争加剧是农民分化的结果。在传统农村，血缘内部的"自己人"认同强，农民家庭之间相互比较和竞争的意识较弱，而相互提携和互助合作的意识较强。只有当血缘认同不断瓦解之后，核心家庭的独立利益具有政治正确性，核心家庭之间不再有强烈的"自己人"认同，它们之间的比较和竞争意识才会凸显出来。由于村庄是熟人社会，核心家庭之间一旦出现差距，很快就会被大家察觉，落后者会自感无地自容，他们自然不甘落后而要奋起直追；领先者虽然被人称赞和奉为榜样，但他们也不能止步不前，而要加倍努力继续引领村庄标准。在这种你追我赶的氛围中，村庄的比较和竞争就会愈演愈烈。

在集体时代，农民家庭之间都处在一个水平线上，差距不大，因而没有出现明显的比较和竞争。到了 20 世纪 80 年代以后，一方面分田到户强化了核心家庭的独立利益，市场化改革则进一步瓦解了宗族血缘认同，为核心家庭的比较和竞争创造了前提；另一方面，农民的就业渠道增多，家庭收入来源多元化，农民家庭之间经济条件的差异逐渐显现，为核心家庭的比较和竞争提供了条件。于是，农民家庭之间的比较和竞争就开始出现，并随着相互之间差距的拉大而加剧。到2000年以后，核心家庭成为村庄的主要利益主体，核心家庭之间的差距也越来越大，使得村庄熟人社会的竞争愈发剧烈，给核心家庭带来了巨大的压力和焦虑感。核心家庭的竞争"标的"主要体现在：一是人情竞争。不断抬高的人情礼金成为农民家庭的沉重负担，一个家庭三分之一到一半的收入用于走人情。人情礼金之所以抬高与农民在人情上的攀比有关。二是房屋竞争。农村的房屋越建越高大、豪华，且不仅农村要有房子，在城镇也要有房子，房子所处城镇级别越高，农民就越有面子。三是消费竞争。主要包括耐用消费品、酒席、汽车、烟酒等方面的消费，档次越高越彰显能耐和面子。四是婚姻竞争。为了儿子娶得上媳妇，父代需要不断抬高竞争筹码，从而使得婚姻成本持续攀升，迫使年轻农民自儿子出生起就要开始为其婚姻做准备。五是小孩儿择校竞争。不能让孩子输在起跑线上，就得让小孩儿上好的学校和优质的培训班。越来越多的年轻农民将自己的小孩儿送到市县上中小学，陪读现象低年级化和普遍化。

为了在竞争中取胜，核心家庭的青壮年农民承受着巨大的压力，他们除了充分利用自己的劳动力外，还需要调动一切可以调动的资源和劳动力。那么对于他们来说，谁的资源和劳动力可以调动？首先，兄弟核心家庭之间是竞争关系，其资源和劳动力调动不了，村庄里的其他家庭亦是如此，相互之间不会给予支持。其次，姻亲关系属于非竞争关系，其资源和劳动力可资利用，但是这类资源只能偶尔被调动。最后，代际关系属于非竞争关系，况且父代有支持子代的情感，父代的资源和劳动力可以被调动起来。但问题是，父代情感上的支持也是不能持续的，只有将父代纳入子代核心家庭，子代才能在制度上对父代的资源和劳动力给予持续性调配。"形式上不分家"是确定父代与子代制度性权利义务关系的策略。所以，对于子代参与村庄竞争来说，"形式上不分家"可以实现家庭资源和劳动力的优化配置，实现家庭资源的倍增以在竞争中取胜。反之，若是"形式上分家"，父代的劳动力就可能调动不了，子代参与竞争的成本就会增加。如父代不能到城镇陪读，子代就得抽出一个劳动力去陪读，其机会成本就很高，会拖累家庭竞争。可以说，新"三代家庭"是子代参与村庄竞争的理性选择的结果。村庄竞争越激烈，父代的资源和劳动力就越需要被调动起来，新"三代家庭"就越有存在的必要。

（二）农村人口流动

农村人口往城市流动是现代化发展的必然趋势。对于大多数农民家庭来说，必须农工结合才能应对生活和参与村庄竞争。农村青壮年劳动力外出务工是形塑新"三代家庭"的必要条件，主要体现在以下几个方面。

第一，年轻人长期外出务工使"分家"不再必要。在农村资源外流和城市资源集聚得不到扭转的情况下，一方面大部分农民工无法在城市体面地立足，他们还需要以农村为归属；另一方面农村青壮年外出务工不是"打短工",而是长年和十数年(甚至二三十年)在外务工,他们每年回农村居住的时间又不长,一般是数天(逢年过节)到两三个月(农忙季节)不等。因此外出务工占了农民工绝大部分时间,若他们与父代分家,他们在农村的土地、房屋、劳动工具及其他财产就得另外找人看护,需要付出相应的成本。且房屋、劳动工具、耐用消费品等折旧率高,农民工又无法从这些财产中获益。因而理性的选择是不分家,这些财产留在母家庭,由父代看护和使用,尚有使用价值和增值的可能(如农机出租)。等到自己返乡后也可以使用这些财产。还有一种情况是,父代和子代都属于壮劳动力,皆外出务工,就更没有必要分得那么清楚。

第二,务工收入成为家庭主要收入来源使"析产"不再必要。前文已提到,农村传统分家的关键在于"析产",而所谓财产最主要的就是土地。由于我国农村人多地少,人地矛盾紧张,外出务工成为家庭获取货币化收入的主要渠道。农民家庭务工和务农的收入比是 8:2,在有的家庭则高达 9:1,甚至完全依靠务工收入。那么,相对于务工收入,务农的货币化收入对于一个农民家庭来说就可以忽略不计。但是对于在城市属于半劳动力和无效劳动力的父代来说,务农收入的货币化收益虽然少,但他们可以自食其力、自得其乐和自我养老,在务农之余还可以"搞副业"和"打零工"增加货币化收入。于是,外出务工农民大可不用分家而把土地留给务农的父代,这样可以增加父代的经济收入,减少子代的养老负担。

第三,人口流动减少了代际矛盾,使"分家"不再必要。农村分家无论是父母提出还是子代提出，其中有一个原因是子代与父代居住在一起容易产生代际矛盾，包括婆（翁）媳矛盾和亲子矛盾。代际矛盾产生的直接原因是家庭琐事，背后的根本原因是代际的权力之争和价值观冲突。有的家庭矛盾甚至会导致年轻媳妇或公婆的自杀悲剧。为了减少代际矛盾，两代人都倾向于分家。当然也有年轻妇女为了迫使父代主动提出分家而故意制造家庭矛盾的情况。当年轻人长年在外务工之后，与父代在一起生活的时间极度缩短，子代与父代有各自的生活空间和权力场，互不干涉对方的事务，从而减少了他们发生矛盾的可能性。甚至会因为时间和空间的距离而产生两代人之间（尤其是婆媳之间）的好感，增进家庭关系的亲密度。因此，农村人口流动降低了分家的必要性。

第四，分家需要分担家庭负担使"析产"不再必要。在传统农村，分家除了"析产""分爨"之外，还要"分债务"和"分人情"，前者是指大家庭留下的债务分给小家庭偿还，后者是家庭中人情关系平分给子代家庭承担。而父代则因为土地等财产都分给了子代而不负责家庭债务和人情。"分人情"和"分债务"都会增加子代的负担，而减少父代的压力。那么从理性人的角度思考，在外务工的年轻人断然不会主动提出分家。子代不提分家，父代也不好意思提，提了怕得罪儿子、儿媳妇。

第五，务工家庭需要父代照看小孩儿使"分家"不再必要。年轻人在务工地要最大限度地利用自己的劳动力，就得夫妻双方都务工。夫妻双方务工的前提条件是小孩儿要放在老家抚养，如果把小孩儿带到务工地，就得抽出一个劳动力（一般是年轻妇女）来照看，那么就必定要损失一个劳动力的工资。同时，小孩儿在城里抚养，还要租房子、在城市购买小孩儿的日用品或者在城市上学等，这些都会增加年轻人的负担。这样一减一加就会极大地减少年轻人的务工收入。而如果把小孩儿丢给父代抚养，则可以增加一个劳动力务工，减少在城里带小孩儿的开支。这是一笔很简单的经济账，每个年轻农民都会算，因此为了确保父代能够给自己带小孩儿就不能"分家"。

　　总之，外出务工者最有必要将父代纳入自己的核心家庭，组成新"三代家庭"以充分调动父代的劳动力和资源为核心家庭服务，从而使核心家庭的劳动力配置更有效，增加核心家庭的资源。而那些留在农村亦能在村庄竞争中取胜的年轻夫妇，要么耕种中等规模的土地，要么在农村做生意，他们不需要调动父代的劳动力资源，因而他们倾向于与父代分家，而不是与父代组建新"三代家庭"。

（三）农民工城镇化

　　农民工城镇化是指农民工在城市买房子定居，并在城市体面生活下来的过程。对于农民工而言，城市是现代化的象征，城市拥有充裕的工作机会、教育资源和现代化的生活方式，在城市立足是其奋斗目标。除了少数进城经商的农民外，大部分农民工可以分为两类。一类是普工，他们一般在服务业、工地或工厂流水线上工作，工作的技术门槛较低，可替代性较强，工资水平不高。另一类是技工和管理人员，他们是拥有专长、职业技能或管理（销售）经验的工作人员，在其专门领域具有一定的稀缺性，工资水平相对较高。绝大部分农民工属于普工，少数是技工和管理人员。从事技术和管理行业的农民工因其工作较稳定、工资和社会保障水平较高而更可能率先在城市立足，他们的城镇化率较高。而普工的工作不稳定、社会保障水平不高，他们在城市立足的难度较大，或者要推迟城市化的时间。但是无论普工还是技工要在城市立足，父代的支持都不可或缺，普工对父代的支持需求更大，他们与父代更容易建立新"三代家庭"。

父代对子代进城的支持主要包括：一是买房子。进城的农民工多数在县城买房子，次之的是地级市和乡镇。购房首付一般由子代和父代共同承担，如果有多个儿子的话，父代出的首付款相同。如果只有一个儿子，父代还会给子代还房贷。二是照顾小孩儿。子代在城镇买房子，除了享受城市现代化生活之外，主要是为了小孩儿在城市获取优质教育资源。子代要维持在城镇的基本生活，夫妻俩就得都有工作，不能腾出一个劳动力来照顾小孩儿。中西部地区的中小城镇非生产性的工作机会不多，进城的年轻夫妇还可能要到沿海发达地区打工。那么，就需要父代至少一方进城照看小孩儿、接送读书等。如果农村离城镇比较近，父代还可以早上送小孩儿去学校后再驱车到农村干农活儿，下午再回城镇接小孩儿回家。这样带小孩儿和务农两不误。三是其他支持，包括父代对子代的物质和货币输入及料理家务。

（四）计划生育政策

中国在20世纪七八十年代实行的计划生育政策，极大地减少了家庭子女数量。在农村，按政策头胎是儿子的就不能再生，头胎为女儿的可以间隔一段时间之后再生一孩，虽然农村超生现象较为普遍，但家庭子女数一般在2到4人。这样就使现在已成年的"80后""90后"家庭多数为"少子家庭",他们要么是独生子,要么只有1个兄弟姐妹,有2个及以上兄弟姐妹的家庭较少。家庭子女数量锐减和"少子家庭"普遍化,对于新"三代家庭"的形成和维系有较大影响。

一是因为子女数量少,待子女成婚父代一般也只有四五十岁,尚属壮年。他们不仅在农村是壮劳动力,在城市也多属于有效劳动力,他们在子女婚后还能够创造劳动价值,积累财富。这就使得父代有能力支持子代家庭,无论是劳动力供给还是其他资源的输入。

二是因为少子或独子,父代对子代家庭能够照顾得过来,还能做到一碗水端平。譬如父代可以同时照顾两个子代家庭的小孩儿,或者同时资助子代同等数额的资金购房等。

三是因为子女较少,就会把子女看得贵重,父代在子女成长中倾注的感情就多,"偏心"现象也少。待到子代成婚,父代通过对子代的资源输入将这种感情延续下去。

四是因为兄弟少,兄弟家庭之间在竞争父代的劳动力和资源上就不太激烈,父代对子代家庭的资源输入较少引起矛盾,父代也就乐意给子代各种照顾。

(五)代际观念同构

新"三代家庭"中的成年人主要是由"50后""60后""70后"的父代与"80后""90后"的子代构成,父代的年龄普遍在45岁到65岁,子代则在20岁到40岁。这两代人在代际平权和代际交换两方面持相同的观念。父代之所以愿意进入新"三代家庭"给子代输入资源,而子代又能理所当然地向父代索取资源,与两代人在这些价值观念上具有同构性有关。

这两代人都成长在新中国，接受过平等的观念，受传统家庭等级观念的影响较小。在平权观念里，家庭成员在人格上是平等的，没有高低贵贱之分；在权力上是均等的，每个人都有均等的发言权和决策权。因此，父代和子代都相互尊重对方的权力和权利，不干涉各自会计单位里的事务，这样就使得两代人既能自主又有合作，共同推动家庭的发展。反之，若父代持传统等级观念，子代持现代平权观念，两代人在一个家庭里共事就必定会产生诸多矛盾而导致分家；父代在子代成婚后会按照伦理和习俗要求子代回馈，而不是为子代提供帮助。

当前农村传统的代际关系是反馈式的，父代养育了子代，子代就得无条件赡养父代。但是随着农村社会和家庭关系的变迁，到20世纪八九十年代以后，交换式代际关系逐渐占据主流，即父代为子代贡献了多少，子代在养老上就回馈多少。若父代只将子代养育成人，而没有给子代建房子、带小孩儿、做家务、进行资源输入等，子代就认为父代不称职，在养老回馈上就会大打折扣或不养老。当前大部分农村七八十岁的父代在其子代成婚之后就较少再给予子代支持和资源输入，等到他们丧失劳动能力后，如今四五十岁的子代就开始对他们"反攻倒算"，说他们当年没有给自己做贡献，在养老上也就不会对他们有多好。这批四五十岁的子代已淡化了"我养大了你，你就得孝敬我"的观念，而是更多地持代际交换观念。当他们做了父代后就开始吸取上一代人的教训，认为只要自己现在为子代多着想、多付出，将来子代会将心比心也对自己好。所以这一代父代就开始"学会做老人"和

"学会做婆婆",婆婆竭尽所能讨好儿媳妇,真正把儿媳妇当成女儿。在子代这一边,他们也切身感受到父代为自己的付出,能够体会父代的艰辛与不易,因此对父代有更多的关心,在赡养的预期上也会投入更多。

四、新"三代家庭"的主要类型

根据代际分工和代际居住状态,可以将新"三代家庭"划分为"半工半耕"型、"半城半乡"型、"举家进城"型和"城镇共爨"型四种主要类型。父代和子代共同生活在村庄中的新"三代家庭"较少,不构成独立的类型。

(一)"半工半耕"型

"半工半耕"型是指通过父代务农和子代务工的代际分工模式形成的新"三代家庭",它是"80后""90后"农民主要家庭形态,一部分"70后"农民家庭也是这种形态。"半工半耕"型家庭中有子代务工和父代务农两部分收入,虽然这两笔收入不会合在一个会计单位,但是对于一个农民家庭来说,缺少了哪一部分收入都可能使家庭陷入困境,无法在农村获得体面生活。若缺少了子代的务工收入,光靠父代在家务农的收入难以完成劳动力和家庭的再生产。即便子代家庭通过性别分工,男子在外务工,妇女在家务工,其家庭收入水平也无法达到农村平均水平。父代在家务农的货币化收入较少,但是其他隐性收益较多,包括自我养老、在家带小孩儿、搞副业、打零工等,且农村生活成本和抚育小孩儿的成本相对较低。倘若缺少了父代务农的这些收益,子代不仅要在城市养活自己，而且还要在城市高成本地，甚至要腾出一个劳动力来抚养小孩儿、给老人养老，那么光靠子代的务工收入断难使家庭过得体面。"半工半耕"型家庭大部分年轻农民工最终在其成为城市无效劳动力后退回农村务农，并与其子代家庭再组成新"三代家庭"，实现新"三代家庭"的再生产。

（二）"半城半乡"型

"半城半乡"型新"三代家庭"，是由在城镇买房定居的子代与在农村务农的父代构成的家庭形态。"半城半乡"型与"半工半耕"型家庭在形式上的区别，一是前者的子代已经城镇化，而后者尚未城市化；二是前者的孙辈在城镇生活和上学，后者的孙辈则在农村生活和上学；三是前者的子代家庭要在城镇过体面的生活，消费标准紧跟城市一般水平，后者的子代在城镇只要维持基本生计便可，无须跟上城镇的生活水平。二者的相同之处是家庭收入皆由务工和务农收入构成，收入水平相差不大。因此，"半城半乡"型子代家庭的生活成本较"半工半耕"型子代家庭要高，而二者的家庭收入又差不多，那么对于"半城半乡"型家庭来说，它们就更需要充分调动和合理配置家庭劳动力，以支持子代的城镇生活水平。于是，"半城半乡"型家庭除子代需继续到沿海生产性城镇务工之外，父代至少一方要进城照顾子代家庭及小孩儿，还要额外向子代家庭输入资源，如还房贷、现金支持、购置耐用消费品等。这样父代就需要过度剥削自己的劳动力以获得更多物质性收入，包括耕种更多土地、打多份零工甚至外出务工等。在城镇买房子越来越成为农村结婚的必要条件，那么"半城半乡"型新"三代家庭"就将越来越普遍。

（三）"举家进城"型

"举家进城"型新"三代家庭"型构的条件是父代和子代在城市都是有效劳动力，他们为了获取更多的非农收入而将土地转出（或抛荒）以便举家进城。"举家进城"型家庭主要有以几种情况：一是父代与子代在一起务工，并在务工地租房居住，子代全部务工，父代则是一方务工，另一方照顾家庭，包括做家务和带小孩儿（接送读书）。这种情况的好处是一家有三个壮劳动力务工可以获取较多务工收入，还能照顾小孩儿或使小孩儿能够在城镇接受教育，并且两代人的家庭生活是完整的。二是父代与子代分别在不同的地方务工，父代双方务工，子代中年轻男子务工，年轻媳妇不务工或务半工以照顾小孩儿。这种情况下子代要租房子，父代则可能租房或不租房，总之生活成本较前一种情况要高。以上两种情况父代与子代的收入归各自的会计单位。三是所谓的"夫妻店"，即在城镇经营诸如饭店、五金店、打印店、百货店、服装店、小超市、小作坊等，一般以年轻夫妇为主，父代帮忙看店、做杂活儿和照顾小孩儿。"夫妻店"的收入归子代家庭，子代负责父代的衣食住行医等费用。"举家进城"型家庭因为务工经商的家庭成员较多，家庭收入也较高，他们在城镇购房的可能性较大，并在父代退回农村后形成"半城半乡"型家庭。"夫妻店"的收入较举家务工家庭收入高，其子代家庭很可能在务工地购房而就地城镇化。

（四）"城镇共爨"型

这种类型的新"三代家庭"主要出现在两个地区：一个是东南沿海发达农村地区，这些地区实现了城乡一体化；另一个是中西部地区的城中村和城郊村，这些村庄也已城镇化。也就是说，"城镇共爨"型新"三代家庭"是已城镇化地区的农村家庭形态。在这类家庭中，父代和子代在城镇都有自己的房子，子代在自己的房子里居住但在父代家庭吃饭，孙辈也由父代照看。父代的收入一般由四部分构成：一是务工的收入；二是村集体分红的收入；三是房屋出租收入；四是过了 60 岁还有社保的收入。有的村集体没有集体分红，或者上了年纪无法务工，那么父代至少也有房屋出租和社保的收入，这两笔收入可以支撑其城镇生活而不需要子代负担。子代家庭的收入来源主要是夫妻务工。在该类家庭中，父代对子代的支持主要包括两个方面：一个是照看和抚育小孩儿，以使子代腾出了一个劳动力来务工；另一个是父代生火做饭，节约了子代家庭生活的开支。更重要的是，子代下班回家既不需要去接送小孩儿，也不需要买菜做饭，节省了他们大量的时间和精力，使他们可以更专注于自己的工作，而非为家庭琐事所困扰。另外，在"城镇共爨"型家庭，虽然父代和子代同在一个村庄，还同一屋共爨，但因为不居住和工作在一起，加上父代和子代都有固定的收入，双方就不会因生活琐事或经济问题发生冲突，反而在情感上更依赖于对方。

五、新"三代家庭"的主要特征

新"三代家庭"作为一种新型的家庭类型，既与传统"三代家庭"有类似的地方，也有其独特之处。通过对其主要特征的论述，可以更好地展示和理解新"三代家庭"的不同侧面与全貌。

（一）家庭资源与劳动力的强整合性

新"三代家庭"要想在激烈的村庄竞争中取胜和在城市体面立足，就必须加强对家庭资源和劳动力的整合，并确保家庭资源的流向。首先，要合理配置子代的劳动力。子代作为青壮年在城市是有效劳动力，如果子代夫妻俩都能到城市务工经商，那么就意味着子代劳动力得到了最优配置，可以实现家庭收入最大化。若子代的任何一个劳动力被用到其他地方，如务农、照顾小孩儿和做家务，都是对壮劳动力的浪费，将使家庭收入减少一半。其次，要充分调动父代的资源和劳动力。将父代的劳动力配置到对于子代而言最优的地方，以解放子代劳动力，就可以实现对父代劳动力的有效利用。同时父代的其他资源也被输入到子代家庭。相比较而言，传统"三代家庭"中父代的资源和劳动力只能被一个子代家庭所利用，而在新"三代家庭"中，父代是子代家庭的"共有"财产，可以被每一个子代家庭调配。在传统"三代家庭"中，父代的劳动力并未被充分调动起来，因为在传统等级观念和孝敬伦理中，子代一旦成婚就有赡养父代的义务，是资源的流出方；而父代对子代的责任减弱，他们可能早早地就宣布退休而接受子代的赡养。但在新"三代家庭"中，"父养（慈）子孝"的观念已经淡化，"为子代减轻负担"成为新的伦理，这样父代的劳动力就可能被充分调动起来。在他们有劳动能力的时候要为子代干到"灯枯油尽"，否则就会被人家说"只知道自己享福，不为儿孙着想"。最后，要节省家庭资源和控制资源流向，不能将家庭资源用于参与村庄竞争或城镇化之外的事项上，包括对老年人的赡养。

（二）子代家庭发展与父代人生任务结合

所谓人生任务是指一个成年人要完成社会规定的一些基本事项之后，才能在社会上获得认可，才有人生意义和价值的体验，其人生才算圆满。在传统观念中，农民的人生任务包括三项，分别是生儿子、建房子和娶媳妇。生儿子和为儿子成婚是最重要的，这是对一个农民作为社会人最基本的规定，是农民的硬任务，若未完成就得不到村里人的认可，其人生就有缺憾。一旦完成人生任务，农民就进入子代赡养、享福的人生阶段。然而随着村庄竞争和农民城镇化的加剧，农民的人生任务也被捆绑在了村庄竞争和城镇化之中。这体现在几个方面：一是村庄竞争和城镇化加重了农民的人生任务。村庄竞争愈发激烈，而在人生任务上的竞争又最激烈，并且达到人生任务的标准又随着竞争不断攀升。建房子和娶媳妇是相辅相成的两项人生任务，要想为儿子成婚就必须有房子。房子的档次和区位是随着竞争而不断改变的，从开始的瓦房到后来的二层小洋房，随后需要到公路边建房，再发展到在乡镇买房，最后只有在市县有房产才能结婚。这就意味着农民的城镇化是其成婚的前提条件。而在子代婚姻缔结中，除了房子标准在提高外，结婚的其他成本如彩礼也不断抬高，在许多地方已普遍达到10多万元，不少地方正在突破20万元大关。给农民家庭带来了沉重的负担。二是村庄竞争和城镇化拓展了农民的人生任务。在传统观念中，农民只要为子代成婚了就算完成了人生任务，但因为村庄竞争和城镇化加剧，子代成婚之后父代对子代的责任还没有终止，偿付子代成婚的债务、抚育孙辈、给子代做家务和输入资源等，皆成为农民新的人生任务，并通过新的伦理和制度构建强化父代的责任。"形式上不分家"是强化父代对子代责任的重要机制。

（三）生产单元与生活单元分开

在人口流动和城镇化出现之前的农民家庭，既是生活单元又是生产单元，既是情感共同体，又是统一的会计单位。家庭成员在同一个生活单元里进行情感交流，强化情感依赖。而在生产单元里，家庭成员容易因生产决策、资源分配、家务权力和责任等而产生博弈和摩擦，从而生产出"家庭政治"。家庭政治一般出现在代际和夫妻之间，并主要出现在代际。家庭政治若不控制在一定范围内，就会影响家庭成员之间的情感交流。传统农村通过等级制和相关伦理规范控制家庭政治，到20世纪八九十年代这些制度已消亡，而生产单元和生活单元又未分开，其结果是家庭政治爆棚，代际矛盾剧烈，家庭成员情感疏远。新"三代家庭"中生产单元和生活单元是分开的。在"半工半耕"型家庭中，子代的生产单元在城市，父代的生产单元在农村，其共同的生活单元在农村；在"半城半乡"型家庭中，子代与父代的生产单元和生活单元都是分开的，子代的生产单元在务工地，生活单元在城市，父代的生产和生活单元在农村，若父代一方到城市照顾子代家庭，其生活单元就在城市；在"举家进城"型家庭中，生活单元在城市，生产单元在工厂、工地等；在"城镇共爨"型家庭中，生产单元在工厂和企业，生活单元在城市。所以对于新"三代家庭"来说，由于生产单元与生活单元的分开而较少产生家庭政治，代际关系和夫妻关系皆较为和谐。对于没有外出务工的农民家庭来说，其生产单元和生活单元无法分开，就很容易产生代际的家庭政治而容易导致分家，难以形塑新"三代家庭"。

（四）强调责任、情感与合作

传统家庭强调的是家族血脉延续和子代对父代的反馈，而没有给情感留下太多的空间，同时强调的是父权和夫权式的命令与支配，而非家庭成员间的互助合作。新"三代家庭"则是责任、情感与合作的统一体：首先是责任。与传统家庭一样，它也内含子代对父代的赡养责任，但它更多的是强调父代对子代的无限责任。父代只要有劳动能力就不能中断其对子代的责任。其次是情感。一方面，父代对子代有天生的情感，子代能体会父代对自己的付出而对父代有情感体验和感激之情；另一方面，家庭政治退出新"三代家庭"，父代和子代在共同的生活单元里加强情感交流，营造情感氛围；再一方面，子代在工地、工厂和企业等务工地与他人竞争，必然会产生"生产政治"，这会给他们带来压力和焦虑，那么他们就更需要将家庭作为情感归属的港湾，也就会主动去营造和维系和谐的家庭关系。最后是合作。无论是参与村庄竞争，还是城镇化，抑或是提高生活品质，都不是某个（些）成员能够独自承担得了的，必须依赖于家庭成员之间、代际的分工协作。协作机制而非命令机制，是新"三代家庭"调动家庭劳动力的重要机制。

（五）家庭重心向下与资源分配的子代优先原则

传统家庭的重心是向上的，强调对祖辈的义务和责任。在家庭资源的分配中，也优先分配给祖辈和老年人，其次才是家庭男子，再次是未成年子女，最后是妇女。由于家庭重心和资源分配是向上的，那么创造和分配资源的压力也就集中在年轻人身上。

而在新"三代家庭"中，家庭的重心则转移到子代和孙辈身上，家庭资源的分配也以孙辈为优先，其次才是子代，再次是父代，最后是祖代。从新"三代家庭"的组成来看，在新"三代家庭"中，子代的核心家庭是主要部分，父代则被纳入多个子代的核心家庭中，而老年人则未纳入新"三代家庭"。父代是子代家庭的资源输入者，而非索取者。从城镇化来看，许多农民工在城镇买房子最主要是为了孩子读书。

六、新"三代家庭"的功能效应

新"三代家庭"是在人口流动和城镇化背景下型构的新型家庭形态，成为村庄的重要利益主体和行动主体，必定会对农村社会、农民家庭和农民个体产生重要影响，这些影响中有正面的，也有负面的。

（一）促进了农民家庭发展

对于子代而言，与父代不分家在客观上没有必要，在主观上他们也不想分家，因为形式上不分家有利于减轻其负担、合理配置资源促进其家庭发展，所以新"三代家庭"结构的形成具有较强的目的性和功能性。事实上，新"三代家庭"确实促进了子代家庭的发展，主要表现在如下方面：一是推动子代家庭进入农村中等收入群体。前文已述，一个农民工家庭要想在农村过得体面，必须有年轻夫妇外出务工和中老年人在家务农两笔收入，二者皆缺一不可。务农的收入主要是隐性收益，为的是解除子代外出务工的后顾之忧，让他们能够安心务工。务工和务农两笔收入相加就可以使一个农民家庭的总收入达到农村中等收入水平，在消费能力和生活品质上达到村庄主流标准。二是促进农民家庭的现代化。农民家庭现代化包括两方面：其一，物质现代化，新"三代家庭"有能力通过购买现代化设备使得家庭生活现代化和农业耕作现代化，这些设备包括家用电器、汽车、摩托车、农机用具等。其二，家庭关系现代化，新"三代家庭"在家庭关系上讲究平权和协作，否定代际关系不平等和性别不平等。三是增强了家庭抗风险能力。新"三代家庭"使一个家庭有两笔不同性质的收入，没有"把鸡蛋放在同一个篮子里"，本身就具有抗风险性。同时父代在家务农具有稳定性和保障性，即便子代在城里失业亦可以返乡"啃老"或务农，不会成为城市流浪人员。再一个是新"三代家庭"的劳动力配置具有机动性，可以根据不同时期家庭负担的差异进行不同的配置，从而使家庭收入具有弹性空间。譬如当家庭负担大的时候，父代和子代皆外出务工，过了这段时间父代可返乡务农，子代继续务工。四是隔代抚育。农村青壮年普遍外出务工，但农村儿童仍得到了抚育，有一部分儿童甚至在城镇上学，这就与新"三代家庭"的隔代抚育功能有关。

（二）推动了"半城镇化"

农民城镇化意味着农民在城里要有固定的居所、稳定的收入和可靠的社会保障，但对于大多数农民来说不可能一步到位，更不可能所有家庭成员一次性城镇化。农民的城镇化具有"半城镇化"性质。农民的"半城镇化"具有以下内涵：一是农村一部分人城镇化，另一部分人留在农村；二是在一个家庭中，子代城镇化，父代留在农村；三是子代在城镇化过程中，年轻时在城市务工，中年以后城镇化；四是接力式城镇化，孙辈通过在城镇就学而城镇化，再接下来是子代的城镇化，最后是父代城镇化。新"三代家庭"在推动农民半城镇化的过程中扮演着重要角色：首先是新"三代家庭"拥有两笔收入，能够支持子代城镇化，父代继续留在农村务农；其次是即便无法在城市购房，也可以通过租房支持孙辈在城镇就学，使其率先城镇化；再次是支持子代在城里买房子，使其在城镇有固定居所，再逐步地使子代在城里站稳脚跟；最后是有能力的家庭可以将父代接到城市务工和生活，实现全家人的城镇化。

（三）供给了优质劳动力

新"三代家庭"很重要的一个特点是对家庭劳动力的充分和合理调配，以参与村庄竞争和城市化。要完成这两个任务，就要调配两代人的劳动力，首先是子代的劳动力要充分调配。子代是家庭创收和城市化的主体。子代在城市中属于有效劳动力，他们分布于各行各业和各个领域，他们中既有技工和普工，也有管理者和服务人员。他们不是将务工当作一份稳定的职业，更不视其为事业，而是将其当作获得收入的手段，因而实现收入的最大化是他们的目的。所以他们对务工的条件、时间、工种等并不挑剔，尤其青睐于加班，因为加班可以比正常上班获得更多的收入。对于有一定危险但工资较高的工种，农民工也不排斥。父代的劳动力对于务农和城乡非正规就业是有效劳动力。对于务农，父代不仅有经验，更重要的是他们有时间和精力对农作物进行精耕细作，使得农产品不仅产量高而且安全有保障。在城乡非正规就业方面，父代主要在城乡从事如保安、保洁、保姆、建筑工这类工作，为城乡居民提供了又好又便宜的服务，活跃了城乡非正规就业市场。总之，在新"三代家庭"中，只要是劳动力就不能闲下来，他们被充分调动起来成为一个能够吃苦耐劳、敢于拼命又勇敢智慧的群体，为推动中国发展做出了贡献。

（四）强化了中年压力与老年危机

新"三代家庭"中的父代是典型的中年人，他们上面还有老年人。在新"三代家庭"结构下，中年人承受了巨大的压力，老年人则被排除在新"三代家庭"之外而可能出现危机。中年人的压力既有来自村庄竞争的压力，要达到村庄不断抬高的生活和消费标准，需要"勒紧裤腰带干革命"，村庄竞争越激烈，父代的压力就越大。也有来自子代家庭发展和城市化的压力，他们需要不断地开动马力以向子代输入资源和劳动力。子代数量越多，他们的压力就越大，有的农村地区出现了"生两个儿子哭一场"的说法。子代家庭发展和城市化的压力越大，传递到父代身上的压力也越大。父代要缓解这些压力，就要调动乃至剥削自身劳动力。

农村老年人危机源于四个方面的原因：一是新"三代家庭"的资源分配是向下的，对老年人的分配最少；二是中年人承受着巨大的压力，忙得不可开交，有意无意地忽略对老年人的照料；三是新"三代家庭"对劳动力的强整合性特征，强化了家庭的工具理性，他们从"有用没用"的角度来看待老年人，老年人一旦不能创造价值就可能被子代嫌弃；四是老年人也感受到了子代的压力，生怕自己成为子代的负担，也有为子代减轻负担的想法。基于这些原因，老年人的物质生活和精神生活状况就不会好，老年人非正常死亡现象增多，有的老年人得病拖死，有的老年人被饿死，还有的老年人在孤独中自杀身亡。

（五）加剧了村庄竞争与农民分化

新"三代家庭"是一个强有力的竞争单元，家庭成员在村庄竞争中的目标是"不比别人差"，或者比他人过得好一点。各个家庭在调动资源和劳动力参与竞争中，既不断抬高村庄竞争标准，使得村庄竞争愈发激烈，同时又加剧了农民家庭之间的分化。农民分化包括两个方面：一个是经济上的，一个是社会关系上的。经济上的分化主要是指家庭收入上的高低差别。在中西部农村，劳动力是一个家庭最主要的资源，家庭劳动力的多寡和劳动力是否被充分调动起来，直接影响一个家庭的收入。在东南沿海农村，家庭资源主要包括市场、政治和社会关系等资源，这些资源的多寡决定着一个家庭财富的多寡。由于不同家庭资源和劳动力调动的差异，农民在经济收入上就会凸显差异，就会改变原来均等化的农村社会结构，逐渐在经济上产生等级分化。社会关系上的分化是指农民血缘地缘关系的淡化和"自己人"认同的瓦解。在传统观念中，一个宗族、家族或者村落是一个共同体，具有一致行动能力和遏制搭便车的能力。但是，当新"三代家庭"成为农民最基本的认同、行动和利益单位，超出新"三代家庭"之外的村庄社会关系就成了竞争关系，这样就会割裂和瓦解超出"三代家庭"之外的社会关系。村庄竞争越激烈，新"三代家庭"内部就会越紧密，而越会把其他家庭视作竞争对手，而不是互助合作的对象，从而使得新"三代家庭"之间难以为村庄共同利益而采取一致行动。反过来，农民经济和社会关系分化加大，农民之间的竞争就会越激烈，从而进一步加剧农民分化。

七、小结

综上所述，新"三代家庭"是人口流动、城市化与村庄社会和家庭现象交互作用、共同形塑的新型家庭类型。它在 2000 年以后开始出现，并逐渐成为"80 后""90 后"农民普遍的家庭类型。新"三代家庭"既有别于核心家庭和联合家庭，也有别于传统"三代家庭"，但同时它又有核心家庭、联合家庭和传统"三代家庭"的影子。譬如子代家庭的会计单位既相互独立，又与父代家庭的会计单位独立，有些类似核心家庭，但是它们之间又没有分家，且子代家庭与父代家庭共爨，这又与联合家庭有形似之处。每个子代家庭与父代的关联性很强，而它们之间很独立，这一点又与传统"三代家庭"相似。新"三代家庭"是一种有着自身结构、特点和功能的独立的家庭类型，只要农村人口流动和城市化长期存在，它就会不断再生产出来。因而它具有稳定性和再生产性。新"三代家庭"的出现有力地驳斥了中国工业化后农民家庭将彻底核心化的论断，说明农村家庭的延续和变化皆有其独特的文化基础，包括集体主义、父代责任及传宗接代观念等。

新"三代家庭"中有三重机制值得关注：第一重是村庄竞争机制。村庄通过农民竞争将家庭发展、人口流动和城市化的压力传递给了农民家庭，经济条件越差的家庭压力就越大。第二重是"形式上不分家"机制，子代家庭通过不与父代家庭分家将竞争的压力传导给父代。子代家庭越多，父代的压力就越大。第三重是人生任务机制。父代以完成人生任务的形式和动力参与子代家庭的竞争和城市化，缓解压力和减轻子代负担。

新"三代家庭"有利于农民家庭应对村庄竞争、人口流动和城市化所带来的问题和压力，推动农民家庭发展和社会进步。新"三代家庭"的形成及其家庭关系的实践，既有价值理性的一面，如代际责任和情感，同时也有工具理性的一面，如最大限度地调动和利用家庭资源和劳动力，在功能和社会效应上都有正面意义。但是在中西部农村地区，由于诸如市场、社会关系等资源的有限性，劳动力成为家庭参与村庄竞争和城市化的最重要的资源，家庭劳动力就可能被工具性对待和使用，而可能会遮蔽代际关系的价值性的一面。中年人的劳动力被过度使用和剥削，是工具理性自然而然的结果。在对待老年人问题上，家庭的工具理性也占了主导，使得老年人在新"三代家庭"中没有一席之地，他们的生存空间被挤压。

第三章　中国式小农经济：

农村现代化的经济基础

近年来，中国粮食产量稳步增长，迭创新高。中国农业实现了以占世界 7% 的土地，养活了世界 22% 的人口。中国的粮食、蔬菜、水果和肉类产品不仅价格便宜，城乡普通人都吃得起，而且供应充足。这说明中国农业在最近 40 多年的发展是成功的。而之所以成功，就与中国的小农经济有关。中国小农经济在土地所有制和经营方式上，带有明显的中国特色社会主义性质，在水利基础设施、农药、化肥、良种、机械等方面具有现代化农业的特征，同时它又是典型的农户分散经营，可以称为中国特色社会主义小农经济。

一、中国式小农经济的概念

顾名思义，中国特色社会主义小农经济是三重内涵的统一体：小农经济、社会主义与中国特色。首先，中国特色社会主义小农经济不是其他任何经济形态，它具有小农经济的基本特征和内涵。小农经济与英国大工业、美国大农场不同，它有如下传统：小规模的经营组织方式、精耕细作式的农业耕作、农副业结合的家庭经济、家庭内部的男女劳动性别分工、劳动密集型的生产传统等。其次，中国特色社会主义小农经济具有社会主义的本质属性，主要体现在作为生产资料的土地的集体所有制形式和"统分结合、双层经营"的经营形式上。最后，它符合中国历史和现实的某些基本要求，带有强烈的中国要素和中国农村传统气息，诸如城乡二元结构制约下"以代际分工为基础的半工半耕"的收入模式与经营结构，在农业类型上主要是老人农业与家庭农场并存，等等。上述三者的有机结合，形塑了中国独特的小农经济，它既区别于日韩式合作社小农经济，也区别于东南亚式小农经济，同时与中国传统的小农经济也有本质区别。

一般认为，马克思主义视域下的小农经济是一种旧式的经济形态，小农生产方式是一种过时的生产方式，是注定要被历史淘汰的。马克思认为，这种生产方式"是以土地及其他生产资料的分散为前提的。它既排斥生产资料的积累，也排斥协作，排斥同一生产过程内部的分工，排斥对自然的统治和支配，排斥社会生产力的自由发展"。[1]更重要的是，小农经济所代表的生产资料所有制关系，在资本主义的所有制下极大地束缚了农业生产力的发展，因为"把土地分成小块耕种的方式，排斥了采用现代农业改良措施的任何可能性"，"一切现代方法，如灌溉、排水、蒸汽犁、

---

[1] 马克思：《资本论》第1卷，人民出版社，1975年版，第830页。

化学产品等，都应该广泛地应用于农业。但是，我们所具有的科学知识，我们拥有的进行耕作的技术手段，如机器等。只有在大规模耕种土地时才能有效地加以利用……大规模地耕种土地，即使在目前这种使生产者本身沦为牛马的资本主义生产方式下，比在小块和分散的土地上经营农业优越得多"。[①] 由此，小农经济陈旧的生产方式最终将被资本主义经济所排挤，小农将变成被人剥削的"农业雇佣工人"或"农业无产阶级"，并受大农场主和土地所有者的双重剥削。

那么，为什么小农经济在中国没有趋于灭亡？一方面，马克思在论及小农经济趋于灭亡是附加了外部条件的。这些外部条件包括"高利贷和税收制度"对小农的盘剥，"生产资料无止境地分散，生产者本身无止境地分离；人力发生巨大的浪费；生产条件日益恶化和生产资料日益昂贵是小块土地所有制的必然规律；与此同时，农村家庭工业由于大工业的发展而被消灭，小农的土地逐渐贫瘠和地力枯竭；农产品价格下降，另一方面要求较大的投资和更多的物质生产条件，这些也促进了上述土地所有权的灭亡"。[②] 还包括诸如农地可以自由交易与集中，及资本可以自由进出农业领域等。这些条件在新中国成立以后，尤其是改革开放后一个都没有出现，反而得到了很大的改善，为小农经济在中国的持续、快速和健康发展奠定了基础。

另一方面，我们也应该历史地、辩证地来看待中国的小农经济。首先，它的存在具有历史的必然性。从中国的现实条件来看，

---

① 《马克思恩格斯全集》第2卷下册，人民出版社，1972年版，第452页。
② 马克思：《资本论》第1、3卷，人民出版社，2004年版。

人多地少、资源匮乏的人地关系一直是中国面临的首要问题，在当前大量农村剩余劳动力无法顺利转移出去的情况下，劳动密集型的小农经济为劳动力的农业就业提供了保障。从国际农业生产来看，西方发达国家普遍通过殖民地扩张和大量屠杀原住民，极大地缓解了它们国内的人地紧张关系，使它们率先实现了农业机械化和现代化。[①] 但是，在发展中国家，如印度、拉美国家及东南亚，因为照搬和复制发达资本主义国家的农业发展模式与道路，普遍出现了"耕者无其田"和城市贫民窟化的现象，甚至其农村长期存在武装割据的游击队，成为这些国家不得不面对的严重政治问题和社会问题。所以，选择何种农业发展模式，要借鉴和吸取国内国际的历史经验和教训。

其次，还需要辩证地看待小农经济。正如马克思主义及其他观察者所看到的那样，小农经济具有极大的历史局限性。但是，也不能忽视它的正面功能和历史贡献。从小农经济自身的特点来看，小农经济的劳动高度集约化，擅长精耕细作，它可使土地得到充分利用，提高土地生产力，最大限度地生产粮食，既可以满足农民养家糊口的需要，也能保障国家的粮食安全。从中国快速工业化、城市化所处阶段来看，现有的体制性小农经济承担着降低工业化、城市化及经济社会发展成本的功能。这主要源于它所发挥的"蓄水池""缓冲器"作用和社会保障功能。此外，过去我国小农经济以"剪刀差"的形式，降低了工业化的成本，而现在，小农经济降低了工业化和城市化的成本。[②]

---

① 温铁军：《解构现代化》，《管理世界》2005年第1期。
② 杨成林：《中国式家庭农场形成机制研究》，《中国人口资源与环境》2014年第6期。

因此，小农经济在中国不会也不应该快速消失，就应该尽量避免其历史局限性，发挥其优势和正面功能。中国特色社会主义小农经济正是这种"趋利避害"的结果，它是中国农业现代化的载体，在中国将长期存在，并发挥重要的经济社会功能。中国特色社会主义小农经济是我们党和国家在长期的历史探索中，结合农业生产的特点，结合社会主义初级阶段的特点和国情，摸索出的一条适合中国历史和现实，符合农业发展规律的现代农业发展道路。正如江泽民在谈到小农经济时所指出的，"家庭承包经营再加上社会化服务，能够容纳不同水平的农业生产力，既适应传统农业，也适应现代农业，具有广泛的适应性和旺盛的生命力，不存在生产力水平提高以后就要改变家庭承包经营的问题"。[1]

二、中国式小农经济的基础

中国特色社会主义小农经济的基础，是指构成中国小农经济运行的基本架构，主要包括三个方面，分别是集体土地所有制与家庭承包责任制、保护型城乡二元结构，以及新型农村家庭结构。第一个方面说的是小农经济所赖以依存的生产资料形式，包括土地的所有制形式和土地的具体耕作形式；第二个方面说的是小农经济持续、接力运行的保障；第三个方面说的是小农经济的劳动力主体，指的是劳动力的性质和来源问题。

---

[1] 江泽民：《江泽民文选》第 2 卷，人民出版社，2006 年版，第 212 页。

（一）集体土地所有制与家庭承包责任制

集体土地所有制与家庭承包责任制是小农经济的制度基础与保障。中国特色社会主义小农经济最重要的生产资料是土地。中国农村土地的所有制形式是集体所有，但在分田到户之后，村集体并不直接从事农业生产，而主要是提供农业的产前、产中和产后的社会化服务，土地经营实行家庭承包责任制，农户对土地有自主使用和经营的权利。党的十八届三中全会明确提出，按照依法有偿自愿原则，允许和鼓励农民以转包、出租、互换、转让、股份合作等形式流转土地承包经营权。即在家庭承包责任制的基础上，进一步实现了土地的所有权、使用权、经营权的分离。集体土地所有制与家庭承包责任制，是集体所有的生产资料（土地）以最适宜的形式与劳动者（家庭）实行的最佳结合，也是农村土地权属上的原则性与灵活性的统一，实现了中国小农经济的最大效益。

土地的集体所有制，是新中国成立以来的宪法秩序，[①]它否定了封建性的土地私有制，是在农村坚持生产资料公有制的实现形式，是中国特色社会主义基本经济制度的具体体现和基本约束。《中华人民共和国农村土地承包法》规定，只有农村集体成员才能承包集体土地，其他任何人都没有集体土地的承包权。在这个宪法秩序下，只要是拥有村集体户口的人，无论当前是否分到了土地，都对未来能够分到土地有预期。另外，土地的集体所有是村集体和基层组织为农业经营提供社会化服务体系的前提。只有

---

① 贺雪峰：《中国土地制度的宪法性质》，《文化纵横》2013 年第 6 期。

土地是集体所有的，村集体和基层组织才有这个义务，也才会形成"统分结合的双层经营体制"。

同时，土地的所有权是集体的，作为承包者的农户可以对土地进行转包、出租、转让等形式的流转，并获取土地收益，但其底线是不得买卖土地。也就是说，只要他是土地承包者，在其承包期内就拥有承包权及其收益，村集体和其他主体不得以任何名义剥夺他的承包权，他本人也不得对土地进行买卖交易。这也就使得他承包的土地一直"立"在那里，即便抛荒，也是他的承包地。集体土地的这个规定，使得农民家庭作为承包者，不能轻易脱离与土地的关系，不会因为短视而将土地卖掉，成为无地之人，这就免除了农民的后顾之忧——即便进城、经商失败，也可以返回农村种地。若土地可以买卖，农民就可能因为短期的利益或应急需要而将土地卖掉，而成为无保障之人，等到进城失败，就可能滞留城市，给城市管理带来巨大的困难。

家庭承包责任制是土地集体所有制下，农业经营的最有效的方式。正如党的十五届三中全会讨论通过的《中共中央关于农业和农村工作若干重大问题的决定》所指出，"实行家庭承包经营，符合生产关系适应生产力发展要求的规律，符合农业生产自身的特点，这种经营方式不仅适应以手工劳动为主的传统农业，也能适应采用先进科学技术和生产手段的现代农业，具有广泛的适应性和旺盛的生命力，必须长期坚持。这是党的农村政策的基石，任何时候都不能动摇"。[1]国家为了保障农民的土地承包权利，在

---

[1]　1998年10月14日中国共产党第十五届中央委员会第三次全体会议通过《中共中央关于农业和农村工作若干重大问题的决定》。

分田到户之初就规定承包经营权 15 年不变，20 世纪 90 年代末"第二轮土地延包"规定土地承包关系 30 年不变，2008 年召开的十七届三中全会进一步规定"现有土地承包关系要保持稳定并长久不变"。这一系列的规定也就使得小农经济的这种实现模式将一直稳定下去。家庭承包制之所以有效，是因为它发扬了中国农民的家庭经营的优势，并可以把传统经验同现代农业技术相结合。以家庭为生产经营单位，在我国社会延续了几千年，积累了丰富的经营经验，只有集体土地所有制下，由村集体和基层组织提供农业社会化服务，才能获得充分的运用和推广。

集体土地所有制和家庭承包责任制，是下文要谈到的农业经营形式"统分结合，双层经营"的基础。

（二）保护型城乡二元结构

与日本和欧美发达国家相比，发展中国家普遍存在"城乡二元结构"的现象。发展中国家的城乡二元结构有三种类型。第一种是原发意义上的城乡二元结构，它是在近现代以来，发展中国家追逐发达国家现代化的脚步，将发展的重点放在城市工商业和城市基础社会建设上，而忽略农村的发展。在城市化的推进过程中，城市无法完全容纳庞大的农村人口，于是便形成了城市人与农村人的区隔，二者在生产方式、生活方式、收入水平、思维方式、价值观念、文化水平、政治权利等方面有着巨大的差别。农村呈现出一片传统、落后和破败的景象，城市展示的是现代、先进与欣欣向荣的图景。

第二种类型的城乡二元结构是在城市内部形成的二元对立结构。原发城乡二元结构促使大量农民，尤其是年轻农民涌向城市，在城市中寻找出路与未来。但是，发展中国家的经济发展并不能使大量进城农民在城市有着稳定的就业和生活保障，他们中的大多数人无法在城市体面立足，于是大部分丢掉土地的进城农民就不得不生活在贫民窟里。于是，在发展中国家的城市内部就形成了贫民窟与其他居民区构成的城乡二元结构。贫民窟的生活总是与脏乱差、黄赌毒、黑社会联系在一起，既不稳定、不体面、不安全，也没有预期、没有发展、没有前途。当国家经济发展平稳时，贫民窟的生活还勉强能过下去，但一旦遭遇经济波动，贫民窟就极易成为"火药桶"。

第三种类型是中国独特的体制性城乡二元结构。这种体制性的城乡二元结构的基础是新中国成立前的城乡二元结构。鸦片战争后，中国国门逐渐打开，中国商品经济和资本主义工商业逐步发展、扩大。城乡间维持了数千年的模糊边界逐渐清晰起来，城乡分离趋势越来越明显，程度越来越深。一直到新中国成立前，农村成了城市工商业部门的生产要素来源地，也是其产品销售地。这样，中国城乡二元经济结构形成。这时虽然出现了城市人和乡村人的差别，甚至"不在村"的地主越来越多，但城乡二元结构则主要局限在经济领域，并未向政治和社会领域扩张。

新中国成立后，为了配合优先发展重工业战略，在劳动力流动方面国家制定了严格的户籍制度，将公民分为农村户籍与城市户籍，对人口在城乡间的流动、城市招工范围、农转非的途径等做了极其详细的规定。一方面，将农民钉在土地上，强制他们完成为城市工业部门和城市建设提供积累的任务。另一方面，将广大农民享受城市较充裕的粮食供给、较高的工资与福利待遇、较完备的公共产品供给的权利剥夺了。改革开放后，城乡二元的政治和社会结构也逐渐形成和固化。主要表现为：一是城乡居民享受社会保障的水平有较大差异；二是以教育机会不平等为代表的城乡机会不平等；三是农民通过努力向上流动的渠道不畅通。可以说，这种体制性的城乡二元结构是剥削式的，是城市对农村的剥削和工业对农业的剥削。

然而，改革开放以后，尤其是进入 21 世纪以后，附着在城市户籍上的利益和福利待遇越来越少，或者与户籍剥离，而限制农民进城的制度藩篱逐渐消除，甚至许多中小城市已取消户籍限制。同时，2006 年取消农业税后，运行半个多世纪的"剪刀差"随之消失，国家对农村的政策、资源输入与反哺越来越多，农村户籍附着的利益和福利越来越多，而且还会更多。大部分进城农民已不愿意放弃农村户籍。所以，对于农民来说，当前中国的城乡二元结构，已经从过去的剥削式结构转变为保护型结构了。[1]

总的说来，保护型城乡二元结构对于小农与小农经济有以下几重保障。

第一，保障农民务工和务农的收益。在保护型城乡二元结构下，农民既可以获得进城务工的收益，也可以获得务农的收益和农业户籍收益。这样一个小农家庭就有两笔收益，这两笔收益相加相当于农村中等收入水平，从而使得一个小农家庭的生活能够顺利展开，也能够顺利完成劳动力再生产。

第二，保障农民进城和返乡的权利。过去 30 多年，我们国

---

[1] 贺雪峰：《城市化的中国道路》，东方出版社，2014 年版，第 30 页。

家不断在打破限制农民工进城的各项制度安排，增进和保障农民工进城的权利，这是社会的巨大进步。但是，鉴于当前中国经济在世界经济格局中的地位和进城务工农民工的工资水平，大部分进城务工农民根本无法在城市安居乐业，即有体面的工作、有保障的生活等。因此，他们中的大部分还要在适当的时候回到农村，还要获得务农的收益和农业户籍收益。也因为如此，要保障他们返回农村的权利，主要的是要保障他们在农村的承包地和宅基地。这就是说，进城务工与返乡务农都应该是农民的基本权利，它使有能力者进城，进城失败者返乡。当前保护型的城乡二元结构正式提供了这样的权利和保障。

第三，保障土地不被强势群体剥夺。这里的强势群体主要是指城市工商业资本家和城市户籍人口。体制性城乡二元结构的关键是户籍制度。我国相关法律规定，城市户籍人口不能获得农村户籍，不能获得农村的宅基地和承包地，不能享受农民的福利待遇；城市工商业资本有条件下乡经营土地，不能在农村囤积土地。这些规定使得城市强势群体不能对农民建立剥削关系，尤其是不能剥夺农民的土地。这就保障了农民任何时候都可以回到农村经营土地，获得生活的保障。

第四，保障了小农经济的有序运行。当前保护型城乡二元结构让适合于进城务工的农民进城务工，不适合于进城务工的农民留在农村经营土地及副业，同时当外出务工农民到了一定年龄后不再适合务工，便返乡务农，使得小农经济能够接力、有序运行。而城市强势群体不能下乡剥夺农民的土地，则直接保障了小农经济的存在。

（三）新型农村家庭结构

家庭经营是最节约成本的农业经营方式。农业经营比较适合以家庭为单位进行，因为农业经营的突出特点是激励效应比较低，管理成本比较高。一方面，农业经营难以激励非家庭成员竭尽所能、努力工作，最大限度地保证农业的高产；另一方面，农业经营对农业工人的管理成本太高，有效的监督也不宜实施，所以世界上很多国家采用家庭经营方式。相对于资本主义农场，家庭是"责权利"统一的生产单位和经济组织，家庭经营的激励效应显著，而且没有监督成本、协调成本、组织成本、激励成本。家庭承包经营恰恰适应了农业经营的特殊性，也符合我国农民的生活习性、心理特征与组织惯性，因而是天然合理而有效率的农业经营形式。因此，在当前我国农村的生产关系状况和生产力条件约束下，小农经济作为一种经营方式有其存在的必然性与正当性。

小农经济符合中国的制度传统。中国社会绵延和发展了4000多年的宗法制度以"家"为本位。在封建领主制阶段，"封建"的原则就在于把"家"产逐代逐级分给众庶子。在中央集权制阶段，无论是官僚地主，还是农民，都是以"家"为本位来参与经济组织和社会生活。农民的生产、生活、消费、生息繁衍乃至社会交往，都是在"家"的范围内进行和展开。"家"是一个带有封闭性的生产、生活单位，也是一个相对独立的文化共同体，每个家庭成员的道德观、价值观和思考问题的方式，都围绕"家"来运转，他们的行为逻辑也以"家"的利益为转移。直到今天，中国仍然是一个"家本位"的社会。家户既是生活单位，也是生产单位。这种"家本位"的制度传统和惯性一直存在并起作用，影响着我国对农业经营形式的选择。

当前中国农村的家庭是经过社会主义改造后的家庭，它一方面去除了传统的封建性和排斥性，包括家庭内部的等级制度与性别歧视，减少了压制与剥削性质，增加了社会主义的因素，诸如男女平权、代际平等与成员协作，已经成为广大农村家庭的基本关系模式。

另一方面，血缘亲情仍然在家庭中发挥着重要作用，依然是维系家庭的基本纽带，代际依然有着较强的情感寄托和价值期待。农村传统上以一对夫妇加未婚子女组成的核心家庭居多，一般占 60% 左右，其次是由三代人组成的主干家庭、由父母和多个已婚子女组成的联合家庭较少。随着农村打工经济的兴起，农村逐渐形成了新"三代家庭"，即父母与每个已婚儿子组成一个三代家庭。这类三代家庭占农村家庭的 90% 左右。新"三代家庭"的第一代即中老年人成为当前农业经营的主体，第二代即年轻夫妇一般外出务工，第三代由第一代在农村抚养。农业的家庭经营模式，其劳动力属于自雇性质，家庭内部的性别分工在农业经营中已经不明显，男女都可以作为劳动力参与农业经营，这就使得中国农业的劳动力投入更加集约和有效。

三、中国式小农经济的结构

中国特色社会主义小农经济的结构，指的是它的构成要素，主要包括经营形式、分工模式与农业类型。

（一）经营形式：“统分结合，双层经营”

中国特色社会主义小农经济的经营形式是在家庭承包经营基础上的“统分结合，双层经营”，即家庭分散经营与集体统一的社会化服务相结合的双层经营结构。这种经营结构强调，要从农业生产过程不仅要受经济规律制约，还要受自然规律影响的特点出发，宜分则分，宜统则统，统分结合，相互补充，相互促进。只有把家庭分散经营的积极性与集体统一经营的优越性发挥出来，才能促进农业生产力的发展。

这种经营形式，既不完全按照马克思主义所设想的那样实行集体决定、集体耕作、集体收益和集体分配，又不同于私有制下的完全私人决策、私人耕作和私人收益的情况。它体现了中国特色社会主义的性质，即它既具有社会主义性质，有“统”的一面，有集体经营的一面，又符合社会主义初级阶段的基本国情和农情，有“分”的一面和家庭经营的一面，能够充分发挥农民个体家庭的积极性。

家庭分散经营适合于农业生产，其优点在于责、权、利的统一，能够最大限度地调动农民家庭成员的积极性，进行劳动集约化生产；其缺点是分散家庭之间无法联产，无法供给相关公共服务和公共基础设施。集体统一经营的优越性则在于提供农业经营相关的社会化服务。健全集体统一经营的职能，可以更好地发挥对家庭分散经营的管理、指导、协调与服务，使家庭分散经营的潜力得到充分发挥。

“统分结合”要达到一个平衡点，才能够发挥二者的积极性和优越性。如果“统”得过于厉害，如集体化时期，就会磨灭个体家庭的积极性，使得集体的优越性也难以发挥出来。如果"分"得过于彻底，也就是集体经营的层次没有了，集体在土地上的相关权力丧失了，就无法为家庭分散经营提供相关的社会服务，分散经营的机制就很难运转起来，也就无法发挥它的最大优势。当前中国农业经营领域的主要问题是，"分"得太厉害，"统"的职能没有发挥好，各地农村都出现了"反公地悲剧"，尤其在水利灌溉和农技服务体系上体现得很明显，并因此增加了农业生产的成本，降低了收益，使得农民生产的积极性受挫。

因此，当前应重点加强集体统一经营的层次，强化服务功能，健全服务体系，切实担负起为家庭分散经营提供各种社会服务和指导协调的职能，真正解决"一家一户想办办不到""该办不能办""能办办不好"的事。要依据农时季节、农产品类型等条件，选准服务突破口，从农民急需的方面抓起，帮助解决农业生产中的问题。重点要统一管好用好集体土地；统一规划和组织农田基本建设；村集体统一收取共同生产费；协调统一机耕、机收、良种串换、病虫害防治、土地连片、灌溉、引水抗旱等。另外，在农业转移支付、资源下乡的背景下，农村基层组织要转变职能，由单纯的向上"跑"资源转轨到为农业生产提供服务、协调上来。

（二）分工模式："半工半耕"结构

小农经济历来不是纯粹务农的经济形态，它是农副结合的经济形态，因此总是与家庭分工相伴随。也就是说，不仅农业副业、兼业与务工是小农经济的组成部分，甚至家庭成员间在农业副业、兼业和务工方面的分工与合作，也是小农经济的题中应有之义。当前农村家庭成员间的分工模式主要是以代际分工为基础的

"半工半耕"结构。

改革开放以来,农村家庭的分工模式经过了数次演变。经过集体划时代的宣传和改造之后,农村妇女也开始从事农业劳动,性别分工在农业经营上的差别已经不明显,所以改革开放初期,农村劳动力不分性别,都投入到了家庭的农业经营上,只有少数男子从事工商行业。到 20 世纪 80 年代中后期,农村乡镇企业开始遍地开花,年轻男人开始在乡镇企业上班,中老年人和妇女在家种地。到 90 年代以后,乡镇企业开始走下坡路,外出务工开始兴起,此时外出务工的主要是年轻男子,妇女在家种地和照看老年人,形成了典型的性别分工与"农业女性化"的局面。2000年以后,农村年轻男女皆大规模外出务工,中老年人在家种地,形成了以代际分工为基础的"半工半耕"模式。该模式经过十几年的发展逐渐稳定,并再生产。所谓再生产,说的是当第一代外出务工的农民工因年龄大,不再适合工厂流水线之后,他们就退出务工行列,返乡务农,而他们的子代即新生代农民工则追随父辈的足迹外出务工。

当前以代际分工为基础的"半工半耕"结构,在分工上形成年轻人"务工"与中老年人"种地"的稳定格局。之所以如此分工,主要是中老年人被工厂流水线所排斥,又无法承受建筑工地上巨大的劳动消耗,因而在城市不属于"有效"的劳动力。而在农业上,他们却有着丰富的生产经验,也有耐心耐力,善于精耕细作,是完全有效的劳动力。并且,中老年人也不愿意离开他们熟悉的农村环境和熟人社会的交往圈子。年轻人则手脚灵便,反应快,适合工厂流水线工作,而且他们充满活力与向往,在农村耐不住寂寞，希望趁着青春时光享受城市生活，自然就被城市所吸引。因此，这种代际分工既合情又合理。"合情"是指符合中老年人和年轻人的心理和生理特征，"合理"指的是它符合农业和工业运转的基本规律。

这种"半工半耕"结构使得一个小农家庭的收入由两部分组成，一部分是务工的收入，一部分是务农的收入。据针对全国农村的调查，普遍情况是务工收入占一个家庭总收入的60%左右，务农收入占40%左右。年轻人外出务工，除了少数是经商和从事技术工种之外，一般是从事服务行业和做流水线上的普工。一般来说，一对夫妇务工一年能够积攒1.5万元到3万元不等。而中老年人在家种地，一般耕种数亩到十几亩不等，收入在几千元到上万元。这两部分收入加在一起可以达到3万元到4万元，属于农村中等收入水平。并且，老年人在家种地，更多的可能是隐性收入，包括老年人自己养老，吃喝住行不要钱；老年人在家带孙辈，负担孙辈的吃喝拉撒及上学就医，为子代节省一大笔开支；能从事某些副业或兼业，赚些零花钱；还能负担家庭的人情开支，维系家庭的人际关系，等等。这些隐性收入很多都没有货币化，一旦货币化就是一笔很大的收入。"务农"不仅仅是耕种土地，对于一个农村家庭来说，重要的是很多事情可以在农村低成本、廉价地完成。

那么，对于一个小农家庭来说，"务工"和"务农"都不可或缺。缺少了务工的收入，家庭的日常生活和大宗货币化开支就无从谈起，尤其是无法在农村建房或在城镇买房、生活，无法顺利完成劳动力再生产，无法应对家庭的应急开支（如生病、考学及其他变故），无法完成诸多人生任务（典型的如婚丧嫁娶），等等。"务工"是小农家庭应对当前农村越来越大的货币化支出压力的主要途径，单靠务农的收入根本不能应对这种压力。若一个农村家庭没有"务农"，只是"务工"，那么其家庭成员，包括老人和小孩儿这种"无效"劳动力，都得在城市生活，如此其日常生活、人生任务和劳动力再生产等，就都得在城市高成本地完成，仅凭一对年轻夫妇的务工收入，是难以胜任的。因为不再"务农"之后，中老年人种地的收入没有了，尤其是隐性的那部分，在城市都得通过货币购买，家庭的货币化压力剧增，一般小农家庭很难承受得了。只有在城市经商成功或从事技术工种的农民工，才可能不需要"务农"的收入而能够让全家老少顺利进城。

所以，以代际分工为基础的"半工半耕"结构，既是小农家庭的分工模式，也是小农家庭的收入结构，还是小农经济的核心构成要件。中国当前的小农经济，既包括务农的经济，也包括务工的经济，两部分合在一起才是完整的小农经济。

（三）农业类型："老人农业"与"家庭农场"

农业类型是指农业的基本形态。农业经营主体不同，经营的农业形态也不同。改革开放以后农业经营主体不再是单一色的耕种"人均一亩三分地，户均不过十亩"的农户，而是出现了巨大的分化，它们因各自的资源禀赋和社会禀赋不同，或转出土地，或转入土地，或仅耕种家庭的承包地，因而经营着不同规模的土地，它们的经营逻辑和经营效率都有差异。就调研的情况来看，农业经营主体主要分为三类，一类是小农兼业农户，一类是家庭农场主，一类是资本主义农业企业主。其中第三类在"资本下乡"的背景下才兴起几年，数量有限，且据我们调查，凡资本下乡从事农业生产环节的企业皆未获得成功，它们更多的是从地方政府获取补贴。

所以，当前农村主要的经营主体是小农兼业农户和家庭农场主。小农兼业农户就是农村中的中老年人，他们耕作的农业是小规模的"老人农业"。家庭农场主经营的是中等规模的"家庭农场"。老人农业和家庭农场在经营规模、经营逻辑和经营效率等方面，既有相同之处，也有不同点，但它们仍属于小农经济，而不是资本主义性质的现代农场。

小规模的"老人农业"。在农村"半工半耕"结构背景下，年轻人外出务工，中老年人在家种地。中老年人的年龄一般都在50岁到70岁，他们一般耕种自家的承包地。由于农业机械化和科学科技的普及，农业耕作的劳动强度大大降低，许多环节包括翻耕、犁田、播种、插秧、收割、烘干、运输等都已经实现了机械替代，而没有实现机械替代的环节，如打药、施肥、搬运入库等，则可以雇人或请亲友帮忙，所以即便超过70岁的老年人都可以耕种土地。

一般来讲，50岁至60岁这一年龄段的农民算是农村中的壮劳动力，他们除耕种自家承包地外，还可以转入一部分土地，耕种规模在10亩到30亩不等。当他们进入60岁以后，体力和精力都下降，便开始转出部分土地，耕种规模在20亩以下，否则就承受不了。超过了65岁，耕种规模就要进一步减少，一般耕种在10亩左右。到了70岁则只能耕种数亩至10亩之间的土地。笔者的父亲2023年已71岁了，在农村仍然耕种约5亩水田。

　　"老人农业"并不像外界所想象的那样落后，它是有效率的农业形态。"老人农业"具有以下几个特点：（1）精耕细作。农村中老年人不仅有丰富的耕种经验，而且他们的机会成本较少，没有在城镇务工的机会，因此"有时间"。因此，他们可以把充裕的时间用在农业管理上，实现精耕细作。他们没事就到田里转悠，补补苗，锄锄草，治治虫，捡捡稗子；他们打药、施肥都十分精细、均匀，掐准时间，掐准量；有的中老年人甚至插秧不用机械，因为机械插秧会影响水稻产量，等等。（2）劳动集约。正因为中老年人的机会成本较少，他们就可以在较少的土地上无限地投入他们的劳动力。（3）土地生产率高。因为是劳动力的无限投入和精耕细作，老人农业的土地产出率便可以提高。（4）一些环节实现机械或市场替代。一般中老年人家庭不购买机械，由市场提供。少数家庭有一台拖拉机。机械（市场）替代率与耕种规模和劳动力年龄大小成正相关关系。耕种的土地越多，机械替代率就越高；耕种的土地少，则替代率低。年龄越大，替代率就越高，反之则越低。但是主要环节如机耕、收割、运输已基本实现机械替代。（5）对新品种、新技术有需求。中老年人主要出于对减少劳动强度和增加产量考虑，对新品种、新技术有需求，但不会主动寻求新品种、新技术，需要相关部门的推介。（6）农业经营的目的是自给自足，少量投放市场。因此老人农业不是市场和利润导向的农业。（7）兼业农业。中老年人在农闲之余还可以兼业，比如五六十岁的中老年人可以在附近工地上打小工，或者从事饲养、捕捞副业，或者种植蔬菜水果供应城镇市场，等等。（8）休闲农业。在农村公共文化生活较少的情况下，中老年人可以通过耕种土地打发时间，愉悦心情，没事就到地里去走走，看着庄稼一点点成长，他们心情就很喜悦。这样，既可以避免待在家里无所事事，与儿子、儿媳妇发生矛盾，又可以使时间容易过去，还可以通过劳作松松筋骨，起到锻炼的效果。

中等规模的"家庭农场"。同样是在"半工半耕"背景下，农村中大部分青壮年劳动力外出务工，他们的土地要么留给他们父母种，要么流转给村里其他人种。后者属于典型的农村土地自发流转。农村自发土地流转属于人情行为或市场行为。基于人情的土地流转不需要缴纳土地流转租金，也不需要签订正式的合同协议，属于短期流转，只要承包户回来耕种土地便可要回土地。基于市场交易的土地流转需要缴纳租金，当前普遍的价格是每亩约200元，也不需要签订正式的流转协议。

在农村自发土地流转中，一些土地会逐渐集中在某些青壮年劳动力手中，他们一般在40岁至50岁之间。他们之所以没有外出务工，可能是自家的承包地较多，老年人又耕作不过来；也可能是家庭中有老年人要照顾，有上初中、高中的小孩儿需要陪读，他们走不开；也有可能是外出务工失败，等等。总之，农村中还有部分青壮年劳动力在耕田。通过土地的自发流转和集中，这样的家庭一般耕种30亩至100亩不等的土地，这个规模的土地在农村属于中等规模。这些家庭占农村总户数的15%左右，即100户农户中有10户到20户这样的青壮年劳动力。

耕种30亩至100亩中等规模的土地，就相当于一个经营中等规模的"家庭农场"。2013年中央一号文件提出，"坚持依法自愿有偿原则，引导农民土地承包经营权有序流转，鼓励和支持承包土地向专业大户、家庭农场、农民合作社流转，发展多种形式的适度规模经营"。家庭农场首次在中央一号文件中提及，既是政策导向，也是对农村已出现的家庭农场的承认。所谓家庭农场，是指以家庭成员为主要劳动力，从事农业规模化、集约化、商品化生产经营，并以农业收入为家庭主要收入来源的新型农业经营主体。

农村中等规模的家庭农场不同于资本主义大农场。首先，资本主义大农场以追求平均利润为唯一依归，而中等规模家庭农场既追求平均利润，也追求土地单位面积产出率。其次，资本主义大农场以雇佣劳动为主要劳动力，具有剥削性质；中等规模家庭农场以家庭劳动力为主，属于自我剥削，辅以少量短期雇工。再次，中等规模家庭农场有规模限制，超过100亩的限度就不会再扩大再生产；资本主义大农场无规模限制，会不断扩大再生产。最后，资本主义大农场完全实现了机械化与现代化；中等规模家庭农场既有机械替代，又有人工劳动。所以，在性质上，中等规模家庭农场依然是小农经济。

中等规模的家庭农场具有以下明显特点：(1)中等规模收入。耕种30亩至100亩的土地，一年收入在3万元到10万元不等，这个收入在农村属于中等偏上水平。拥有这个收入，一个农村家庭完全可以满足日常生活所需，完成劳动力再生产，完成各项人生任务，而且不需要外出务工，也可以过得很悠闲、宽裕，经济压力不大，家庭生活完整。(2)实现了农业规模化、集约化、商品化经营。耕种中等规模土地，可以实现规模化和机械化耕种，产生规模效益，资本在家庭农场中也实现了集约化。家庭农场的经营主要是面向市场，实现粮食的完全商品化，而不是自给自足，这与"老人农业"区别明显。（3）精耕细作，土地产出率高。根据我们的调查统计，农村一对青壮年夫妇，加一台拖拉机，外加机耕、机收，农忙时请短工，完全可以在100亩左右的土地上精耕细作。因此，自雇和自我剥削性质较强，土地的产出率也较高。（4）追求土地生产率与平均利润。中等规模家庭农场，因为种植规模不大，首先是追求土地的单位面积产量，有了产量才有收益。其次，当家庭农场规模超过100亩以后，农场主就开始追求平均利润。例如，当平均利润为零时，他们就不会再进行投资。所以，家庭农场既有小农经济的特性，又开始突破小农经济的逻辑，走向资本经营的逻辑。（5）扩大再生产。对土地上的投资较"老人农业"要慷慨。耕种规模达到30亩以上，一般都会有台拖拉机；到60亩以上开始购买插秧机和旋耕机；到100亩左右就可能购买收割机，并可能对机械进行合作社和市场化运营。在新品种、新技术上的投资也随着规模的扩大，积极性增加。

综上所述，小规模的"老人农业"与中等规模的"家庭农场"，是我国主要的农业类型，也是中国特色社会主义小农经济的主要实现形式，它们与传统的小农经济形式（地主农业、自耕农农业、佃农农业等）有相似之处，更重要的是有它们自身的特点和当前的烙印，更多地带有现代农业的基本特点，即开始走出"过密化"经营的窠臼。

四、中国式小农经济的功能

（一）发挥中国特色社会主义优越性的功能

经济基础决定上层建筑。生产资料公有制是中国特色社会主义的一项基本经济制度，它保障了国家政权的人民性和社会主义性质。农村土地集体所有制是生产资料公有制的基本实现形式，它否定了私有制，杜绝了土地的买卖与集中，也就杜绝了土地食利者，使得生产资料掌握在农村绝大多数人手中，实现了"地利共享"的基本理念。

在农村集体土地所有制基础上，农村土地实行"统分结合，双层经营"的经营形式，使得村集体和基层组织仍能够在土地上发挥重要的"统"的功能，这既是中国小农经济要正常运转的客观要求，也是发挥中国特色社会主义的优越性的基本体现。由集体和基层组织为分户经营的农业生产提供基础设施和社会化服务，解决了农户个体在生产过程中"想办，办不好，办起来不经济"的事情，同时又不干预农户的具体经营，充分发挥农户分散经营的积极性，从而能够发挥小农经济的最大产出率。

（二）生产资料、社会保障与粮食安全的功能

生产资料的功能。作为小农经济制度基础的农村土地集体所有制，为农民提供了重要的生产资料的功能。集体土地所有制使得集体成员都享有承包土地的权利，农民可以将承包地作为基本的维持生计和获取收入的手段。尤其是对于没有外出务工和其他副业的农民而言，承包地作为维持基本生计的功能尤为凸显。对于耕种 30 亩至 100 亩的家庭农场主而言，土地则是重要的获取

收入的手段。在"半工半耕"背景下，中老年人在家种地，获得显性收入和隐性收入。

社会保障的功能。由于农民职业的分化和流动加剧，农民获取收入的手段多元化，土地对于多数家庭而言不再是生产资料，但土地仍然可以在特殊时期和特殊环境下发挥社会保障和失业保险的功能。在农民有外出务工、经商、兼业的机会的时候，可以通过其他手段获取基本的生存资料，那么其家庭的承包地便可以流转给其他农户耕种，收取一定的租金或不收租金，此时承包地作为社会保障的功能是潜在的。一旦农户无法外出务工，或因其他经营失败，他们还可以返回农村耕种土地，从而获取基本的生计所需。2008年世界金融危机爆发，大量失业农民工之所以能够返乡，而不是滞留在城市，就是因为他们在农村还有承包地，通过耕种承包地还可以维持基本的生活。

粮食安全的功能。美国前国务卿基辛格博士说过，"如果你控制了石油，你就控制了所有的国家；如果你控制了粮食，你就控制了所有的人"。粮食安全是一个国家最基本的非传统安全，中国要保障自己"吃"的问题不被人家控制，就得选择适当的农业类型。小农经济是精耕细作的农业类型，虽然人均产出率不高，但是土地产出率高。调查发现，无论是"老人农业"，还是"家庭农场"，其土地产出率都比资本主义大农场要高出许多。在中国人口众多、土地资源稀缺的情况下，选择资本主义大农场的农业类型，显然无法保障粮食安全。小农经济是最佳选择。

（三）"蓄水池"与"稳定器"的功能

"蓄水池"的功能。说的是小农经济接连不断地为中国输入大量廉价劳动力。一方面，小农经济的存在，农民家庭就可以在农村低成本、廉价地完成劳动力再生产，因而外出务工农民就能容忍较低的工资和较恶劣的工作环境，为中国成为世界工厂提供了可能。另一方面，由于中老年在农村种地，他们的最大优势是劳动力不计价，因而他们生产的农产品就相当便宜。当大量这样的农产品进入消费市场，就会整体上降低中国人的物价水平和生活成本，提高人们的生活质量，也因此中国工人在世界劳动力市场上可以接受较低的工资水平，进而提高了中国在世界市场上的竞争力，为中国经济的持续、快速发展注入动力。

"稳定器"的功能。一方面，农民有承包地在农村，农村就可以成为城市化、工业化和现代化的大后方。农民工在城市找不到合适的工作，就可以返回农村种地，而不是滞留在城市需要政府救济，从而避免使城市成为"火药桶"。只要农民有承包地在农村，就还有大量农民留在农村种地，农村就还有生机与活力，它就能够消化城市的过剩产能，缓解城市经济危机。当前政府推行的"新农村建设""家电下乡""汽车下乡"等，都是这个道理。总之，农村可以消化城市发生的大量危机（农民工失业、经济过剩、社会救助等），为政策的调整争取了时间和留有回旋余地。另一方面，小农经济造就了数量庞大的农村中等收入群体，成为农村政治社会稳定的重要基础。由于当前农村超过80%的家庭是"半工半耕"家庭，务工收入与务农收入是他们基本的收入构成。调查表明，这两笔收入相加，一般可以接近或超过3万元，这个收入在农村属于中等水平。也就是说，农村有超过80%的家庭是中等收入家庭，他们一般对现状比较满意，心态比较保守，同时也是现有政策的受益者，因而对党和政府较为支持。可以说，这批中等收入家庭的存在成为中国农村稳定的中坚力量。

（四）保障大部分农民家庭分享农业 GDP 收益的功能

在当前农民工工资相对较低，且在可以预期的将来不可能大幅度提高的情况下，一个农民家庭要想顺利完成劳动力再生产，完成基本的生活和人生任务，必须有务工和务农两部分收入。也就是说，虽然小农经济的剩余较少，但分享农业 GDP 的收益对于大部分农民家庭来说仍然至关重要。在当前的农村制度框架内，只有小农经济能够保障大部分农民家庭分享农业 GDP 收益。调查发现，地方政府推动大规模土地流转，推进资本主义大农场经营，农民被迫不再耕种土地，只获得土地租金收益。但是农民不再耕种土地以后，小农经济的许多隐性收益就没有了，生活的货币化开支剧增，而中老年农民又无法进城获得务工收入，于是家庭生活的质量就必然会下降。

五、中国式小农经济的出路

在中国农业经营上，当前学界的主流是摒弃小农经济，发展资本主义农场，或者否定家庭承包责任制，实行完全的集体化。地方政府则正在推动大规模土地流转，建立适应资本经营农业的社会化服务体系，为资本下乡经营农业铺平道路。这些做法都是在摧毁小农经济的根基，消灭小农经济，是不足取的。在当前中国的历史社会条件下，中国特色社会主义小农经济仍然具有巨大的优势和存在的必要性，应该为其存在和优势的发挥创造条件，提供出路。

（一）建立强有力的基层组织和社会服务化体系，为小农经济提供组织保障

分散经营的农户既无法单个提供生产所需的基础设施，也难以克服农业生产合作中的搭便车问题，甚至无力在市场上购买农业社会化服务，这些问题必须由基层组织来解决。因此，在农业生产上，基层组织不仅不能弱化，还要加强，以发挥其积极的"统"的功能。为此，要在以下两个方面下功夫，一是在以工补农、资源向农村输入的大背景下，基层组织要建立承接自上而下的国家资源输入与自下而上的农民需求表达的能力，将国家输入的资源用到农村的实际需求中。这个能力的提高主要是通过基层干部、村组干部走群众路线来完成。根据调查，当前许多地区的农民在农业生产上，主要是要建立完善的水利系统，尤其是"最后一公里"要畅通；解决土地细碎化问题，推动土地调整与连片，以利于机械化耕作；修建机耕道等。二是建构适应小农经营的社会化服务体系。小农经营的特点首先是分散，与千家万户的小农对接是建立社会化服务体系首先要面临的组织问题。其次小农经营具有资金少和收益小的问题，分散农户没有动力在市场上购买相关服务，及在良种、农药、机械等方面进行投入，这些方面都应该由基层政府来提供。只有如此，小农经济才能适应社会生产力的发展和农村的实际情况而不断发展。

（二）鼓励农村土地自发流转与中等规模"家庭农场"经营

随着农村劳动力进一步转移、农村职业进一步多元化，农村土地自发流转现象会越来越普遍，越来越频繁。土地自发流转是农村自发市场行为，它的特点是农村土地会逐渐转移到没有外出务工、愿意在农村种地，且往往是种地能手的农户手中，他们慢慢地成为耕种中等规模的土地的家庭农场主。家庭农场主一般较年轻，属于农村的青壮年劳动力，既能够在土地上精耕细作，又能够运用现代化的技术和手段耕作土地，从而使得其劳动产出率和土地产出率都较高，走出了农业的过密化经营。同时这些青壮年农民耕种中等规模土地，能够获得中等水平的收入，无须外出务工，因而常年在村，且闲暇时间较多，他们走家串户活跃村庄的社会关系，调节村庄的矛盾纠纷，为"三留守"提供帮助，等等。也就是说，他们不仅经营农业，还经营着农村社区。土地自发流转的另一个特点是其流转是可逆的，即它是短期的流转，承包者可以随时要回土地。也就是这种流转使得农民在能够进城时顺利进城，进城失败时可以返回农村种地。因此，政府应该鼓励和规范农村自发土地流转，不去破坏这种自发秩序，支持中等规模的家庭农场经营。

（三）警惕地方政府推动大规模土地流转与资本下乡经营农业

与农村土地自发流转相对应的，是地方政府推动的大规模土地流转。地方政府在现代农业的驱动下，运用政府权力强制推动农村土地大规模流转给农业资本企业经营。这种大规模土地流转会带来以下几个社会后果，一是它的流转是不可逆的，农业企业与农户签订数年到10多年的租约。在这段时间内，农民被赶出土地，大量属于城市无效劳动力的农村中老年人既不能务农，又无法在城市找到工作，因而在农村无所事事，无聊至极。在城市务工的农民，即便他们厌烦了务工想回来种地，也无地可种，进城失败的农民也难以再回到农村种地。这种不可逆的土地流转使农民既不能充分就业，进城又无保障，剥夺了农民返乡务农的权利，同时也会带来农村社区的衰弱。二是大规模土地流转为资本下乡经营农业、打败小农开路。事实上，资本下乡经营农业的生产环节，是最不经济的，即大规模农业经营的土地产出率较低，而生产成本却较高，农业企业一般难以在生产环节获利，唯一获利的渠道是政府的补贴。若无政府的扶持，资本下乡是无法与小农经济竞争的。那么，既然资本下乡既不能保障粮食生产，又要花费政府的巨额补贴，小农经济既有效率，又无须政府的额外补贴，何苦地方政府要支持资本下乡挤走小农？因此，应该扭转地方政府推动大规模土地流转和鼓励资本下乡的局面，资本要有条件下乡，且不应该进入农业生产领域，而应该进入农业加工和销售领域。

六、中国式小农经济研究的方法论

（一）唯物论

对中国特色社会主义小农经济的研究，不能停留在马克思主义经典作家对一些细枝末节的判断上，也不能仅仅将眼光盯在以美国农场为代表的资本主义大农场上，而要有历史唯物主义和辩证唯物主义的视角。既要看到小农经济的缺点，它的落后性，又要看到它的优势所在；既要看到农业发展的基本历史趋势，又要看到中国农业发展的历史条件与限制。不能从应然和理念上透视中国的小农经济。历史唯物主义和辩证唯物主义的视角，落实到研究中，就是要一切从实际出发，要理论联系实际，要以"实践"作为考察小农经济的唯一标准。

中国的小农经济在经过社会主义改造和承包制改革之后，已经与传统小农经济和东南亚小农经济有了本质区别，它以土地集体所有制和家庭承包责任制为基础，实现了所有制形式的彻底变革及与家庭经营的最佳结合，实现了集体提供社会化服务与家庭分散经营的有机统一，从而能够发挥家庭与集体的两个优越性和两个积极性，也就否弃了传统小农经济所特有的保守性和落后性，实现了与现代农业科技的对接，是中国农业实现现代化的基本道路。

农业经营是自然条件与社会条件综合的产物。除了在我国许多山区农村，无法实现美国式的大农场外，对我国进行美国式农场改造的基本制约是"人多地少"的基本矛盾。美国农业以"地多人少"为优势，可以在"人均产出率高，土地产出率低"的模式下运行。而中国农业人口庞大，无法在短时期内转移到其他行业，因此既要保证庞大农业人口的就业，又要保证他们在无其他就业的情况下有饭吃，就不能实行美国式农场模式。同时，私有制下的小农经济也不符合我国的历史条件。一旦土地私有化，农民能够完全处置土地，就可能在"短视"情况下非理性地卖掉土地，从而失去土地的保障。若庞大的农业人口都失去了土地的保障，成为城市"流民"，对农民、对中国的政治社会稳定都不是好事情。

所以，"统分结合，双层经营"模式下的小农经济是当前历史条件下比较妥当的选择。

（二）整体论

当前中国主流学界看待中国小农经济的视角是单一的"现代化"视角，无论自由派还是左派，都持否定小农经济的论断。自由派认为土地集体所有制限制了土地最大效益的发挥，阻碍了中国农业现代化，应该推进土地私有化和市场化，激活农业生产要素，实现农业资源的有效配置。左派也认为小农经济是落后的经济形态，是现代农业的反面，应该通过推进集体化来推进农业的现代化和机械化。这两派的方向一致，路径有差别，但是视角都是单一的农业现代化的视角。事实上，中国的农业从来就不是单一的农业问题，它总是与农村问题、农民问题联系在一起。如果说美国式农场的农业问题，是与大社会、大市场对接的问题，是纯粹的市场关系问题，那么中国的农业，首先要处理的是与农民、与农村的关系问题，而不是与市场的关系问题。因而考察中国特色社会主义小农经济，应该有整体的、综合的视角。

单从农业的视角看农业，农业问题就是效率问题，是产品质量问题。农业效率问题就是人均效率还是土地产出效率问题，当前被普遍认可的是人均效率，是去过密化的农业生产。优质产品问题是指农产品本身的质量问题。普遍认为，资本主义大农场的产品质量容易控制，质量有保障，而千家万户的小农经济，由于监督和信息不对称问题，无法保证农产品质量，因而是个问题。[①]

若从农民的视角看农业，农业问题则是农民出路的问题。在中国无法实现庞大的农村人口顺利进城、体面地在城里生活下去

---

① 事实上，有研究已经表明，资本主义的大规模生产在保障农产品质量问题上，不一定比小农生产更得力。

的结构性约束下，如何保障农民的基本生存、保障农民返乡务农的权利，是必须追问与回答的问题。这个问题不解决好，再有效率的农业，再现代化的农业，再健康有品质的农业，也不过是画饼充饥，不是中国的最优选择。因而，从农民角度来看农业，就是农民有没有生存保障和有没有退路的问题。

若从农村的视角看农业，农业问题就是农村向何处去的问题。既然大部分农民不能在短时期内转移到城市，就得为他们在农村留有退路。要保持农村的稳定，就不能任由农村衰败下去，而是要将农村建设成宜居的、有人情味儿的、农民能够感受到归属的，农民能够在其中获得承认和意义的熟人社会。要做到这些，除了基本的基础社会建设、文化建设、人文气息培育等方面外，很重要的是农民要有土地耕种，即小农经济要继续存在。在当前"半工半耕"背景下，只要有一部分农民还在种地，他们的利益关系还在土地上，那么他们的社会关系就还在农村里，他们就会主动经营农村，建立和维系农村社会关系，关心农村建设，在意农村社区氛围的营造，等等。那么，这样建设的农村就还是值得向往的农村，还值得留恋的农村，还能够继续待下去的农村。总之，它可以为无法进城或进城失败的农民提供一个比城市贫民窟要好的归属。

所以，从整体论的视角来看中国的农业，中国没有单纯的农业问题，只有"三农"问题。而要解决"三农"问题，发展和完善中国特色社会主义小农经济是目前的必要选择和必由之路。单一视角下否定中国小农经济，都可能适得其反，走向歧路。

（三）系统论

美国式大农场是完全自我决定、自我经营和自我收益的生产单位，即便是在公共服务的购买和基础设施的提供上，也由农场主一个人说了算。而相当于美国一个中等规模农场的中国村庄，却有着几百户、上千人，他们的农业生产无法完全实现自我意志，需要有集体的"统"的过程，否则农业生产就会乱套。这就说明，中国的小农经济不是一个逻辑自洽、完全自主的经营形式，更不仅仅是"家庭作业"，它是一个系统工程，有自己的一整套支持系统。这些支持系统是中国小农经济的重要组成部分。因此，研究中国特色社会主义小农经济，要有系统论的视角，不能就耕作、收割、产品销售论农业，不能将农业具体经营过程当作小农经济的全部。

中国特色社会主义小农经济的支持系统，包括农村基层组织和基层农业服务体系，它们主要发挥小农经济的"统"的功能。具体而论，农村基层组织包括乡镇和村级组织，它们的主要功能是指导、协调和管理农业经营，主要抓好农业的基础设施建设，包括土地平整、土地连片、植保、水利设施和机耕道修建，还要协调好统一连片、机耕、选种、机收、销售等环节，同时充当保护小农权益的法人代表角色。基层农业服务体系，主要为农业的产前、产中和产后提供农机、农技、新品种及市场等服务。若没有这些支持系统，中国的小农经济就无法正常运行，更谈不上现代化农业。

总之，只有系统地看待中国小农经济，才能看得全面，也才能理解集体土地所有制和家庭承包责任制的特色与优势，也才能理解"统分结合，双层经营"的必要性和必然性。

（四）实践论

实践论要求我们从中国式小农经济的具体实践出发，来探讨小农经济的形态、功能和历史走向，既不能死抠马克思主义经典作家关于小农经济的具体言论，也不能按照西方农业经济学的基本理论来套用乃至切割中国小农经济的实践。要从小农具体实践中总结、归纳和提炼出中国式小农经济理论，同时又要将这些理论置于小农经济的实践中去检验，在实践和理论中来回穿梭，使理论更加经得起实践的检验，也才能更好地指导实践。

中国农民最具实践智慧。他们在小农经济的实践中，创造出了诸多的实践形式，以更好地发挥中国式小农经济的功能和优势。包括自发土地流转下的"老人农业"、中等规模家庭农场，都是农民在新条件下对小农经济经营形式的创造。有些地方在政府强制推行土地流转后引进工商资本经营农业，但是实践发现大规模经营大宗农产品远不如小农经营有效，于是工商资本便退出农业经营领域，地方政府将已流转的土地已 100 亩左右为单位租给种地农民，形成中等规模的家庭农场。在湖北沙洋县，农民自主打破插花式耕作，家庭之间进行土地调整、实现连片耕作，增加了收入、节省了成本。这一首创被地方政府认可后在全县推广。苏北农村正在推广农民合作经营农业的"联耕联种"机制，该机制使小田变大田便于机械作业。这些实践都是对小农经济经营形式的创新。

理论要正视农民的实践和创新，关键就是要眼睛向下、走进一线，虚心向农民学习，展开深入、严谨、全面的农村调研。基本的工作路线是"从群众中来，到群众中去"。中国的小农经济理论不能停留在理论的无休止争论当中，而要面向实践、拷问实践、总结实践和指导实践。

七、小结

中国式小农经济是小农户与现代农业相衔接的产物和有效形式。中国仍有 2.1 亿户农业经营户，户均耕种面积 9.8 亩。按照国际上对小农户的划分标准，小农户仍是我国当前农业生产经营的主要组织形式。小农经济既是农村经济组织形式，也是农村政治和社会的组织形式，它深嵌农村熟人社会和村社集体之中。小农经济的变革除了受市场、国家政策影响外，也受到熟人社会和村社集体的形塑，而有其自身的逻辑。可以预计，未来三十年，也就是到 2050 年乡村全面振兴阶段，小农经济会适时适地以不同的发展模式存在。因此，实施乡村振兴和出台农村政策，要正视小农经济的长期性及其功能，将服务于小农户与现代农业衔接作为政策的切入点和着力点，服务在乡农民的农业生产和社会生活，推动农业、农村、农民现代化。

第四章 "半工半耕"：

政治、经济与社会意义上的农民家庭分工

一、农村"半工半耕"结构的多重意义

在中国快速推进现代化和城市化的过程中，广大农村地区扮演着"蓄水池"和"稳定器"的角色。与过去西欧和近几十年第三世界国家不同，中国的现代化和城市化进程既没有出现"羊吃人"和大量农民流离失所的悲剧，也没有出现农村急剧衰败和城市中横亘着大规模贫民窟的景象。也就是说，西方和第三世界国家的城市化发展，必然伴随着农村衰退和农民退场，而中国却能成为例外。这与中国的一系列制度、政策和社会安排有很大关系，诸如制度化的城乡二元结构、农村土地集体所有制、取消农业税、强农惠农政策、强有力的农村基层组织、村社本位的新农村建设，等等。这些制度和社会安排重塑了国家与农村社会的关系，也调整和改善了农村和城市的关系，同时也被农村社会所吸纳、内化和重整，最终在农村以"半工半耕"的结构体现出来。

农村"半工半耕"结构是改革开放以来逐步形成并渐趋稳定的，其存在的前提与基础是农村集体土地制度、城乡二元结构与农村传统家庭制度。当前主要以代际分工为基础的"半工半耕"结构，在家庭内部形成代际的职业分工，即年轻人外出务工，中老年人在家务农，一个家庭获得务工和务农两部分收入。但它不仅是一种经济结构，也是一种社会结构和家庭结构，同时还是一种政治结构。这种结构的形成和稳定，对中国经济发展和社会稳定产生了举足轻重的影响，如源源不断地提供廉价的劳动力和使农村成为消化城市危机的大后方，更对农村的经济发展和政治社会结构产生深远影响。

学界既有研究对"半工半耕"的关注，主要集中在农业经济学领域，[①]或者集中在对农民收入结构的探讨上。作为稳态的、制度化了的"半工半耕"结构，不再是一个单独的存在，而是与它嵌入其中的农村其他经济社会结构发生着频繁的交互作用。本书主要就农村"半工半耕"结构的农业经济内涵和政治社会意义做一个初步的剖析，并尝试在中层概念上对之进行阐发和建构。

二、农村"半工半耕"结构的发展、特征与内涵

中国农村大体可以分为两部分，一部分是以沿海和城郊农村为典型的资源和财富比较集中的农村地区。在这些地方，农村和城市已经实现一体化，农村土地基本上已经纳入城镇发展范

---

① 黄宗智:《制度化了的"半工半耕"过密型农业（上）》,《读书》2006 年第 2 期。

畴，大部分农民不再从事农业生产，他们的收入主要来源于务工和经商，以及土地和房屋租金。但这些农村地区不是中国农村的主流，它仅占中国农村的 5%。另一部分是广大中西部地区农村，它的城镇化率较低，大部分土地仍然用于农业生产。在这些地区，一部分农民外出务工经商或兼业（以下简称务工），一部分农民在家务农，形成"半工半耕"的职业格局和收入结构。属于这类结构的农村地区，约占中国农村的95%。因此可以说，"半工半耕"结构是中国农村普遍存在的现象。

（一）农村"半工半耕"结构的发展历程

中国农村的"半工半耕"结构肇始于20世纪80年代初的改革开放，农村分田到户，城镇市场开始活跃，部分农民开始在农闲时间从事务农以外的职业，包括经商和经营手工加工业。其雏形是在80年代中后期乡镇企业兴起后，历经90年代中后期和2000年以后的两次转换，到现在主要有三种类型的结构。

1. 以离土不离乡为基础的"半工半耕"结构。20世纪80年代中后期以后，农村乡镇企业如雨后春笋般在全国各地兴起，几乎是"村村点火，乡乡冒烟"，它的异军突起为农村剩余劳动力提供了大量就业岗位。于是，在农村就出现了就近务工的现象。一种情况是，一部分青壮年劳动力"洗脚上岸"进工厂，脱离农村劳动，但不离开农村，甚至是白天在工厂上班，晚上下班回家休息，或者上班时间在工厂，就餐和休息时间在家。还有一部分农民农忙时间在家务农，农闲时间进厂务工，或者白天在附近工厂务工，下班后回家务农。这样农民都有了"上班下班"的概念。另外一些无法进厂务工的农民则常年在家务农。这种离土不离乡的"半工半耕"结构，让农民不需要背井离乡就可以就近务工，既使得一个家庭可以有务工和务农两笔收入，又保持了相对完整的家庭生活，同时也保证了村庄政治社会生活的完整性。由于大量青壮年劳动力还留在农村，村庄的公共事务和公共活动还能举办得起来，村庄的公共空间还比较完整，具有生产能力。这种"半工半耕"结构在沿海发达地区尤为显著，因为这些地区乡镇企业率先发展起来。

2. 以性别分工为基础的"半工半耕"结构。进入 20 世纪 90 年代以后，城市对农民的诸多限制逐步放开，开始出现大量农民工进城务工，同时到 90 年代中后期，许多地区的乡镇企业衰败和倒闭，农民工进城出现高峰。90 年代外出务工的农民属于典型的第一代农民工。这一时期的农民工主要以未婚青年男子和已婚青年男子居多，辅以少数农村地区的未婚女子，[①] 而已婚妇女和中老年人在家务农。这是典型的以性别分工为基础的"半工半耕"结构，即男子外出务工，妇女在家务农和照看家庭，中老年人辅助妇女的家庭工作。这种分工模式在给一个家庭带来两笔收入的同时，由于妇女在农村照看老年人和小孩儿，尚没有出现"留守老人"和"留守儿童"的现象。但是，这种分工模式对农村也产生了负面影响。首先，由于大量青壮年男性劳动力离开农村，在农村普遍出现了农业劳动的"女性化"趋势，给农村妇女带来沉重的负担。其次，年轻人的家庭生活出现了不完整性，尤其是夫妻生活不正常。最后，由于妇女跟中老年人在家，交互频繁，容

---

① 在不少农村地区，当时还认为女孩外出务工是不好的。

易在家务事上产生矛盾，有可能造成年轻妇女的自杀现象。

3. 以代际分工为基础的"半工半耕"结构。2000 年以后，尤其是取消农业税以后，农村劳动力进一步解放，城市对农民设的藩篱进一步取消，农村观念进一步改变，成年女孩外出务工不再是丢脸的事情，农村成年劳动力皆外出务工。于是出现了世界上史无前例的人口流动，至今每年有 2 亿到 3 亿的农民工在中国大地上来回穿梭，往返于城乡之间。这一时期的家庭分工出现了明显的变化，农村年轻夫妇和未婚青年男女皆外出务工，获得工资性收入，中老年人尤其是老年人在家务农，继续分享农业收益，形成以代际分工为基础的"半工半耕"结构。这种分工模式的优势是，外出务工的青壮年劳动力增加，使得农民务工的收入增多，大幅度地提高了农民家庭的生活水平。同时也因为年轻夫妇皆外出务工，一定程度上保持了家庭生活和夫妻生活的完整性。但是也因为年轻夫妇皆外出务工，就使得农村老年人和小孩儿无人照顾，就生成了"留守老人"和"留守儿童"的问题。尤其是留守老人，容易造成精神上的空虚寂寞及年老生病无人照料，这是近年农村老年人自杀增多的主要原因。

（二）农村"半工半耕"结构的主要特征

农村"半工半耕"结构的存在与发展，已经有近三十年的历史了，其间有转换和调整，并最终形成了以代际分工为基础的"半工半耕"结构。中国农村的"半工半耕"结构有以下特点。

1. 长期性。农村"半工半耕"常常被认为是一种无奈的经营制度，人多地少下的过密型农业因比较收益不高而迫使大量农民外出务工，而外出务工的风险又反过来倒逼人们以务农来承担保障责任。农民这种"无奈"的选择，又经常被批评是中国制度和政策安排的结果，尤其是制度性的"城乡二元结构"的长期存在。而要消除这种无奈，就应该消除城乡二元结构的藩篱，特别是要废除户籍制度，让农民工能够自由进城，享受城市的社会福利。这种批评没有考虑到农村"半工半耕"结构长期性存在的客观基础，即便让农民工自由进城，农民工能否在城市体面地生活下去？当前中国仍有约7亿农民生活在农村，另有超过2亿农民工在城市务工。以当前中国农民工的工资收入水平，及当前城市生活水平计算，进城务工的农民工中只有约5%的幸运儿有机会、有能力在城里安家落户，过上体面的城市生活，其余大部分农民工无法在城里真正立足，还得过着"半工半耕"的生活。中国大部分产业处在世界产链条的末端，是劳动密集型的加工业，决定了其利润低，分配到农民工身上的利润就更低，使得农民工的工资将长期维持在一个不高的水平线上。同时，中国城市化是个缓慢的过程，是有能力进城生活的农民工进城安家、没有能力进城的农民工往返于城乡之间的过程，这个过程必然是一个长期的过程。这就决定了由中国约7亿在农村的农民和2亿进城农民工构成的"半工半耕"结构，也具有长期性的特征。这说明，"半工半耕"结构不是一个暂时的现象，在未来的数十年内，这种现象将继续存在，这也决定了它对农村经济和政治社会的影响将是长期性的。

2.稳定性。当前农村以代际分工为基础的"半工半耕"结构，是以家庭内部劳动力分工的重新调整为条件的，这项调整逐渐具有稳定性。这便是说，在务农的比较效益低、务工收入相对较高，但又不得不有人来务农作为务工保障的情况下，在家庭内部的分工中，就必须有人来从事农业生产；同时，城市工厂流水线需要的是手脚比较灵活、脑袋反应灵敏的年轻人，而不是年龄大的人，超过一定年龄的农民工就得退出流水线。一般的情况是，在工厂流水线上工作的年轻男女，过了35岁就逐渐不再受欢迎，他们的工作岗位就会被更年轻的农民工取代；过了40岁，大部分农民工就得退守建筑工地，或者其他的服务行业；超过50岁的农民工就很难在城市找到务工的机会了。那么，在家庭内部的分工中，年轻夫妇必然会（被）选择比较效益高，且迎合流水线的工厂务工，而中老年人则选择比较收益低、被流水线排斥的务农。所以，这种家庭内的代际分工将维持一个长期稳定的状态，形成一个稳态结构。

3.再生产性。当前以代际分工为基础的"半工半耕"结构具有再生产的性质。这是其长期性和稳定性存续的前提，即不断有新的人员来填充这个分工结构。当年轻夫妇随着年龄增长，不再适合流水线上的工作后，流水线上就会有更年轻的人来填充，当他们彻底退出城市之后，就回到农村继承他们父辈留下来的土地而从事耕作，其父辈则因年龄大不再耕种土地。而他们的成年子女则可以进城务工。这样，家庭内部的分工就从中老年农民务农、年轻夫妇务工，转变成老一辈年轻夫妇务农、新一代年轻夫妇务工的模式。如此循环往复。这就是以代际分工为基础的"半工半耕"结构的再生产性。

农村"半工半耕"结构的长期性、稳定性和再生产性，就会决定由该结构支配的农村其他结构、制度和现象的长期性、稳定性和再生产性。

（三）农村"半工半耕"结构的基本内涵

当前农村的"半工半耕"结构是一种总体性的结构，它不仅仅是农业经营制度或是农村家庭收入结构，还是一种社会制度。[①]笔者认为，农村"半工半耕"结构具有农村经济结构、社会结构和政治结构等多重内涵，或者说，"半工半耕"结构形塑和重构了新的农村经济结构、社会结构和政治结构。总之，它的内涵很广泛，需要综合地理解。

1.经济结构。其一是农村收入结构。"半工半耕"结构意味着农民家庭的收入由两部分构成，一是务工的收入，一般占家庭总收入的60%—70%，二是务农的收入，约占30%—40%。对于一个农民家庭来说，这两部分收入都不可或缺，否则就难以完成农民的人生任务和家庭劳动力再生产。即便是老年人不务农，他们在农村养老或照看孙辈也会给农民家庭节约一大笔开支。这种收入决定了即便有务工的收入，农民家庭也必须继续分享农耕的收益。要做到这一点，就需要保持现有土地制度长久不变（允许土地流转，但不能人为推动大规模土地流转，造成资本驱赶农民、争夺农业收益的局面）。其二是农业经营制度。"半工半耕"结构决定了农村土地经营主体是农村中老年人，及部分青壮年劳动力，他们的经营方式是家庭经营，经营规模一般是"人均一亩三分地，户均不过十亩"，经营逻辑与传统"小农"逻辑有相似之处，也有新的差异，而与家庭农场和资本主义农场经营又不尽

---

① 夏柱智：《论"半工半耕"的社会学意涵》，《人文杂志》2014年第7期。

相同。其三是农民的职业结构。当前广大中西部农村以"半工半耕"进行职业分工的家庭约有70%，即"半工半耕"的家庭有7成。这就使得农民的职业分化不大（虽然务工行业可能不同），那么农民的收入差距也不会太大。

2. 社会结构。它包含村庄结构和家庭结构两个方面。（1）村庄结构的内涵之一，"半工半耕"意味着村庄中有一部分农民外出务工，另一部分农民留在村庄，这两部分人保持着紧密的联系，并且大部分农民工的预期是最终要回到村庄，村庄还是农民的归属和目的地，村庄仍然具有价值生产和社会规训的能力。之二，由于70%的农村家庭是"半工半耕"，因此收入相差不大，既不会太高，也不会太低，说明农民的经济分化不大，那么农村就具有一个庞大的中等收入群体，这对于农村社会稳定具有决定性意义，同时也决定了农村社会的阶层分化不明显。（2）家庭结构说的是，"半工半耕"结构既是一个农民家庭的分工结构，它在代际形成了模式化、稳定的分工，同时也形成了一个稳定的新的家庭形式——新"三代家庭"。这种新的家庭形式，既不是传统大家庭形式，如联合家庭、直系家庭等，也不是西方意义上的核心家庭。在新的家庭形式中，因为外出务工，年轻夫妇没有跟父母分家，父母还有义务为子女照看家庭、培养孙辈、积攒财富，但是年轻夫妇与父母又分别是独立的会计单位。

3. 政治结构。"半工半耕"在一定程度上意味着农村人财物的外流，尤其是农村有能力外出的人，也就是年富力强的都外出了，留在农村的多是老弱病残妇幼等，那么谁来治理农村呢？这是个必须回答的问题。"半工半耕"让一部分人外出务工，就必然会有一部分土地没人耕种，就会在村庄内自发流转，于是这些流转的土地就逐渐集中在某一部分人手中。这部分人的主要利益在土地上，主要社会关系在村庄里，他们在乎自己在土地上的利益和村庄的社会关系，他们就会主动经营村庄，建构关系。所以这部分人是潜在的、可能的治理村庄和活跃在村庄政治舞台上的主体。这些人既不是富裕农民，也不是贫弱农民，他们是村庄中的中等收入者。"半工半耕"决定了广大中西部农村的政治结构不是"富人治村"。

三、农村"半工半耕"结构的农业经济意义

中国的农业经营方式与逻辑最近数十年发生了巨大的变迁，甚至出现了某种程度上的去过密化趋势。黄宗智把这种变革称为"中国的隐性农业革命"，并归因于中国三大历史趋势的交汇：一是 20 世纪 80 年代以来的人口生育率的显著下降和其所导致的 90 年代以后新增劳动力的递减；二是快速城镇化以及大规模的非农就业；三是人们食品消费和全国农业结构的转型，从低价值的粮食转向更多高值农产品。[①] 黄宗智的认识很深刻，但主要是宏观上的把握。若落实到微观的村庄层面，农业经营主体的差异则是中国农业发生革命性变迁的直接因素。经营主体的特点和禀赋决定了农业经营的资本投入、劳动关系、农业类型与经营逻辑等，也就决定了中国农业变迁的方向与策略。

---

① 黄宗智：《中国的隐性农业革命》，法律出版社，2010 年版。

"半工半耕"意味着农民分化成务工农民和务农农民。务农农民是农业经营的主体，但是务农农民本身又非完全一致的，他们内部也有分化，主要分为中老年人务农群体和"中农"务农群体。他们所经营的农业分别称为"老人农业"与"中农农业"，两种农业的性质既有联系，又有差别。

（一）"半工半耕"结构下的"老人农业"

顾名思义，老人农业主要是中老年人作为经营主体的农业。在农村的代际分工中，中老年人因其禀赋较低被分配在家种地。这些中老年人的年龄一般在 50 岁以上，65 岁以下。他们一般耕种家里的承包地，数亩到十几亩不等，超过 20 亩就耕种不过来了。由于当前农业机械化程度较高，一些烦琐和重体力活儿都由机械替代，过了 70 岁的中老年人可以耕种些土地，不过较五六十岁时耕种的要少。中老年人种地属于自雇性质，耕作单位是家庭，一对中老年夫妇，外加少数半劳动力，一般不雇工，少数农活儿请机械，农忙时会有少数亲戚朋友帮忙，属人情与换工性质。其经营的目的主要是自给自足，维持家庭生活，而不以市场交换为目的。只有少数多余的农产品用于市场交换，老人农业的简单再生产资金积累源于这些市场交换。

老人农业一般属于兼业农业，源于农村年轻的中老年人不仅仅耕种土地，他们还会在农闲时间在附近打零工，或者做些其他营生。因此，在计算兼业下的机会成本后，老人农业虽然属于精耕细作型农业，但是其精耕细作的程度跟传统农业相比要差很远。其亩均产量也要较下面提到的"中农农业"少，但其产量较资本下乡企业种地的产量高。当中老年人进入 60 岁以后，兼业的就少了，老人农业就成了老年人的休闲农业。由于当前农业的纯劳动力活儿减少，劳动强度降低，种地的主要环节是管护。那么，老年人便可没事就到田间地头转悠，松松土、除除草、施施肥、捉捉害虫等，既可以充实生活、打发时间，也可以起到松筋骨、锻炼身体的效果。因此，老人农业不追求平均利润，而是追求单位面积产量的增加，只要身体允许，老人可以无限地投入其劳动。老人农业还是自食其力的农业，老年人通过种地可以自己养活自己，不需要向儿子儿媳妇要，看后者的脸色，可以避免不少代际冲突。老人农业还是年轻人家庭收入来源的不可或缺部分，在很大程度上减轻了年轻家庭的负担。

（二）"半工半耕"结构下的"中农农业"

"半工半耕"结构意味着农村大部分青壮年劳动力走出村庄，其结果是，一部分土地留下给中老年人耕作，另一部分土地流转给出不去的中青年农民耕种。且随着中老年人年龄的增大，耕种土地变得力不从心，这部分土地也会流转给有能力耕种更多土地的中青年农民。这些中青年农民一般在三四十岁到五十岁之间，属于农村最有劳动能力的人。他们之所以留下来种地，有很多原因，包括自己的承包地较多，家里老年人又耕种不了；在外闯荡失败；家里有初高中阶段学生需要看护、培养；家里有年纪大的老人（或生病、不能自理）走不开；等等。他们耕种的土地一般包括两部分，一是自家的承包地，二是转入了那些外出务工家庭承包的土地。两部分土地加起来一般在 20 亩至 40 亩之间，少数人可以达到 100 亩。转入土地主要是村内的，一般是出于亲情、人情考虑，不需要支付租金，或者支付少量租金。也不需要签订流转协议，当务工人员要回来种地时，提前半年打招呼即可。

之所以称之为中农农业，是因为这部分农民耕种的规模，相对于老人农业和资本下乡农业，属于中等水平。中农农业的经营主体可称为"中农"。中农农业属于家庭农场式的耕作，一般一对青壮年夫妇，加一台拖拉机，外加插秧收割时请机械和雇工，可以在100亩左右的土地上精耕细作。其农业产量既比老人农业高，也比资本下乡农业高。中农农业属于自雇和雇工结合的农业，生产经营单位是家庭。

中农农业与老人农业相比，除了规模以外，经营逻辑也有差异。老人农业属于生计农业，其生产与消费是联系在一起的，它追求的是产量，而不是利润。中农农业经营的目的是将产品投向市场，其大部分产品是为市场准备的，因此中农农业是经营性的农业，以满足自身所需为辅，以追求利润为主。同时，中农农业也追求单位面积产量的增加，但是它亦追求平均利润。即当其资本、劳动、技术等要素的单位投入的产出达到最高值时，就会出现边际效益递减，那么经营主体就不会再对土地进行投入，而是转而投资其他行业。这就是中农农业的耕种规模一般维持在100亩以下的缘故。因为超过了100亩的规模，增加耕作要素的投入并未带来更高的平均利润，反而降低了平均利润。

中农农业是经营性农业，在边际效益不为零时，经营主体对良种使用、生产方式改进等要素的投入有足够的热情。并且，其经营方式是精耕细作，那其产量就会较高，利润也较高。如果一对青壮年夫妇耕种40—100亩土地，种植两季，年收入就能达到4万元到10万元。这个收入在农村属于较高的收入水平。

中农农业与老人农业可以相互转换。当中农农业经营者"中农"步入老年的时候，就难以再耕种中等规模的土地，他们就会逐渐退出部分土地，从而使耕作的形式变成老人农业。他们退出的土地被农村其他耕种者转入，并达到中等规模而使其农业经营形式转变为中农农业。这是中农农业的退出机制与再生产机制。

（三）"老人农业"与"中农农业"的比较

通过叙述，老人农业与中农农业在性质上既有相同之处，又有本质区别（见表4-1）。老人农业还停留在传统小农耕作的逻辑上，而中农农业已经向现代农业迈进。

表4-1 老人农业与中农农业的性质比较

	经营主体	经营形式	土地占有	劳动力	资金来源	资本投入	组织单位	再生产	市场关系	经营逻辑	农业类型
老人农业	中老年夫妇	兼业	自有	自雇人情工	少量市场交换	无	家庭	简单再生产	自给，少量投入市场	生计农业，不追求利润	劳动密集型
中农农业	青壮年夫妇	全务农	自有、转入	自雇短工	市场交换	一定程度的资本投入	家庭	扩大再生产	为满足市场	经营性农业，追求利润	劳动资本技术密集型

研究表明，老人农业虽然是劳动密集型的传统农业，不以追求利润为主要目的，但其仍具有存在的必要性，即在"半工半耕"将长期存在和农民分化不彻底的情况下，农村中老年人无法彻底地从农业劳动中剥离出去，那么其家庭就应该通过代际分工

分享一定的农业剩余。中农农业无论是生产效率还是单位面积产量，都是各类经营主体中最有效的。中农农业耕种中等规模的土地，在土地上进行劳动、资本等要素的投入，虽然在一定程度上还属于劳动密集型的农业，但也属于资本与技术密集型农业。那么，这种农业经营就有别于传统小农农业，不仅因为它追求平均利润，还因为它在一定程度上避免了农业的过密型增长，正在走出过密化经营，至少是一种半过密化经营农业。因此，中国农业经营的变迁动力源于农业经营主体的分化（分化的不彻底性），不同经营主体的特性和禀赋决定了其经营的目的、效率与逻辑。中农农业是中国农业变迁和发展的方向，策略是应该鼓励和支持农村剩余土地流向中农农业经营主体，进行中等规模经营，同时也应承认老人农业长期存在的合理性。

四、农村"半工半耕"结构的政治社会意义

"半工半耕"作为一项社会制度，对农村政治社会的影响巨大，甚至超过了它对农业经营影响的意义。"半工半耕"对农村政治社会的影响是综合性、系统性的，下文仅就几个较为显著的方面展开阐述。

（一）型构农村新"三代家庭"

中国农村传统的家庭形式比较复杂，主要包括联合家庭、主干家庭和核心家庭三种类型。其中以核心家庭为主，主干家庭次之，联合家庭较少。联合家庭是指，家庭中任何一代含有两对以上夫妻的家庭，如父母和两代及两代以上已婚子女组成的家庭，

或是兄弟姐妹婚后不分家的家庭。这种类型的家庭是核心家庭同代横向扩展的结果，它突出表现为人口较多，关系较为复杂。由于每个小家庭都有自己的核心，相互之间具有较大的离心力，所以这种家庭形式只能在一定条件下出现，目前已非常罕见。核心家庭是指两代人组成的家庭，其成员包括父母及未婚子女。核心家庭是我国传统家庭的主要形式，并且近代以来中国家庭一直就有核心化的趋势。根据王跃生的统计，2000年中国家庭的核心化率是62.53%。

主干家庭，又称直系家庭，是父母和一个已婚子女或未婚兄弟姐妹生活在一起所组成的家庭形式。主干家庭其实就是"三代家庭"，其成员通常包括祖父母、父母和未婚子女等直系亲属3代人。这类家庭的形成一般有两种方式，一种是父母与多子分家后，最终与其中一子家庭（通常是幼子）生活在一起；一种是父母与婚后的独子不分家。"三代家庭"的形式在传统中国的比例一直比较均衡，为30%左右。到20世纪80年代以后，核心家庭增加，幼子、独子家庭与父母分家越来越普遍，"三代家庭"的比例才有所下降。1982年的数据表明，"三代家庭"的比例占24.29%。

社会科学理论界有这么一个共识：随着工业化、城市化和现代经济的发展，以家庭为主要单位的小农生产将被个体的产业工人所取代，传统农村的家庭形式将被核心家庭取代。然而，黄宗智却通过对经济史和法律史的实际的研究表明，"三代家庭"仍然具有顽强的生命力。①笔者的研究进一步发现了黄宗智通过历史数据和材料未能发现的问题，即一种新的家庭形式伴随着"半工半耕"结构的兴起而在农村出现，其比例远远要超过统计意义上的传统"三代家庭"。笔者将这种家庭形式称为新"三代家庭"。

传统"三代家庭"是以分家为条件，是以老年人户口随年轻人家庭落户而具有统计意义的。2000年以后，农村兴起以代际分工为基础的"半工半耕"结构，年轻夫妇结婚后外出务工，将子女留给在家种地的父母照看。父母有几个儿子，他们就得照看几个儿子的家庭和小孩儿。年轻夫妇一般与父母没有形式上的分家，家庭土地、财产、社会关系②等皆未分割。而外出务工的年轻夫妇又形成独立的小家庭，每个小家庭都是一个独立的会计单位。这样，父母与每个子代小家庭都有单独的联系，而子代小家庭之间却是分割、独立的。这种模式与传统"三代家庭"模式不同，后者是父母只与其中一个儿子不分家，形成"三代家庭"，而与其他子代家庭分家，相互间的关系没有"三代家庭"那么紧密，其他子代小家庭是独立的核心家庭。正因为如此，新"三代家庭"在农村的数量就十分庞大，为80%左右，而传统核心家庭数量锐减。

与传统"三代家庭"相比，新"三代家庭"具有以下特点。

第一，新"三代家庭"形成的前提，是以代际分工为基础的"半工半耕"结构。该结构具有长期性、稳定性和再生产性，那

---

① 黄宗智：《中国的现代家庭：来自经济史和法律史的视角》，《开放时代》2011年第5期。

② 在中原地区调查时，农村分家有"分亲"的习俗，即每个子代家庭承担部分父代家庭走亲戚赶人情的责任。

么新"三代家庭"也就具有长期性、稳定性和再生产性，它在未来数十年内将一直是农村主导的家庭结构形式。

第二，新"三代家庭"源于"半工半耕"，就必然使得该家庭形式具有不完整性——家庭的一半成员生活在农村，一半成员常年生活在城市，即"半工半耕"造成了家庭生活、家庭关系的残缺性。残缺性是新"三代家庭"的题中应有之义，是其本质属性和天然属性，正是因为中老年人与年轻夫妇的分工与分离，才可能形成"不分家式的分家"。

第三，在形式上，每个子代小家庭与母家庭都构成新"三代家庭"，而不是传统上父母只与一个儿子构成新"三代家庭"，而子代家庭之间在形式上和社会关系上具有独立性。

第四，在财产上，是"不分家式的分家"，即母家庭未进行财产分割和仪式性的"分家"，但在会计单位上却事实上"分家"了，父母与子代家庭在财产上是各自独立的。

第五，在义务上，每个子代小家庭都对母家庭担负赡养、贡献的义务，而父母对每个子代家庭都有照看、抚育和支持的义务——而不是像在传统"三代家庭"中那样，父母只对没有分家的儿子家庭负有强义务和责任，而与其他子代家庭的义务关系较淡。

第六，在价值上，新"三代家庭"中父代对每个子代具有很高的紧密程度，有"恩往下流"的价值理念，父母对子代既有付出又有期待，但子代小家庭的独立性很强。

第七，在分工上，新"三代家庭"具有极强的灵活性和适应能力，其内部有着合理的分工，并能够根据家庭不同时期的任务和生活压力变更分工形式。当家庭负担重时，就转出部分土地、减少务农的家庭成员，增加外出务工人员（一般是家庭年轻的中老年男子务工、兼业），以增加工资性收入；当家庭重要人生任务完成、负担减轻时，就可能收回或转入部分土地，增加务农人员，减少务工人员（中老年男子放弃务工、兼业）。

由于上述特点，新"三代家庭"广泛而长期的存在，对农村社会经济生活产生了新的影响和变化：

第一，子代家庭与母家庭齐心协力，提高子代小家庭应对城市化风险和参与农村社会性竞争的能力，使得子代家庭能够"低成本"地完成人生任务和劳动力再生产，进而要么能在城里立足，要么就在农村过上体面的生活。

第二，新"三代家庭"指向的主要是子代进城和参与社会性竞争，而不是父代在农村的社会生活，因此中老年人的权利和福利容易被忽略，构成每个子代家庭对父代的实质性"剥削"。

第三，父母处在不同的新"三代家庭"中，就要为每个子代家庭做贡献，要操不同家庭的心，也就造成了父母负担大，并产生为减轻子代家庭负担的心理压力。一旦到父母生病、不能劳动后，这种心理压力就更大。

第四，新"三代家庭"是天然的残缺性家庭，必然会遗留下诸如"留守老人""留守儿童"等问题，可能造成老年人生病、行动不便后无人照料，以及出现精神孤独、寂寞的现象。

总之，新"三代家庭"是具有较强竞争能力和承担风险能力的单位，它充分利用家庭劳动力，根据家庭任务和负担程度适时调整家庭分工。在这种灵活、合理的分工下，可以最大限度地发挥家庭劳动力，为子代家庭获得体面的生活、参与村庄社会性竞争提供了保障和基础，也是子代家庭参与城市化进程的"大后方"。但同时，它也向父代转移了子代进城和参与社会性竞争的诸多压力，而父代自身的权利和福利却没有得到应有的重视和保障。这是造成近年农村老年人自杀的重要原因（不给子代添负担、无人照料、孤独等）。

（二）形成庞大的中等收入群体

当前广大中西部地区农村的情况是，约占总农户 5% 的属于先富农民，这部分农民通过创业、经商等发家致富，通常他们会搬到城镇生活。另约 15% 的农户属于贫弱户，他们一般因缺乏劳动力（老弱病残妇幼成员居多）、家庭负担重（上有老下有小）、土地少等，而无法外出务工获得工资性收入，也无法耕种更多土地获得务农收入。还有近 10% 的农户是经营"中农"农业的农户。其余近 70% 的农户属于"半工半耕"家庭，他们一般有务工和务农两笔收入。"半工半耕"的收入结构既增加了农户的家庭收入，同时也减少了农户的家庭支出，这一增一减就会给农户腾出一大笔收入出来。

在"半工半耕"家庭的收入中，占 60%—70% 的是务工的收入。这里的"务工"包括进工厂、工地务工，也包括进城经商等，而其中大部分农民是进厂、工地务工。据调查，一对青壮年夫妇外出务工，一般一年可以带回农村 1.5 万—3 万元。由于夫妻皆外出务工，需租房和进行基本的家庭生活，开支要较单独外出大。如果他们较为节衣缩食，对城市消费品和生活方式的追求不那么热衷，一年可以带回 2 万—3 万元。如果不太节俭，花钱大手大脚的话，年终带回农村的也就在 1.5 万元左右。普遍的情况是通过务工可以积攒 2 万元左右。

老年人在家种地因年龄、田亩不同而有差异。一般 50 岁至 65 岁的老年人，能种 10 亩左右的土地，一年能够有纯收入 1 万元左右；耕地少点儿的，收入也在四五千元至七八千元。过了 65 岁，体力和精力不济，就要退出一定的土地，一年的收入在三四千元。过了 70 岁，一般只耕种少量大宗农业土地，多是种植劳动力需求少的蔬菜水果等。一般年轻的中老年人还要在家兼业，一年也可以收入四五千元。另外，中老年人在家饲养猪牛羊鸡鸭鹅等，也可以增加收入。务农的货币化收入一般在 5000 元—1.5 万元。

一个家庭务工与务农的货币化收入相加，一般可以达到 3 万元左右。这在农村属于中等收入水平。而同时，"半工半耕"结构，为农户节省了很多开支。其一是，大部分年轻夫妇在城市务工，却并没有在城市落户，而是预期在农村过上体面的生活，那么他们就不会在城市过完整的城市生活，更不会进行城市中产阶层的炫耀性消费。他们会把大部分收入带回农村消费，而农村的消费价格相对较低，因而可以节省不少开支。其二是，"半工半耕"家庭的老人、小孩儿一般在农村生活，这是一种低成本、廉价地养老送终和劳动力再生产方式，极大地节省了农民家庭开支。农民都会算这样一笔账：如果一对外出务工的农民夫妇年终能节省 3 万元带回家，如果这一年他们把小孩儿带在身边，他们一年能带回来的钱就只剩下 1 万元左右。因为只要带小孩儿进城，就要腾出一个人来照顾孩子，还要给小孩儿购买消费品，这些都是高消费。如果老年人的生老病死也在城市高消费完成，那么一对年轻夫妇根本负担不起。其三是，老年人在家务农，生活中的很多花销都是非货币化的。诸如主食、蔬菜、水果、鱼、肉类等，都是来源于老年人自己的种植和饲养，不需要用货币去换取。假设这些物品在城市获取，其货币化支出的压力就会加大。其四是，老年人和小孩儿在村庄完成休闲、娱乐和社会交往等，这些都是不计价的消费方式。可以说，这些非货币化的收益是农民隐性的福利。

"半工半耕"的收入结构和分工模式，使得一个农民家庭的收入增加，支出降低，却没有降低农民总体的营养摄入和福利消费。"半工半耕"结构使得一个农民家庭处在了农村中等收入水平和生活水平的行列。经营"中农"农业的农户也在中等收入水平线上。那么，广大中西部农村竟然有80%的农户处在这个水平上，这说明中国农村存在一个庞大的中等收入群体，这是一个重要的社会现象，必然会对农村政治社会生活产生不可低估的影响。

1. 中等收入群体扮演着农村社会稳定器的角色。一般来说，中国现代化是人财物流出农村的过程，但是这个过程并没有带来农村的衰败和不稳定，这与农村"半工半耕"形成了一个庞大的中等收入群体有关。农村中等收入水平虽然与城镇中等或高收入水平差距很大，但是，一方面，即便是身处城镇的农民工也不会把城镇收入和消费作为自己比较和竞争的对象，他们依然是在村庄中竞争和比较。农村绝大部分的家庭在村庄中进行社会性竞争，因为达到了中等收入水平而可以得到他人的承认和认可，不会因为太差而被村庄抛弃。即便是暂时处在贫弱状态的农民，也因为中等水平不是一个高不可攀的目标而没有放弃。另一方面，这个中等收入水平足以使一个农民家庭在农村获得体面的，乃至"低消费、高福利"的生活。这样，农村大部分人都可以得到他人的承认，获得面子和体面、有尊严的生活，他们对自己的生活是满意的。且因为农村广大中等收入群体受益于当前城乡二元结构，受益于"半工半耕"结构，受益于国家涉农惠农政策，因而他们对国家大的环境和政策是认可的，他们的心态是保守的，他们愿意保持这种"半工半耕"的生活方式，而不是极力去改变之。正是农村庞大中等收入群体的上述心态、满足感与对党和政府的认可度，起到了农村社会稳定器的作用。我们调查了解到，大部分农民对基层政府推进的激进的城镇化政策和大规模土地流转表示了不满和担忧。激进的城镇化政策强行将农民拉入城镇而无法耕种土地。基层政府推动的大规模土地流转，为资本下乡提供了方便，但是却驱赶了小农，使得"半工半耕"的家庭被迫退出土地。这两项政策都使得农民家庭缺少了"务农"的显性收入和隐性福利，进而使得他们家庭的收入减少，而纯货币化支出增加，家庭整体的生活水平和福利降低。这些政策是对农村"稳定器"角色的削弱。

2. 中等收入群体扮演着农村去阶层分化的角色。广大中西部地区农村有农民的分化现象，却没有界线分明的社会阶层，更不存在阶层区隔、阶层排斥和阶层怨恨等负性的阶层关系状况。这与广大中西部地区存在"去阶层分化"机制有关系。在这些农村地区，"半工半耕"收入结构下的庞大"中等收入群体"的存在，是其去阶层分化的经济基础。由于大部分农民的经济水平都处在

"比上不足比下有余"的水平，说明农民的经济分化不大。经济水平的一致性，会带来农民在权力、社会关系、消费模式、宗教信仰、价值观念等方面的相似性和趋同性。同时，中等收入群体占村庄的绝大部分，他们的生活水平和消费标准就会成为村庄的参照系，而这个标准又非高不可攀，也就使得约占15%的贫弱农民也有希望达到，而不被村庄竞争所淘汰以致成为真正的"下层人"。那么，在村庄内部就难以分割成具有不同观念和主观认同的阶层，村庄依然具有关系共同体和伦理共同体的性质。

（三）催生农村中坚农民

在"半工半耕"结构下转入土地，成为耕种中等规模土地、经营"中农"农业的群体，被称为中坚农民（下文简称"中农"）。[①]中农在不同地区农村占的比例不同，有的地区为5%左右（如山区农村），有的地区为10%—15%（如江汉平原农村），一般在10%上下。虽然比例不大，但是它在农村政治社会生活中的角色与影响却不容忽视。中农在农村的角色扮演及其社会禀赋与在农村社会结构中的位置密切相关。中农除了耕种中等规模的土地，属于村庄的中等收入者外，还有以下几个特点。

1. 主要的利益关系在土地上，主要的社会关系在村庄里。中农耕种中等规模土地，就得全身心地投入到土地上，虽然农闲时也在村庄附近打打零工，但他们的主要收入来源是耕种土地。同时，由于耕种的土地已成规模，他们就无法外出务工，一年到头待在农村，那么他们主要的社会关系就在村庄里。中农的主要

---

① 贺雪峰:《中坚农民的崛起》,《人文杂志》2014年。

利益关系在土地上，决定了他们对农村基础设施建设较为积极、热心。而其主要利益关系在村庄里，那么他们就是村庄社区的主要活跃者和社会关系的主要建构者。中农与外出务工群体相比，是常年在村的人，他们对村庄和各个家庭较为熟悉，知晓不同家庭的不同需求和问题。

2. 与农村各群体关系融洽。首先，他们之所以能获得其他农民转出的土地，是因为他们跟后者有交情，能够获得后者的信任（相信他们能管理好土地，相信他们届时能返还自己的土地）。其次，因为中农群体常年在村，外出务工群体就会把自己的老人、小孩儿托付于他们，希图他们能在"有事"的时候帮上忙，因而外出务工群体要交好于中农群体。再次，中农群体有大量的农闲时间，通过走村串户，跟各个群体、家庭都相知相熟，相交甚好。最后，中农群体常年在村，为其他农民群体排忧解难，与后者互助合作，因此他们在农村树立了权威和威望。

3. 中农群体是既有制度和政策的受益者。中农群体受惠于长久不变的农村土地集体制度，同时也受惠于土地流转政策和一系列惠农措施。这些制度和措施使得中农群体拥有中等规模的土地，不需要外出务工（可以有完整的家庭生活）就可以获得农村中等收入，且闲暇较多，生活较为悠闲自得。这就决定了他们对党和政府的土地政策较为关心，对当前农村的土地制度和流转政策持支持态度。

中农群体的这些特点，使得他们在农村社会结构中的地位尤其凸显，在农村政治社会生活中的角色不可或缺。他们在农村政治生活中扮演着以下角色。

1. 村庄社区建设者的角色。中农群体的主要利益关系和社会关系皆在农村，使其对村庄社区的硬件和软件建设都很关心，是村庄各项公益事业和基础设施建设的积极支持者。正是由于中农群体的存在，村庄才不因为大量年轻人外出而变得萧条没有生气。中农群体与农村留守人员一道活跃了村庄，维护了村庄秩序和价值再生产能力，使得村庄还是外出务工群体释放"乡愁"之地，更是他们返乡后还能生活下去的地方。

2. 连接基层政府与农民的角色。基层政府要完成农村工作和落实农村政策，就必须与农村对接。假若与千家万户的小农打交道，则成本（时间、精力、金钱等）太高，这就需要在农村寻找中间人。而在"半工半耕"背景下，最了解农村和农民家庭的，以及最善于跟农民打交道的莫过于中农群体。其他群体，如富人农民，在外经商、办企业，甚至不居住在农村，因而不熟悉农村，甚至与普通农民已产生了心理隔阂。外出务工农民常年不在村，也不了解农村情况。因此，由中农群体来扮演连接基层政府与农民的角色最适合不过。在实践中，中农群体往往被任命为村组干部或者村民代表，及其他的中间角色（如代表政府、村级组织给农户做工作）。"中农治村"是广大中西部地区农村的政治现象，与沿海发达地区农村的"富人治村"形成鲜明对比。

3. 党和国家在农村的中坚力量。一方面，中农群体是当前党和国家在农村系列制度和政策安排的既得利益者，因此，他们也是党和国家（及其政策）在农村的坚定支持者。另一方面，中农群体处在农村社会结构中的主导地位，与农村各群体有着良好的关系，尤其是约占70%的外出务工群体，因他们在家的留守人员需要中农群体照顾和帮助，因而对中农群体有依赖关系，乃至"言听计从"。因此，党和国家只要获得了中农群体的支持，不仅各项政策通过中农群体可以很好地贯彻落实下去，而且通过中农群体可以与其他群体进行沟通，尤其是占农村绝大部分的"半工半耕"群体。

总结起来，中农群体是"半工半耕"的产物，没有外出务工转出的土地，就不存在中等规模土地的集中和中农农业，也就不存在中农农业的经营者。因为这群人耕种了中等规模的土地，在他们身上就会滋长出相应的特性和禀赋，就会在农村社会结构中处在某个位置，进而赋予了他们在农村政治和社会生活中相应的角色——中坚力量。

（四）形塑城市化的中国道路

最近 30 多年中国每年以 1% 的速度在推进城市化。在这个世界少有的快速城市化的过程中，出现了诸多问题，如损害农民权益、强征强拆、"钉子户"抗争等问题。但整体而言，中国城市化还是在平稳的状态中推进的，取得了举世瞩目的成就，也在很大程度上避免出现过去西方农民被迫离开土地的"羊吃人"现象，以及近世第三世界国家出现的大规模"贫民窟"现象。城市化在发展，大部分农村却没有衰败。有能力进城的农民（工）能够在城市安居乐业，进城失败的农民（工）也能在农村过上体面的生活。这就是"城市化的中国道路"。[①]

在城市化的中国道路中，无论是"有能力进城者进城"，还

---

① 贺雪峰：《城市化的中国道路》，东方出版社，2014 年版。

是"无能力进城者返乡"，皆"半工半耕"结构的产物。农村
"半工半耕"结构能够减轻农民工进城的压力和负担，减少进城
失败的风险。离开了"半工半耕"结构，在中国产业结构和农民
工工资水平的结构性约束下，也就无所谓"进城"和"返乡"。

1. "半工半耕"结构为"有能力进城者进城"提供了支持。
进城是所有农民和农民工的梦想，但是并不是所有的农民工都能
进城，能进城并在城市永久生活者，属于少数幸运的农民工，只
占农民工的5%。农民工进城不是一蹴而就的，这是一个漫长积
累与沉淀的过程，在城乡之间不断往返的过程，并且受制于"半
工半耕"的分工结构和收入结构。第一，在进城的过程中，代际
的"半工半耕"式的分工与合作尤为重要。农民工进城，主要的
是靠"务工"的收入和积累，通过"务工"的努力，如创业、在
工厂中搞管理和技术等，逐步获得和积累了在城市生活和安家的
经济和社会资本。然而在这个过程中不能忽略的是，中老年人在
家"务农"的显现和隐性的收益。务农的收益不仅增加了农民工
进城的物质积累，更重要的是减轻了农民工进城的负担。中老年
人在家务农、照看孙辈和自我养老，为农民工在城市"打拼"创
造了一个稳定的"大后方"，使其能够没有后顾之忧，轻装上阵。
假设他们既要为在城市立足拼搏，又要在城市"高成本"地养老
和完成劳动力再生产，那么就会消耗过多的精力和资本积累，从
而使得他们无法在城市立足，或者使立足滞后。第二，在城市立
足之后，农民工家庭多半依然不能走出"半工半耕"的结构，即
年轻夫妇小家庭进城生活（"半工"），老年人在农村养老（"半
农"）。若老年人放弃"务农"，随子代进城，这个时候家庭就只

有"务工"一部分收入，却要在城市养活之前用"务工"与"务农"两部分收入才能养活的人，会使得家庭经济压力成倍增长，不堪重负，降低生活水平。而中老年人在农村"务农"和完成养老送终，则会极大地减轻农民工在城市的生活负担。农民工家庭也因此才能在城市真正地立足，才能在城市从容地生活。

2. "半工半耕"结构为"无能力进城者返乡"创造了条件。高达95%的农民无法成功进城，他们在城市"务工"的过程，就是多次进城、多次返乡，最终返乡务农的过程。也就是说，农民工进城不是一次性的，而是多次的，在多次进城尝试之后，发现自己无法在城市立足，才最终返回农村务农。进城务工也就成了农民工返回农村获得体面生活的手段，而不是目的。第一，在这个过程中，中老年人在家务农、看家，既是农民工返乡生活的重要物质基础，也是农民工能够安心在外务工的前提。老人、小孩儿不在农村安顿好，农民工就无法外出务工。第二，只有中老年人在农村经营土地、家庭和人情往来，农民工返乡之后才有家可回。若中老年人也随农民工在城市生活，一旦农民工被迫返乡（如金融危机失业），就会无家可归。第三，"半工半耕"结构存在的前提之一是农村集体土地制度，农民工在经历数次进城与返乡之后最终回到农村（或因失业回到农村），土地就会成为他们的生活保障。那么一旦农民工（最终）返乡务农，其生命历程也就是"半工半耕"结构，年轻时"务工"，年老时"务农"。农民工有了务工的积蓄，返乡之后又有务农的生活保障，那么两笔收入加起来便可使其在农村过上体面的生活。也就是说，农村"半工半耕"结构，使得农民工在城市化过程中，既能"出得去"，又能"回得来",而不至于因为一次"进城"失败而永远过着流离失所、失魂落魄的生活。

五、小结

"半工半耕"是个描述性的概念,它很清晰地描述和勾勒了当前农村极为常见的一系列微观现象,包括家庭内部的代际分工、农民家庭务工与务农两笔收入、农民的职业分化、农民工往返于城乡以及土地流转与集中等。但是,农村"半工半耕"结构却不仅仅是描述性概念,它还是分析性概念。分析性概念是关系性概念,指的是描述某一对象系列的特定属性强弱度的概念,就是对要素之间的关联度进行有无与强弱判断。描述性概念只对现象各要素进行静态描述,不对各要素相互之间的关系做解释,而分析性概念则是对各要素之间的关联性做动态阐述。分析性概念有宏观和中观之分。宏观概念是高度抽象的哲学层面的概念。中观概念,是介于宏观概念与微观概念之间的中层理论,它既关注一般的微观社会问题,又能提出切实可行的理论假设,既有事实依据的支持,又有价值取向的指导。农村"半工半耕"结构包含了中层概念所界定的基本内涵。

所谓农村"半工半耕"结构,指的是"半工半耕"所内含的现象和要素之间的有机组合,从而构成稳定的形态,其内部有自身的机制与逻辑。农村"半工半耕"结构既涵盖了"半工半耕"所能描述和勾勒的系列现象,即它是在这些微观现象基础上抽象和提炼而成的,同时其内部现象之间又具有一定的逻辑联系,或者通过中间变量，能够推导出农村其他现象。因此，它可以在现象之间提出假设、建立链式联系，并通过现象与事实进行论证。链式联系是指三个或三个以上现象之间的逻辑关系。农村"半工半耕"结构至少可以建构以下数对链式联系（见图4-1）。

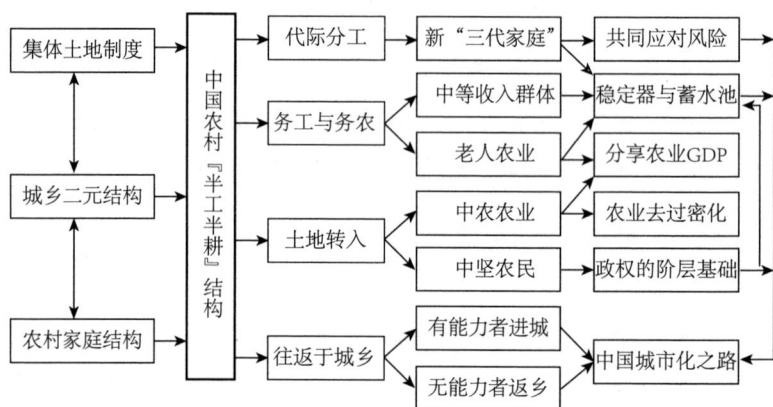

图4-1 作为中层概念的"半工半耕"结构

一是建构新"三代家庭"与农民应对风险的链式联系。中国农村"半工半耕"结构蕴含着"代际分工"的现象，农村"代际分工"以老年人在家务农与年轻人外出务工为基本模式，就使得农村的家庭结构长期处在一种"不分家式的分家"状态，于是形成了当前农村普遍存在的新"三代家庭"。这类家庭既不同于传统的主干家庭和联合家庭，也不同于西方意义上的核心家庭，它保证了三代人共同努力支撑一个农民家庭应对进城风险和参与村庄社会竞争。

二是建构中等收入群体与农村稳定器的链式联系。中国农村

"半工半耕"结构,意味着一个农民家庭有务工与务农两笔收入,这两笔收入使得一个农民家庭的普遍收入都处在农村中等收入水平。庞大的农村中等收入者的保守性和对现状的满足感,是农村保持稳定的重要基础。

三是建构老人农业的有效性与参与社会竞争的链式联系。"半工半耕"的重要部分是中老年人的"半耕",形成了老人农业,老人农业对于"半工半耕"家庭"低成本"地完成劳动力再生产和参与社会竞争至关重要。

四是建构中农农业的特性与去过密化的链式联系。既然是"半工",必然有一部分人要转出土地,那么转入土地较多的农户就耕种了中等规模土地,形成中农农业。中农农业注重规模上的效率与利润,具有去过密化的趋势。

五是建构中坚农民与依靠力量、村庄政治结构的链式联系。经营中农农业的主体是中坚农民,他们具备社会禀赋和在村庄社会结构中的独特位置,这决定了他们是党和国家政权在农村的依靠力量,他们活跃于村庄的政治舞台。

六是建构农村土地制度与城市化道路的链式联系。"半工半耕"结构的前提之一是农村土地集体所有制,农民只要有土地在农村,就可以自由往返于城乡之间,他们进城是多次的,往复的,不是一次性的,最终只有那些有能力进城的农民工在城里安家,而进城失败的农民则返回农村耕种土地。这意味着农村"半工半耕"结构具有很大的弹性,能务工时务工,不能务工时务农;能进城者进城,不能进城者可以依靠务工和务农的收入,在农村过上体面的生活。这就是中国城市化的独特道路。

在上述链式联系中，中国农村"半工半耕"结构既可以是中间变量，也可以是主导变量，通过它可以衍生出其他中间变量。通过中间变量的牵线搭桥，使得现象与现象之间、要素与要素之间建立起逻辑联系，构成了解释链条。这样，通过对农村"半工半耕"结构的阐释与演绎，对其内部要素进行不同的排列组合，就能够解释和阐发农村其他的、重要的政治经济社会现象。那么，在这个意义上，农村"半工半耕"结构就是一个具有分析性特征的中层概念。

第五章　工业化与市场化：

中西部与东部农民家庭收入差异的隐秘机制

一、全国统一劳动力市场下的农民收入

以不变价格计算，2000—2013 年东部农村人均居民纯收入从 3217.3 元上升到 12052.1 元，中部农村居民人均纯收入从 2077.6 元上升到 8376.5 元，西部农村居民人均纯收入从 1661.0 元上升到 6833.6 元。因此，我国东中西部农村居民人均纯收入呈现出上升趋势，但从人均收入水平及其增幅与增速来看，都是东部大于中部，中部大于西部。就农户收入来源和结构来看，农户主要收入来源包括工资性收入、家庭经营性收入、转移性支付和财产性收入四大块。其中，以工资性收入和家庭经营性收入为基础的劳动收入比重较大，合计占比在 85% 以上，而财产性收入和转移性支付的比例较低。农民的工资性收入于 2013 年首度超过家庭经

营性收入。^①伴随着城镇化快速推进和农村劳动力持续转移，无论是东部农村，还是中西部农村，以外出务工收入为核心的工资性收入都成为农户收入的新增长点，其对农民收入增幅的贡献率稳定在五六成左右。

既然全国农民家庭的收入主要是来源于务工的工资性收入，那么在全国业已形成统一的劳动力市场的情况下，劳动力的价格就会相对平均，即便不同劳动力之间在工种、工龄、工资、工时等方面会有差异，但总体来说工资性收入差距不会太大。就土地上的经营性收入而言，全国也基本上统一了农产品市场，无论是经济作物，还是大宗农作物，相同农产品的价格在全国市场上相差不大，农户获得的都是平均价格，经营性收入的地区差异较小。但是，为什么会出现东部地区的农村居民人均纯收入要高于中西部地区的现象？有学者运用面板计量模型分析了2005—2011年我国东部和中西部地区农民收入差距的变化趋势和差距的产生原因，结果发现我国农村家庭人均收入确实存在显著的地区差异，东部地区无论是起始均值还是年均增量都显著高于中西部地区。^②从调查的经验感受上来看，东部地区农民家庭的富裕程度较中西部农村高，东部农村的消费水平也较中西部农村要高。从当前精准扶贫的政策实践来看，东部农村没有精准扶贫对象，极个别的低收入家庭通过低保兜底就能解决问题。中部农村的精准扶贫对象也相对较少，精准扶贫的主要工作和高贫困发生率主要

---

① 中国社会科学院农村发展研究所、国家统计局农村社会经济调查司：《农村绿皮书：中国农村经济形势分析与预测（2013—2014年）》，社会科学文献出版社，2014年版。
② 郜亮亮：《我国农民收入地区差距探源》，《财政问题研究》2014年第4期。

集中在西部地区，如西北地区和西南地区。

　　东部和中西部农村人均收入的差异问题较早有学者给予了关注。大部分学者将不同区域农户收入差异的原因归结为区域经济发展的水平，认为无论是村域经济还是省域经济都是显著拉大农户收入差距的影响因素。[①] 有研究认为，影响东部农村和中西部农村居民收入差距的因素是多元和复杂的，东部地区的农户在社会资本、金融资本、物质资本和人力资本等微观禀赋上要优于中西部地区的农户，[②] 同时东部地区在产业结构、经济制度和政策等宏观因素上也要优于中西部地区[③]。还有学者从自然资源禀赋、生产要素拥有量、发展战略等差异上探讨东部和中西部地区农户收入差异。[④] 有统计发现，1978 年以来东部和中西部地区农民收入差距呈扩大化趋势，根本原因在于地区间非农就业机会不同。[⑤]

　　从既有研究来看，无论是宏观因素，还是微观因素，最终都落脚在了东部和中西部地区农村的人均工资性收入的差距上。也就是说，即便形成了全国统一的劳动力市场，东部和中西部地区农村人均工资性收入仍存在较大差异。那么，诸如区域经济发展水平、以基础教育体现出来的人力资本等因素，是通过什么样的机制在东部和中西部地区农户身上产生影响，进而影响地区间农

　　① 程名望、史清华等：《农户收入差距及其根源：模型与实证》，《管理世界》2015 年第 7 期。
　　② 叶彩霞、施国庆、陈绍军：《地区差异对农民收入结构影响的实证分析》，《经济问题》2010 年第 10 期。
　　③ 彭国华：《技术能力匹配、劳动力流动与中国地区差距》，《经济研究》2015 年第 1 期。
　　④ 陈英乾：《中国农民收入的地区性差异及对比分析》，《农村经济》2004 年第 12 期。
　　⑤ 裴怀娟、裴怀宁：《我国东、中、西部地区农民收入差距变化趋势及原因》，《经济纵横》2004 年第 10 期。

户工资性收入的差距，这是解答收入差距问题的根本。从调研来看，之所以会出现东部农村和中西部农村居民人均工资性收入差异，主要与三个方面有关系，一是区域工业化水平的高低，东部地区高，中西部地区低；二是市场机会的多少，东部地区多，中西部地区少；三是劳动力市场化程度的高低，东部地区高，中西部地区低。三个方面相互关联、相互促进，在各自微观机制作用下共同导致了地区间工资性收入的差异。

二、区域工业化程度差异

东部地区从 20 世纪七八十年代伊始兴起了区域工业化的进程，农民加入了这一工业化的浪潮，农村快速城镇化。在当地三产中，一产占 GDP 的比重下降迅速，二产引领三产占据了当地产值的主要比重。实现区域工业化不仅使得当地农民能够就地脱离农业，在工业及与之相关的商业、服务业等领域就业，还吸纳了大量中西部农民工就业。与外来务工者相比，区域工业化给当地农民务工人员带来了诸多便利，包括本地就业和就地城镇化。而对于中西部的农民来说，由于本地工业化程度较低，工商服务业就业岗位较少，只能容纳少部分人，大部分青壮年农民需要转移到东部地区来就业，他们中只有少数人能够在东部地区实现城镇化，大部分人还得回到农村，或在本地城镇化。在东部农村实现本地就业的农民与来自中西部地区的农民工，在务工时间、务工成本、关系结交等方面存在较大差异。同时东部地区大量人口聚集，也为当地精致的农产品提供了一个巨大的消费市场，农业领域也提供了一个较大的务工市场。这些方面都对农民家庭的工资性收入水平有较大影响。

（一）务工时间长短

所谓务工时间是指正常劳动力一年内从事劳动的时间总和。在劳动力水平给定的条件下，务工时间越长，非工作时间越短，获得的工资性收入就越多，反之则越少。一整年的时间由工作时间、休息时间和非工作时间构成，工作时间为一整年时间减去休息时间与非工作时间。非工作时间包括通勤时间、探亲时间和两份工作间隔时间。这些时间都以天为计算单位，一天以内的时间则忽略不计，比如上午从家里上班、下午下班回到家里，在一天之内通勤，这段通勤时间没有机会成本，仍算务工时间。若通勤超过一天，则算是非务工时间。休息时间是指正常的法定节假日、年假休息时间。探亲时间则是指除休息日以外的回家探望家人或赶人情的时间。两份工作间隔时间是指辞职之后到找到新的工作这段工作空档期。正常的休息时间没有机会成本，非工作时间则有机会成本，所以非工作时间越长，损失就越大。

东部地区的农民一般在镇上或县城就地务工较多，最近的务工地是本村，最远也是到地级市和省城。在家门口务工有以下好处：（1）从通勤时间来看，由于东部地区城乡实现了一体化，公共交通设施发达，农民能够实现近距离就业，通勤时间在一天之内可以完成。在村镇县城务工的农民工可以乘坐公交或搭乘私家车上下班，每天往返于家庭与务工地。在地级市和省会城市务工的农民则可以在周末返回农村休息。东部地区的通勤时间一般不占用正常的工作时间。（2）从探亲时间来看，由于交通便利、通勤时间短，住在城镇的农民可以在法定节假日等休息时间返回农村看望家人或赶人情吃酒席，或者父母可以在休息日进城看望子代。调查中还经常遇到早上乘坐公交车到县城给子女送菜送米的老年人。所以探亲也无须占用工作时间。（3）就两份工作间隔时间而言，一方面由于东部地区农民请假探亲或赶人情可以在休息时间完成，无须耽搁工作时间，请假次数也不多，更无须频繁辞职，因而需要间隔的情况少。另一方面东部农民是就近就业，因此即便辞职后也较为容易在市场上重新找到工作，而不会在家休息等待过长的时间。（4）在东部农村，农民年后出去务工的时间早，在年初拜完年就可以去上班，到年底可以晚些时间放假。中间各种节日（如清明节）回家一两天，其他如父母生日、生病住院以及村里人情往来、小孩儿上学等事情，也都可以用较短的时间解决，耽搁时间较少。这样一来，东部农民一年之中工作日就会非常长，一般来说在正规企业务工的时间最高可以接近300天，即便是在工地务工也可以到达250—300天。以每天300元的工资算也有八九万元的年收入。

相对来说，中西部农村的农民工远离务工地，他们一般在年后较晚的时间出去，有的人甚至拖到清明节后，或者等到秧苗插种后才出去。到年底因为车票难买、人情多或者其他原因，又提前一个多月就返回老家。从探亲时间看，中西部的农民工经常会因农忙季节、重要人情或老人生日、生病、小孩儿上学等问题而请假回家。由于通勤距离长，回家探亲不可能在休息时间内完成而必须请假。他们请假后在家一待至少十天半个月，长则达数月。在贵州偏远农村，当地侗族、苗族农民一般要过了农历三月初三之后才外出务工，务工中间如果自己身体不舒服，或想小孩儿了，或是小孩儿想父母了也会返回老家，一待就是三五个月乃至不再出去。由于请假次数多、误工时间长，就不受工厂企业欢迎，因此会经常辞工或被开除，辞工或被开除后不是紧接着找工作，而是要回老家休整一段时间，之后才再回务工地找工作并可能在不同企业工厂中挑选，几经折腾两份工作间隔时间就会拖得较长。这就使得中西部农村农民工整年的务工时间普遍较短，一般在150天到250天之间，要远低于东部农村务工者。只有那些长年在务工地不请假回家探亲、不随便更换工作、年前返乡晚、年后出去得早的农民工，才能压缩非工作时间，保证较长的务工时间。

（二）务工成本高低

务工成本包括交通、食宿费用等物质成本，还包括外出的心理成本，以及照顾小孩儿生活和读书造成的机会成本。务工的纯收入由工资性收入减去务工成本而得来。

首先是交通费用，因为东部农村已经实现了公共设施城乡一体化，公共交通四通八达，还很便宜。农民可以每天坐公交车到乡镇或县城上下班，一趟的费用是2元。而中西部的农民工往返一趟要上千元，再加上每回老家一趟都要购置其他礼品，因而成本较高。一般情况是离务工地越远，乘坐的交通工具越高级，交通费用就越高。而中西部农民工一年内往返老家和务工地的次数较多，所消耗的交通费用也就较多。随着近年高铁的发展，东部地区通往中西部地区的交通愈发发达便捷，中西部农民乘坐高级交通工具的人数在增多，务工中途返乡的次数也在增多，随之而来的交通费用及与返乡相关的成本也在增多。

其次是住宿费用，本地务工可以就地食宿，相对较为便宜，在家中住宿更节省了住宿费用。即便在县市务工，农民不需要拖家带口，吃住在工厂或工地也相对便宜。东部大部分农民在乡镇或县城买了房子，可以在工作地食宿，在家务农的父母每天或每星期都可以乘公交去送米送菜。中西部农民工一般是夫妻俩共同外出务工，他们就需要在务工地租房子、开火做饭，这会消耗他们不小的一笔收入。这几年租一间房子至少是一个月三五百元，两个人的生活费一个月要一两千块钱。一旦租房过日子，在务工地就会与本地出租户和老乡有人情往来，这也是一笔不小的开支。如果将小孩儿也带到务工地来照顾的话，房子就得租两间，费用就倍增。小孩儿上学、吃穿、医疗等花费也是一笔大开销。当小孩儿尚小时就跟着父母进城，还需要有一个劳动力来照顾，这会形成一笔较大的机会成本。

最后是务工的心理成本，包括两个方面，一是外出的心理成本。东部地区的农民就地务工，还处在熟人社会的圈子之中，因而较少有心理成本。中西部农民外出务工的心理成本较高。尤其是对于教育程度低或未见过世面的农村女性来说，远离家乡到陌生地方需要付出较大的心理成本。西南农村有些年轻女性因为不识字、无法跟人正常交流，因而畏惧外出务工，即便出来了，也要跟丈夫在同一个地方。二是造成留守的心理成本。就是因为外出务工，要将小孩儿、老人留在家里，因不能照顾他们而带来的挂念和担忧。因为外出务工的心理成本高，中西部地区的女性农民工很容易因为自己或家里的一些小事而返回老家。在东部地区即便小孩儿和老人留在家里，务工人员也可以每周或每月回去看望他们，看望的成本较低。小孩儿学习或老人身体有什么问题，可以在第一时间解决。因而东部地区不存在留守问题，年轻人可以从容地、无后顾之忧地到市县务工。

另外，在中西部农村，家庭壮劳动力的"陪读"也会带来相对于务工而言的机会成本。当子女上小学或初中以后，有些农民家庭就空出一个壮劳动力来照看、陪伴和辅导小孩儿的读书生活，一般是家庭里的女性青壮劳动力。这就会使得一个家庭少了一份工资性收入。同时，在城镇陪读还包括较高的生活费、培训费等。越早在城镇陪读，那么家庭付出的机会成本就越大。而东部地区的孩子就近在城镇读书，家长上班前将小孩儿送进学校，下班后将小孩儿接回家，无须额外的劳动力来接送、照顾小孩儿读书，因而没有机会成本。

（三）关系结交深浅

在工业社会和市场经济条件下，社会关系不仅具有农业社会里的生活性质，而且还带有生产性质。社会关系的生产性是指社会关系作为一种特殊的资源能够再生产出市场、权力和文化等资源，使这些资源能够相互交换和相互转化。东部农村区域工业化和市场经济发达，谁能够在该区域内掌握较为优质的社会关系资源，谁的社会关系就更具有生产性。从调查来看，东部农村的本地农民的社会关系资源要较外地农民工优质。

对于东部农村的农民而言，本地务工对农民工的社会关系结交有两大影响，一个是区域内仍然是熟人社会，带有熟人社会的基本特质，各种血缘、地缘、业缘、趣缘等关系交织在一起，使得本地农民能够通过这些关系较为容易地获得务工的信息和机会。并且在区域工业化下，当地企业、工厂、工地等的老板都是本地人居多，他们在安排中下层管理者时基于熟人社会的信任会更多地将本地人安排在管理、技术岗位上，这些岗位不仅工资较高，而且经验成长、职务提升快。所以，当地农民不仅工作机会多，而且从事技术和管理工作的人数也多于从事普通工作的人。

中西部的农民到东部农村务工，属于"外来流动人口"，大部分人很难融入本地人的关系圈子，因此也很难获得本地老板的信任而得到晋升的机会，他们很难获得中层及以上的管理岗位，技术工亦相对较少而普工较多。外地务工人员的社会关系依然是地域性的老乡群体，该群体所拥有的优质资源量少，而且同质性较强，相互之间难以形成互补和交换，因此他们的社会关系资源生活性有余而生产性不足，他们难以通过老乡群体获得更好的市场资源和机会。并且更多的时候，地缘性的老乡群体还可能是"负资产"，他们相互抱团取暖，构筑一个舒适的归属群体，在某种意义上阻止了他们跟本地优质群体结交，也使他们沉浸其中而不求上进、小富即安。

另一个是本地务工稳定性强而流动性弱，使得务工人员在社会关系上就具有积累性，可以使弱关系转变为强关系。这样他们就更可能通过朋友及朋友的朋友介绍获得较好的工作机会，或者得到承包工程的机会，他们也就更可能有机会自己当老板或做中高层管理者。调查了解到，许多包工头一开始都是普通农民工，在工地上结交了朋友之后，经过朋友介绍获得了更好的发展机会和空间。对于中西部农民工来说，他们来到东部农村打工，并未在当地扎根，不仅要经常性地往返于务工地和老家，还在不同的工地工厂之间流动，使他们的社会关系的积累性较弱，无法在务工地构筑稳定的强关系，从而难以获得较好的发展机会。

（四）农业务工机会多寡

东部农村地区的区域工业化不仅使得全国各地务工人员会聚于此，而且造就了一大批具备较高消费能力的群体。有人气就有市场，大众消费品走的是人流量。这就使得当地农业生产离消费市场距离近，能够对市场做出灵敏的反应。有了广阔的本地消费市场，当地农业就可以规模化种植高附加值、不易储藏的经济作物，包括草莓、蓝莓、猕猴桃、葡萄等。如蓝莓种植，一户种植一两亩就能够赚几万块钱。而这些经济作物需要精耕细作才能有较高的产量和优质的产品，这就需要大量的雇佣劳动力。雇用的这些劳动力一般是本村及周边的中老年人劳动力。对于他们而言，农业上的务工几乎是零成本、纯收入。

三、市场就业机会差异

区域工业化水平高，在工商业领域的就业机会就多，并因为人口的聚集而带动了当地第一产业和第三产业的发展，从而提供了大量的就业岗位，譬如衣食住行就医教育等服务需求量大，农业规模化经营也提供了获取工资性收入的机会。尤其是第二产业和第三产业的发展，为农村不同层次、年龄、性别、学历、技术等劳动力提供不同的就业选择。当地的就业岗位可以分为两种，一种大多是为本地人提供的，就是在村镇上的许多非正规就业岗位，如建设工地、规模农产、小区服务等工作岗位一般由本地人占据。另一种是向全国劳动力开放的，诸如工业园区、大工地及市县城区的就业岗位。但是，本地农民较中西部农民工可以更充分地利用本地市场机会，获取更多的工资性收入。

（一）代际分工形态差异

当前中国农村劳动力可以在全国城乡、工农领域自由流动，他们既可以在农村务农获得经营性收入，又可以通过进城务工获得工资性收入。这样，农民家庭就会根据家庭再生产和参与村庄社会竞争的需要，从获取最大化收入出发对家庭劳动力进行充分调动，并在务农与务工、农业与工业等领域进行合理配置。农村家庭分工有两种形式，一种是性别分工，一种是代际分工。当前最主要的分工是代际分工，中老年人主要从事与家务、农业相关的工作，而年轻人则主要在工业领域务工。

东部农村市场务工机会较多且多元，形成正规经济与非正规经济并存的经济形态，在就业方面则既有大量的正规就业机会，也有较多的非正规就业机会。从劳动力与就业岗位性质的匹配程度来看，年轻人更青睐于工资相对稳定、程序相对规范、工作相对有保障、晋升机会较大的正规就业岗位，而中老年农民由于知识技能缺乏、需要照顾家庭、劳动时间自由支配的偏好则与非正规经济技术含量低、工作灵活机动、对体力要求高、工作环境宽松等特性相匹配。这样父代在从事非正规经济的同时，还能够就近照顾家庭。那么在代际分工上，东部农民家庭主要是在工业领域内进行分工，子代多从事正规经济，父代则在非正规经济领域就业，两代人就业都相对充分，都能够获得工业领域的剩余。这意味着，东部农村大部分家庭一般有四个劳动力获得工资性收入。

在中西部农村，家庭的代际分工更多的是"半工半耕"，即年轻人外出务工，中老年人在家务农。之所以中西部农村的老年人被限制在了农业领域，而没有进入东部地区的工业领域就业，是因为他们需要留在农村照看家庭、保持人情往来和照顾孙辈。只有那些四十多岁的父代会在孙辈未出生前，将土地流转出去与子代一同外出务工，从而两代人都获得工资性收入。一旦有孙辈需要照顾，则父代在家庭分工中会被配置到"半耕"上。一般一对五六十岁的农村夫妇可以耕种数亩到十几亩的土地，还能种植少量经济作物和养殖少量畜禽。中老年人在家务农的收入货币化程度不高，主要是用于自我养老、抚育孙辈及子代返乡后的开销，这样能够减轻子代负担，为子代外出务工营造稳定的大后方。因此，中西部农村大部分家庭普遍是只有两个青壮年劳动力获得工资性收入。

一般而言，工业领域的收入比农业领域的收入要高，因此东部地区的代际分工给家庭带来的收入，要高于中西部地区代际分工所带来的收入。即便是东部农村有些家庭的代际分工也是中老年人在家种地，年轻人在本地务工，但由于东部地区的农业已经工业化，即规模化和经济作物化，其务农收入与在工业领域务工收入相当。

（二）性别分工形态差异

农民家庭内的性别分工主要是指家庭内青壮年夫妇之间的分工。性别分工是农村传统的家庭分工模式，其前提是子代成婚分家之后，家庭里的中老年人就处于退养状态，不再是家庭的主要

劳动力，他们辅助子代做些家务事和田间活儿，而年轻夫妇则成
为主要的劳动力，分工形式是"男主外、女主内"。在20世纪八
九十年代，中西部农村的家庭分工仍主要是性别分工，但由于此
时开始兴起到东南沿海打工的风气，但同时认为年轻女性外出抛
头露面"有伤风化"，于是家庭中青壮年男子外出务工，年轻妇
女则在家务农，兼及照顾老人和小孩儿。此时一个农民家庭的收
入由一笔务工的工资性收入和一笔务农的收入构成。2000年以
后，打工潮席卷了整个中西部农村，改变了年轻女性不能外出的
观念，于是在家庭分工中就形成了年轻夫妇外出务工与中老年人
在家种地的代际分工模式。外出务工解放了年轻女性的劳动力，
也使她们从家庭矛盾中解脱出来。外出务工的年轻夫妇的性别分
工不明显，他们都是通过务工获取工资性收入。在中西部农村，
年轻夫妇只有共同外出务工获取工资性收入，才能获得较高的收
入，否则如果年轻妇女在家带小孩儿，就会使家庭收入大减。中
西部农村年轻夫妇皆外出务工是较为刚性的分工模式，它使得当
地农民家庭的收入最大化。

在东部农村，由于务工机会较多，年轻男子的工资性收入相
对较高，对家庭成员劳动力的调动和配置较为机动灵活。家庭除
了有明显的代际分工之外，还形成了多元化的性别分工。从调查
结果来看，东部农村的性别分工模式主要有以下几种：（1）年轻
男子外出务工经商；年轻妇女在家务农、看孩子和照顾老人，男
子下班之后还能下地帮忙。这种情况一般是家中老年人年纪较
大、行动不便，小孩儿上学需要辅导照顾，所以年轻妇女被留置
在农村。年轻妇女种地主要是获取口粮和蔬菜，而非务农的货币

化收入。（2）年轻男子外出务工经商；年轻妇女在村社区公共服
务岗位就业，兼做家务、看孩子，但是不再务农。由于东部基层
组织在村社区设置的公共服务岗位较多、队伍庞大，诸如社区工
作人员、条线聘用人员、卫生保洁、网格员、保安等，许多岗位
都由年轻妇女充任。这些岗位的收入较为稳定，工作较为清闲，
年轻妇女还能有充足的时间兼顾家庭。（3）男子外出务工经商，
妇女在镇县经营门面、商店、摊位或出租房。（4）夫妇共同在家
承包土地，种植经济作物或规模种植，乃至外出包地，或者在家
开小作坊，等等。多元化的性别分工使家庭的收入来源多元化。

（三）老年人就业状况差异

老年人就业既能够有效地打发时间、活动筋骨，还能创造价
值，甚至可以做到经济自主——对于老年人而言经济自主是最大
的自由，当然还可以向子代输入一定资源以减轻子代负担、增加
家庭收入。总体来说，由于就业机会的差异，东部农村老年人就
业较为充分，而中西部农村老年人则较早地退出劳动力市场，使
他们对家庭收入的贡献存在差异。

在东部农村，老年人的充分就业体现在两个方面，一是就业
机会较多。由于市场资源丰富，正规就业和非正规就业机会都较
为充足，年轻人在正规经济领域充分就业，就会留下大量非正规
就业的岗位给中老年人。中老年人可以根据家庭条件和自身健康
状况、知识文化水平等特点，选择不同的工种和岗位务工。在苏
州农村调研时发现，有的中老年人为了让子代过上城市"中产阶
级"的生活，而在不同的时间段连续打四份工，每份工的工资都
在每月两千元左右。二是就业时间拉长。东部地区工业发达，产

业链齐全，分工极为细化，不同的工作岗位需要不同的劳动力，使得不同年龄段的劳动力都可以找到适合的工作，这样老年人就可以尽可能地延长自己的劳动时间。如五十多岁的农民工可以在工地上做泥瓦工，六十多岁则可以在工地上做些零星轻便的活儿，七十多岁就给工地工厂看家护院、除草扫地，八十多岁还能在工地、农家乐饭店洗菜刷碗。总之，只要身体允许就可以在村镇周边找到事情做。

中西部农村本地的务工市场主要是工地。近年国家在农村的工程建设增多，农民工外出务工赚钱后也兴起了建房热潮，使得中西部地区村镇周边的非正规就业机会增多。中老年农民在城市工商服务业领域属于无效劳动力，他们到了六十岁以后就只能回到农业领域就业。由于农村非正规就业机会相对稀缺，很容易被留在村里的中青年农民所占据，从事农业生产的中老年人难以在农闲时间于本地获得充分的务工机会，他们只能偶尔打零工获得较少的工资性收入。等到比他们年轻的人退出城市务工市场回到农村，他们就得从土地上"退休"。中西部农村中老年人参与务工市场就业的年龄高线是 55 岁至 60 岁，耕种大宗农田的年龄高线是 70 岁左右。70 岁以后就只能做些辅助性的轻便农活儿。因此中西部地区农民的务工及劳动的时间要较东部农村短十数年时间。到了他们既不能务工又不能务农获得收入之后，他们在经济上就完全依赖子代。

（四）零工市场状况差异

诚如前文所述，务工时间越充分，农民获得的收入就越多。在正规经济领域务工（如进厂、进企业）最能保证务工时间，不仅正常上班时间能够保证，而且还能保证加班的时间。对于农民工来说，正常上班时间获得的收入并不高，其务工的主要收入来源于夜晚或周末的加班工资。所以越能保证加班时间的工厂或企业就越受农民工欢迎。而非正规经济领域则难以保证务工的时间，因为非正规就业领域的工作具有临时性、阶段性、偶发性和非连续性乃至随时性的特点，工作时间具有较大的弹性和灵活性。如某个时间段订单多则可务工的时间长，甚至还要加班，反之某段时间没有订单则可能无事可做。还如在工地上务工，某个工程完工后工程队若未及时接到新工程则工人处于无工作状态。零工市场就更是如此，它需要农民在完成一项工作后在市场上再找一份工作，不找或没找到就会使某段时间没有工作。只有极大地缩短两份零工之间的断档时间，才能保证工作的连续性，进而才能获得更多的务工收入。而能否及时找到新的零工与零工市场的丰裕程度有关。

东部地区工商业发达，农村就业市场庞大，当地在工业、商业、服务业和农林渔业等领域都有大量的零工机会。因为零工工种多，农民的可选择性就大。农民可以根据自己及家庭的情况，在不同的时间段选择不同的零工工种。比如，农民可以在天气好的时候在建筑工地、农田里找活儿干；一旦遇到下雨天便可做一些不受或少受天气影响的零工，如进大棚务工或做室内装修小工等。还如，这个工地的活儿干完了，很快就可以到其他工地上干活儿；或者说今天给某农场干了活儿，明天临时有事就可以不去，后天再到其他地方找活儿干。两份零工能够较好地衔接，中间的空档期短或者没有空档期。这样即便是打零工，也可以保证足够的务工时间。

在中西部农村，村镇周边的零工市场无非是务农和建筑两种。这两种零工市场的特点，一是务工机会少，而农村劳动力又很充足，大部分人没法儿得到务工机会，或者当某项工作完成后又难以及时找到下一份工作，务工的空档期会较长。二是可选择性小，农民不能视自己的情况选择工种和工作岗位，这就使得某些不适应农业和建筑岗位的农民不能获得务工机会。三是对天气的要求比较高，务农和搞建筑都只能在天气较好的情况下才能做工，在雨雪天气或高温时都没法干活儿。这些特点使得当地农民无法在本地零工市场获得较充分的就业，大部分农民的农闲时间无法被零工市场所填充。因此，他们获得的工资性收入较少。

四、劳动力市场化程度差异

农民家庭收入水平与家庭劳动力的市场化程度成正比。所谓劳动力的市场化程度是指劳动力在市场上就业获取收益的水平，有两个方面的内涵，一是劳动力在市场上就业的程度，二是市场化就业所得收入占家庭收入的比重。如果一个家庭正常的劳动力都能够在市场上就业，其收入又占家庭收入的较大比重，那么就可以说这个家庭的劳动力市场化程度较高。劳动力市场化程度低，表现为劳动力在自给自足经济中就业，获取较大比重的非货币化收入。在东部农村，农村劳动力基本上都投入到了市场之中，家庭收入的主要来源也是货币化收入。随着农业领域的市场化，即便是务农也是为了分享农业市场的利润。较之于东部农村，中部农村劳动力的市场化程度相对较低，西南和西北农村的劳动力市场化程度最低。

东部农村劳动力市场化程度之所以较高，与工商业发达、农业及农民生活的各个领域都高度市场化有关。在当地，劳动力若不在市场上充分就业就无法获取足够的货币化收入，家庭收入水平难以达到当地中等收入水平，也就无法获得体面的生活。中西部农村与东部农村相比，劳动力市场化程度的差异表现在下面几个方面。

（一）劳动力是否充分参与市场就业

劳动力充分参与市场就业，是指劳动力以愿意接受的价格参与市场竞争和生产劳动的状态。它有以下几个主要指标。

一是劳动力是否被充分调动与合理配置进入劳动力市场。劳动力可以分为青壮年男性劳动力、女性劳动力和半劳动力，如果这三类劳动力都被充分调动起来，并被合理配置到不同的劳动就业领域获取相应的工资报酬，则说明劳动力充分就业程度高。其中青壮年劳动力与女性劳动力的调动和配置最为关键，也最能体现就业的程度。在东部地区，青壮年男性和女性劳动力都被充分调动起来，他们主要在正规经济领域就业，有少部分则在非正规经济领域就业，或者创业经商。作为半劳动力的老年人也参与了当地非正规就业市场竞争。同时，因为当地农业也已经高度市场化和工业化，在农业领域就业的农民事实上也参与了劳动力的市场竞争，属于市场化就业。中部农村的大部分青壮年男性和女性劳动力都流动到东部农村参与务工市场就业，但少部分"留守妇女"未能参与市场就业，作为半劳动力的留守中老年人在务农之外的务工机会较少，说明其劳动力没有完全市场化。西部地区的青壮年男性一部分流动到东部农村参与市场就业，一部分则仍留在当地务农和打零工，青壮年女性劳动力由于学历及文化因素而多数未能转移出去，留守农村务农和照顾家庭。有的家庭小孩儿多，则夫妻双方在家照顾小孩儿，家庭收入就非常之低。中老年人则作为辅助劳动力参与农业生产，偶尔在附近打零工。总体来说，劳动力调动最充分、配置最合理的是东部农村，其次是中部农村，最后是西部农村。

二是劳动力就业意愿。这里指的是劳动力对参与市场竞争的主观接受度，包括两个层面的内涵，其一是劳动力参与市场竞争是主动还是被动，其二是劳动力是有规划还是盲目地参与市场竞争。东部农村和中部农村的劳动力参与市场竞争有着实现收入最大化的目标，因而他们会主动寻求市场信息和就业机会。同时他们承担着家庭重任，对家庭生命周期的不同阶段他们所承担的任务有着明确认识，并为此提前做准备和规划，进而对家庭劳动力进行合理的配置。比如在家庭任务相对较轻的时候，家庭劳动力投入市场竞争的强度就可以不那么强，而当面临要为儿子建房、结婚筹钱时，那么在数年前就要有打算和规划，随之就会加大家庭劳动力参与市场竞争的意愿。调查了解到，西部农村的就业意愿没有东部和中部农村那么强。比如西南地区的年轻农民外出务工并非出于主动意愿，亦没有规划，他们认为在家玩也是玩，就跟着人家到东部沿海地区去玩。所以即便是在务工地，他们打工也是三心二意，动不动就"炒老板的鱿鱼"；也没有工资收入最大化的意识，发了工资之后首先是跟老乡们聚餐及疯狂购物，一个月还没过半工资就花光了，然后再借钱度日。即便是结婚后的青壮年农民也不会对家庭收入与开支有明确的规划，他们外出务工的最大动力来源于借债办事之后的还债压力。比如儿子结婚要建房，他们不会在数年前有规划有步骤地攒钱，而是等到要建房时才向亲戚朋友借钱，建房后再外出打工还债。等到债务还完，他们的劳动就业意愿立马骤降，于是要么"来来回回、断断续续"地务工，要么不再外出务工，待到家庭借债办下一件事情后再外出务工。

三是就业状态是否稳定。指的是青壮年劳动力是否持续外出务工，以及在工作岗位上是否有稳定的预期。东部农村和中部农村的青壮年劳动力大部分都被配置到了务工上，并能以务工为业，直到成为城市工商业的无效劳动力才退出务工领域。他们在某一个工作岗位上待的时间也相对较长，更换工作的频率不高。尤其是中部农村的农民工甚至能在一个厂子待上十数年之久。而西部农村的青壮年劳动力无论是否结婚，都无法经年累月地在外地务工，他们中断务工回家"休息"的频率较高、时间较长，更不可能数年在一个厂子务工。他们基本上每半年或一年就要换一次工作，原因包括工作辛苦、无聊、受不了老板的气、工资低等。由于不断地换厂换工作，结果使得两份工作的空档期多而长，减少了工作时间，也无法积累技术、经验和资历，工资自然也就不会高。

四是受规训的程度。指的是能否容忍务工的规章制度的约束。工人的收入水平与受规训的程度成正比。非正规就业的约束最少，自由度最高，但是工作时间没保证、工资不稳定。越是正规的就业，规章制度就越健全，工人受到的约束就越多，但是工作时间确定，工资相对有保障，工作前景也较好。相比较而言，东部和中部农村的青壮年劳动力较能够容忍工厂企业的规章制度，受规训的程度较高，他们更多地在正规工厂企业就业；而西部农村的青壮年劳动力则不喜欢受束缚，他们更习惯于做自由劳动者"赚活钱"，所以他们即便流动到东部农村也是进厂的少、打零工的多，或者开摩托车拉客、做点小买卖等。

五是是否存在务工的劳动伦理。随着务工成为青壮年劳动力获取收入的主要来源，在东部和中部农村就形成了关于外出务工的劳动伦理，即只要是青壮年劳动力就必须外出务工，而待在农村务农则被认为是无用或是懒惰的表现，会被人瞧不起而受到舆论的指责。而只要是外出务工赚钱就会受到村庄正向的激励。所以这两个地区的青壮年劳动力都较少留在农村干农活儿，更没有待在家带小孩儿的"懒汉"。苏州农村计算家庭收入时，若是青壮年劳动力没有参与市场就业，其收入就按照当地最低收入水平计算，而不会以无收入来源将其纳入低保救助范围。西部农村则没有相应的劳动伦理，无论青壮年劳动力有无收入、收入多寡，只要他们是在务农或是带小孩儿，他们就不会受到指摘。务工不是青壮年劳动力的必然选项，甚至一些四肢健全的三十多岁青壮年夫妇都在家带小孩儿，没有参与劳动力市场就业，因务农收入少而被视为贫困户受到国家照顾。其实他们只要有一个劳动力外出务工就不至于陷入贫困。

（二）劳动时间是否充分市场化

劳动时间市场化是指劳动力的法定劳动时间被充分用于参与

市场竞争以获得工资性收入的一种状态。农民的工资性收入与劳动时间的市场化程度成正比。劳动时间是否充分市场化主要表现在以下几个方面。

一是劳动时间是否有机会成本。农民能够意识到他们在劳动时间内做务工之外的事情会产生同务工收入等量的机会成本，那么就说明他们的劳动时间已经充分市场化。而当他们没有这个意识时就意味着他们的劳动时间没有充分市场化。只要劳动时间有机会成本，时间就是金钱。东部地区的劳动力和半劳动力都有劳动时间的机会成本意识，他们觉得当自己不劳动而别人在劳动时，就意味着自己的纯损失，他们也就不会在劳动时间做别的事情或者休息。那么，当地的青壮年劳动力和中老年人在劳动时间一般会处于上班状态，只有在休息时间才真正闲下来休息。所以在东部农村较少看到麻将室及青壮年、中老年农民打麻将的现象。中部农村青壮年外出务工，虽然劳动时间的机会成本较大，但是老家若有重要的人情酒席，他们也会请假辞工回家吃酒席走人情；还有年后外出较迟，甚至要等到清明节后才走，都说明他们的劳动力市场化不够彻底，对劳动时间的机会成本意识不够。中老年人在家务农，从事非正规就业的机会少，大部分农闲时间没事可做，这些劳动时间也就没有机会成本，因而打牌、打麻将较为普遍。所谓"三个月种田，一个月过年，八月是农闲"描述的就是这种无机会成本的现象。西部农村的农民工机会成本意识不强，他们将劳动时间用于老乡聚会、养青蛙、玩鸟逗鸟等。在浙江调研时，西南籍农民工在解释为什么河南农民比他们有钱时说，河南农民将他们打麻将、捉青蛙、玩鸟的时间都用在了赚钱上。

二是劳动时间是否有机动性。劳动时间的机动性和可调整性越强，务工的时间就越难以保证，说明劳动时间的市场化程度较低。反之劳动时间的自由度越弱，务工时间就越容易保证，那么劳动时间的市场化程度就越高。从就业性质来讲，从事正规经济的劳动时间机动性较弱，它有着较严格的上下班制度和考勤制度，劳动力个人在劳动时间内的自由度较小。而从事非正规就业尤其是打零工的劳动时间较为灵活，农民工可以较为容易地选择进入或退出。从劳动力的选择来看，如果一个劳动力可以自由选择和决定自己的劳动时间，那么说明其劳动时间的市场化程度较低；相反，如果一个人对自己的劳动时间做了严格规划，并不轻易打破，说明其劳动时间的市场化程度较高。东部地区农民的务工和务农时间都已经正规化，跟正规就业岗位的作息时间高度一致，他们普遍遵循这些正规化的劳动作息时间。在当地村社区公共服务岗位就业的农民，上下班时间跟政府工作人员同步，周一至周五上午八点半上班、下午五点半下班，周六周日休息。中部地区青壮年劳动力外出务工的劳动时间规范化程度相对较高，但仍有一定的机动性，他们请假、辞工的次数要较东部农村的多。西部农村青壮年劳动力的劳动时间机动性大而规范性弱，他们很容易因个人情绪、老家事务而打乱劳动时间，乃至随意变动工作。他们不愿意进工厂、企业受束缚，也体现出他们劳动时间规范性弱的一面。

三是劳动时间是否可以延长。在正常劳动时间之外加班以获取更多的工资性收入，这是劳动时间市场化程度高的重要表现。

（三）是否重视劳动力素质提升

劳动力在市场上是否有竞争力，关键看劳动力的素质。农民家庭是否重视劳动力素质的提升，是反映劳动力市场化程度高低的重要表现。在全国统一的劳动力市场上，劳动力素质越高，就越受市场青睐，获得更多的市场机会和市场份额，其工资性收入也就越高。以下两个方面可以体现农民是否重视劳动力素质的提升。

一是文化素质，它既是进入劳动力市场不同层级的门槛，也是劳动力得以晋升的资本。文化层次越高，进入劳动力市场的层级也就越高，劳动力所得到的平台也大，工资待遇相对较高。文化素质还是基础知识，也是一种学习能力。文化素质越好，意味着基础越扎实、学习能力越强，那么劳动力在工作中的发展潜力就大、发展前景较好。同时，文化素质还是跟人交往的凭证，文化素质越高，交往对象的层次就越高，那么劳动力所拥有的社会关系资源的质量也就越高，对其以后的发展越有利。文化素质的外显标志是学历文凭。是否重视文化素质的提升，除劳动力日常的学习、培训和积累之外，主要表现为父代劳动力是否重视子代文化素质的培养，也就是是否能支持他们获得更好更高的学历。东部农村的农民非常重视对子代教育的长线投资，他们千方百计地将子女送进好的中小学、让他们上好的培训机构，或是购买学区房陪子女进城读书，以期待他们能够考上好的大学。他们没有让子代较早走出校门打工挣钱的想法。中部地区农民对子代的教育投资理念要弱一些，他们更期待子代早点投入市场竞争，因为多一个劳动力便多一份工资性收入，这样家庭在村庄面子竞争中就可以脱颖而出。他们较少能主动为子女谋求好的学校、师资或培训机构，更多的是看子女自己的造化。只有那些看势头能够考上重点高校的学生，家长才有长远投资的热情。西部农村对子女的教育就更为不重视，子女读书被认为是子女个人的事情。

二是业务素质，它是指具体工作中的能力禀赋，包括技术、技能、知识、视野、管理经验、资历以及社会关系网络等。要提升业务素质，一方面要有意识地提升自己，不断学习新知识新技术。另一方面关键是要在一个企业里长期待得下去，不能功利地随意变换工作，否则不利于技术、技能、经验资历及社会关系的积累。我们在西南农村调查发现，当地外出务工劳动力在市场上没有竞争力，一个很重要的原因是他们不停地换工厂，吃不了苦，受不了气，经常一受气就辞工不干，因而难以实现从普工到技工、管理者的转变，同时也难以获得老板的青睐和提拔。东部和中部农村的农民工变换工作的频率则相对较低，其业务素质就能够得到提高。

（四）对人情互助网络依赖程度高低

农民的社会支持网络有两种形态，一种是市场化的支持网络，一种是人情互助式的支持网络。农民对人情互助网络的依赖程度越高，那么农民的劳动力就必须参与其中，劳动力的机会成本就较高，必然导致劳动力的市场化程度低。而农民的社会支持网络更多的是通过市场来提供，那么他们对人情互助网络的依赖程度就低，劳动力就可以从人情互助中抽离出来进入市场领域。

在东部农村，除白喜事需要熟人社会的帮忙之外，农民生产、生活和社会交往等诸多方面都已经实现了市场化供给，包括红喜事、建房、农业生产等都不再有互助帮忙的情况。之所以在这些事情上不再请人帮忙，与劳动力市场化后有较大的机会成本有关系。由于对人情互助网络的依赖程度不那么大，可赶可不赶的人情就不赶，可请可不请的客人就不请，可办可不办的酒席就不办，可大办可小办的酒席尽量小办；有的人情只要礼金到了就行，这样使得东部农村一般农民家庭有缩小人情圈的趋势，从而极大地解放了劳动力，降低了劳动力的机会成本，缩小了家庭开支、减轻了家庭的负担。

而在中西部农村，生产生活的市场化程度不是太高，农民家庭对传统熟人社会的人情互助网络的依赖程度还较高。农民家庭除了在日常生活中要维护相互之间的互助合作关系外，更要注重仪式性人情的维系。为了不中断人情往来，就得及时赶人情、上礼金，如果某次错过了赶礼，则下次一定要补上，否则相互之间的关系就会断裂。为了维系和强化相互之间的关系，除了赶礼外，最好人也要赶到，那么就需要跟工厂请假回家，请假次数多的话就只能辞工或是被开除。西南农村对亲朋好友的社会支持网络异常在乎，他们即便是远房表哥表姐结婚、生小孩儿办酒席也要请假或辞工返乡参加。所以，中西部农村的人情酒席就比较泛滥，不仅在一定程度上束缚住了农村劳动力，而且还因为高频度地赶礼、办酒席而消耗了大量的货币化收入，压缩了家庭的其他开支，降低了家庭生活质量。有的地方每年赶礼的花费达到了家庭收入的一半乃至三分之二，许多家庭因此而致贫或不能脱贫。

五、收入地区差异的影响

农民家庭收入是农村重要的经济社会现象，对农村其他经济社会现象有着基础性的影响。东部和中西部地区农民家庭收入上的差异较大，使它们对农村相同经济社会现象的影响也有不同之处。下文对东部和中西部农村几个重要的经济社会现象进行比较分析。

（一）东部和中西部农民城镇化路径的差异

农民城镇化是指农村以农民为主体的各要素向城镇集聚、农民由农民身份向城镇居民身份转变的过程。农民城镇化的基础条件包含两个方面，一个是国家提供的城镇公共产品和服务状况，一个是农民家庭的收入状况。只有满足这两方面条件，农民的城镇化才能成功。从调查来看，东部地区农民的城镇化路径可以称作"同步城镇化"，中西部地区农民的城镇化路径则属于"渐进城镇化"，也称为"半城镇化"。姑且不论国家公共供给条件，农民家庭收入对这两种城镇化路径就有较大的影响。

东部农村的同步城镇化主要体现在以下几个方面。一是人、工作、居住等方面的同步城镇化。人的城镇化是最重要的城镇化，它表现为人的思想观念、生活习惯、社会关系、消费模式、交往空间等方面的城镇化。东部农村的城镇化较早，城乡一体化程度较高，城镇居民的相关行为和观念对农民的影响较早较深。20世纪八九十年代"洗脚上田"那一代农民业已脱离农村熟人社会的生活和交往习惯，形成了城镇化的生活方式和思想观念。而他们的城镇化"二代"则已养成了城镇中产阶级的生活方式。另外，东部地区的农民乃就地城镇化，工作与居住处在同一空间区域。东部农民家庭普遍有四个劳动力获取务工收入，家庭总收入较高，因而能够在工作地附近的城镇购买房子。即便工作地与居住地相距较远也能够通过代步工具缩短通勤时间，比如在县城居住而工作在镇上，既可以驱车上下班，也可以乘坐公共交通上下班。这样东部农村基本上实现了人、工作与房子的同步城镇化。二是村庄社会分层意义上的同步城镇化，说的是村庄大部分农村家庭能够在相同的时间内实现城镇化。由于东部地区劳动力的市场化程度较高，每个家庭的劳动力都被调动和配置进务工领域，各个家庭总体收入相差不大，因而经济分化相对较小。那么这些家庭就可以在相差不长的时间段内实现同步城镇化，即能够陆续在城镇购买房子及代步工具。只有少数完全没有劳动力的家庭无法跟大部分家庭一道城镇化。三是家庭代际意义上的同步城镇化，指的是家庭成员能够同时实现城镇化，不仅子代与孙代的城镇化是同步的，祖代与子代的城镇化也是同步的。这表现为孙代在城镇读书、子代在城镇就业以及祖代照顾孙代。

中西部农村的渐进城镇化或半城镇化表现为，一是人、工作与居住相分离的城镇化。由于中西部农村本地市场就业机会稀缺，大部分青壮年农民工需要转到东部地区务工，因此即便农户通过代际合力在城镇买了房子，也只是首先实现了居住的城镇化，而没有实现人与工作的城镇化。只有当积蓄、经验、技术、人脉关系等积累到一定程度，农民工才能返回本地城镇实现就业，达到三者合一的城镇化，但这是一个漫长的过程，甚至要两三代人的时间。二是不同农民家庭断裂式城镇化。中西部农村家庭的代际分工是"半工半耕"，只有那些对家庭劳动力进行了充分调动和合理配置的家庭，家庭收入才相对较高，他们能够率先实现城镇化，而其他的家庭只有继续积累才能逐步城镇化。所以中西部农民的城镇化不是一次性的，而是多次性的。三是代际之间的半城镇化。中西部农村的家庭收入无法实现孙辈、子代和祖代三代人同时城镇化，其家庭城镇化的方式主要表现为祖代进城照顾孙辈、孙辈在城镇读书，而子代则在东部地区务工；待子代返回本地城镇就业，父代则返回农村务农和养老，并继续给予子代物质资源支持。只有这样才能节省家庭城镇化的成本，减轻子代负担，使子代家庭在城镇过得体面。

（二）东部和中西部农民家庭养老状况的差异

由于获取资源机会及对资源自主处理的差异，东部农村与中西部农村老年人养老形式和状况有较大差异。

东部农村的养老主体包括，一是老年人自身。基于东部地区丰富和多样性的非正规就业机会，老年人不仅能够实现充分就业，而且能够拉长劳动就业时间，他们即便成为半劳动力之后依然能够获得务工的收入。这样他们在经济上就能够实现自主，不仅不需要子女提供物质供给，还能够有积蓄。二是子代。一方面，子代的务工收入也相对较高，他们可以为父代购买社会养老保险，解决父代养老的后顾之忧。子代还能够在父母生日、节假日、父亲节、母亲节的时候举行家庭聚会、聚餐或看电影、旅游，丰富老年人的家庭生活。另一方面，子代就近务工，能够在休息时间返回农村探望老人，老人也可以经常进城看望子代孙辈，因而不会出现老年人留守和精神孤独寂寞的现象。三是基层组织。一方面基层组织要给予购买城镇社保的农村老年人一部分补贴，另一方面基层组织在农村为老年人提供各种文化娱乐服务和场所设施，并给特殊的、高龄老人购买社工专业服务。归结起来，东部农村的养老模式是以老年人的自养形式为主的多元化养老模式，老年人在物质生活和精神生活方面都较为充裕。

中西部农村的老年人在有劳动能力的时候要参与家庭成员的劳动分工，他们被分配在务农领域并兼及打零工，但是他们获得的收入却不能自主处理，而是要输入给子代家庭。而子代的务工收入则主要是用于参与村庄社会竞争和城镇化，包括建房或在城镇买房、子女读书和结婚。伴随着村庄社会竞争越来越激烈，农民城镇化的成本越来越高，农村年轻人的压力也越来越大，他们除了过度剥削自身劳动力以外，就是挤压老年人的养老资源。而老年人也希望给子代减轻负担，因此尽量自食其力，并尽可能地向子代输入资源。同时，子代主要在东部地区务工，返乡照顾和陪伴老年人有较大的机会成本。因此，老年人留守的情况严重，长期见不到子女、得不到子女的精神慰藉而有较强的孤独寂寞的负面体验。另外，地方政府没有足够的经济实力给农村老年人提供社保补贴，只能通过"新农保"和"新农合"政策给予老年人较低层次的保障。因此，中西部农村的养老模式是以子养形式为主的家庭养老模式。在人口流动、城镇化和社会竞争加剧条件下，该养老模式在老年人的物质与精神层面都出现了问题和困境。

（三）东中西部农村社会分化程度的差异

农村社会分化是指农民从均质化的群体分化为异质性较强的不同群体的状态。农民社会分化的最大影响因素是农民家庭的经济分化。农民以家庭为单位参与村庄的社会分化。由于东中西部农村资源禀赋和获取资源机会的差异，会影响到它们的经济分化状况，进而对各地农民社会分化状况有不同的影响。

东部农村工业发达，市场资源丰富，当地农民较早地介入并从事工商业经营活动，从而有一部分农民获得成功，成为当地的高收入群体。而大部分农民则通过"半正规半非正规就业的代际分工"获取工资性收入，成为当地农村的中等收入群体。另有少部分缺少劳动力或劳动力有缺陷的家庭则难以参与市场竞争和资源分配因而家庭收入较少，这些家庭属于当地农村的低收入家庭。中等收入家庭的收入较高收入家庭的收入相差甚远，而且该差距难以消除；而低收入家庭与中等收入家庭相比，虽然收入也有一定的差距，但可以消除。东部农村的高收入家庭占村庄农户数量的一成左右，数量相对较多，在村庄中能够形成群体效应。而他们在城乡一体化条件下又未离开村庄，他们依然参与村庄社会生活和竞争，成为其他家庭比较和参照的对象。中等收入家庭占农户的八成以上，低收入家庭占比低于一成。由于高收入家庭的消费能力较强，引领村庄的消费，只有中等收入群体中的中上群体能勉强达到其标准，而中等收入群体中的中下群体和低收入群体则难以达到，因此有较大的压力和焦虑。同时，高收入群体还利用其经济优势通过村级选举上台垄断村级公共资源再分配权力，构成对其他群体的政治排斥。于是就容易生发中下群体与低收入群体针对高收入群体的怨恨和对抗情绪，进而影响相互之间的社会交往。高收入群体则看不起中下和低收入群体，认为是愚蠢与懒惰阻止了他们获得高收入，因而也不屑于与他们交往。总体来说，由于高收入群体的存在，使得东部农村的经济分化较大，社会分层较为明显，阶层界线和隔阂开始出现。

中西部农村普遍的家庭分工是"半工半耕"的代际分工，家庭的收入由务工和务农两笔收入构成。因此，只要一个家庭有青壮年劳动力外出务工，其他劳动力在家务农，那么该家庭的收入就会处在当地中等收入线上下，成为当地的中等收入家庭。那些从事工商业经营活动而成功的高收入群体，在中西部农村城乡分割的条件下，他们会搬离农村到城镇定居，不再参与村庄的人情往来和价值生产。那些缺少劳动力或劳动力有缺陷的家庭则因为无法进行"半工半耕"式代际分工，因而收入相对较少，属于中西部农村的低收入家庭。由于中西部农村高收入群体走出农村，不参与村庄社会分化，而中等收入家庭庞大，低收入群体较少，因此当地农村的社会分化较小。低收入家庭虽然处在村庄最低层级，但是他们并没有认命，只要这些家庭有了劳动力并参与市场竞争获得工资性收入，他们就可以晋升至中等收入群体。总体而言，中西部农村的经济和社会分化较低，群体界线不明显，社会关系较为缓和。

（四）东部和中西部农民家庭发展阶段的差异

从调查来看，农村家庭发展的基本路径首先是成为农村中等收入群体，然后进行城镇化，实现了城镇化之后再向城镇中产家庭迈进。在家庭发展的不同阶段，农民家庭发展的策略和重点有所不同。东部和中西部农村由于工业及城镇化发展程度的差异，二者在家庭发展阶段上也存在较大差异。

东部地区的农民家庭已经基本上完成了城镇化，实现了家庭全要素的城镇化，下一个发展目标是成为城镇中产家庭。要实现这个目标，就不能再期待与下一代的分工仍是"以半正规半非正规就业为基础"，而是要以提高下一代劳动力的素质为基本手段和策略。也就是在教育上进行长线投资。一方面他们要在素质教育上向城镇上层家庭看齐，重视小孩儿的全面发展，方式是进行各类素质培训培优；另一方面他们也十分重视小孩儿的文化课成绩，希望能够考上好的学校、获得高层次的学历，方式是选择好的幼儿园和中小学及培训机构。在这双重目标下，刚完成城镇化的这部分农民家庭要承受较大的压力。这会加深他们及其父代对当地劳动力市场的介入程度。

中西部地区农民家庭的发展仍处在城镇化过程之中。在该阶段农民家庭的策略，一是继续强化以半工半耕为基础的代际分工模式，充分调动和合理配置家庭劳动力，包括过度剥削青壮年和老年人的劳动力；二是将家庭资源的分配向城镇化目标倾斜和集中，而压缩家庭其他方面的开支，包括挤压老年人养老的资源，造成老年人的养老危机；三是快速培养和输出家庭的下一代劳动力，以尽快获取务工的工资性收入，而不是对他们进行教育投资，其结果是中西部农村中小学辍学率较高和早婚闪婚的较多。

（五）东部和中西部农民家庭贫困性质的差异

调查了解到，东部农村和中西部农村都有贫困家庭，但是贫困产生的原因却极为不同。东部农村的劳动力市场化程度较高，凡是有劳动能力的全劳动力和半劳动力都参与了市场竞争，能够获得工资性收入。而一个劳动力的正常工资性收入不会低于当地最低生活标准。因此只要有劳动能力就不会成为贫困户，只有那些没有劳动力或有重疾重残患者的家庭，其收入水平才可能低于当地最低生活标准。这些家庭会被纳入低保救助范围。

中西部农村的贫困户包括两种家庭，第一种与东部农村的低保救助对象一样，也属于低保家庭。第二种是因为劳动力市场化程度较低而导致的贫困，包括以下几种情形，一是劳动力调动不充分，比如青壮年劳动力因为懒惰、酗酒、赌博、恋家等而未能参与劳动力市场竞争，中老年人不参与家庭分工；二是劳动力配置不合理，比如青壮年劳动力留在农村看家、带小孩儿和干农活儿，而不是外出务工；三是劳动力素质较低，市场竞争力不强，比如西南地区农村的一部分年轻女性没文化不敢外出务工，原因之一是不识字，怕外出走丢。

六、小结

上文从区域工业化程度、市场就业机会和劳动力市场化程度三个方面，分析了全国统一劳动力市场条件下东部和中西部地区农民家庭收入差异的微观机制。其中区域工业化程度不同是基础，市场就业机会和劳动力市场化程度差异则是其派生出来的变量。区域工业化程度越高，其区域内市场就业机会就越多，劳动力较早地参与市场竞争，那么其市场化程度也会相应较高。对于农民家庭来说，区域工业化和市场就业机会是先在条件，东部农村占优势，但这些优势并不会无缘无故地落到东部农民家庭身上，而是需要由其劳动力去承接。正是因为东部农民的劳动力市场化程度高，才能将外在的优势转化为劳动力的较高工资性收入。说到底东部农村较高的家庭收入是通过劳动挣来的。中西部农民家庭的收入相对较低，除了外在的资源禀赋和务工成本之外，主要还是劳动力市场化程度不彻底所致，其劳动力的调动仍不够充分和配置仍有不合理之处，农民对村庄人情互助网络的依赖程度还较高，以至于办酒席、走人情就会造成较大的机会成本和财富浪费。

在东部农村和中西部农村存在一时难以逆转的区域工业化和市场就业机会等禀赋差异的情况下，要想缩小东部和中西部农民收入差距，提高中西部地区农民的收入，最主要的途径是提高中西部农村劳动力的市场化程度。也就是要充分调动和合理配置农民家庭劳动力资源，使其家庭劳动力能够与其他生产要素进行灵活有效的结合。具体有以下几个途径，一是提升农民的人力资本，进一步加强农村基础教育和职业教育，优化农民工就业培训体系。要着力提升农民的教育投资观念，推动农村大多数新增劳动力接受高中及高等教育。二是推动中西部农村青壮年劳动力向城镇和东部地区转移。在云南某地调查时，我们得知当地县委县政府精准扶贫的一项重要措施是强制当地农村青壮年劳动力戒酒，目的就是要将他们从酗酒醉酒的慵懒状态中解脱出来以充分参与劳动力市场竞争。三是向中西部地区进行产业转移，以减少在乡农民大量的农闲时间，实现他们的充分就业。四是规范农村酒席和人情礼金，通过村规民约的形式规定只有婚丧嫁娶建房等大事才能办酒席，以减少酒席次数，让外出农民工安心务工。同时，倡导节俭办事，降低酒席档次和人情礼金数量，以减少农民家庭的货币化支出。

第六章 "去阶层分化"：

有分化无分层的中西部农村

一、中西部农村阶层分化不明显

随着 20 世纪 80 年代初农村改革的启动，农村市场化和农村人口流动不断加速，中国农民逐渐从单一化、差别不大的农耕群体，向不同职业、不同收入群体发展，农民在政治、经济和社会关系等方面的分化程度越来越高，对中国经济社会发展、农村政治社会稳定和乡村治理产生着深远的影响。

在研究者那里，阶层常常跟分化联系在一起，阶层的形成一定是人群分化的结果，但是有分化并不一定就有阶层。对农民分化的观察和记录，一开始就伴随着对农村阶层分化的考察。中国学界从 20 世纪 80 年代末 90 代初开始对农村阶层分化进行研究。这些研究普遍从职业角度考察农村的阶层分化，将农民划分成不同的职业阶层，并对这些阶层进行量化处理和定性描述，产生了一大批研究成果。[①] 这些研究的贡献在于，之前我们看农民都是很笼统的、格式化和模式化的，一旦进行职业阶层的划分后，才发现农民内部的差别是如此之大，如此之复杂。若不做细致的区分和考察，国家在农村的政策也可能"一笼统""一刀切"，无法切中农村的要害。农民不同职业阶层的划分，是对农村和农民复杂性认识的开始。但是这一认识不仅因为对农民分层标准认定有简单化的嫌疑，忽略了农民分化本身的复杂性，并且它更多的是在宏观层面展开的，缺乏微观经验的支撑。因此，我们看到，这些研究主要采用结构主义或实体论的视角，[②] 它生硬地将农民群体划归到某一阶层内，却没有考察农民的主观阶层认同、阶层意识，也没有明确区分阶层界线，或阶层区隔，更没有触及阶层关系，即农村不同阶层之间的交互关系状态。而这些层面正是判断农民分化后，有没有形成阶层的重要指标，且只有进入微观的经验中才能观测得出来。

对农民分化和农村阶层关系的微观经验研究，最适合的研究视域是村庄。在中国，由于农村内部生活、生产、信仰和社会关系自成一体，村庄不仅是各类现象交合而逻辑自洽的场域，即在村庄内部各类现象相互关联，互为因果；而且，村庄现象具有结构易得性，即如果研究者置身其中，便能触摸和体验到农民个体、群体间的交互关系，勾勒出村庄详细的社会关系结构和社会事件的发展脉络，甚至可以体悟到农民的内心世界。所以，只有浸润在村庄，做扎实的调查和观察，方能把握村庄逻辑自洽的经

---

① 陆学艺、张厚义：《农民的分化、问题及其对策》，《农业经济问题》1990 年第 1 期。
② 仇立平：《回到马克思：对中国社会分层研究的反思》，《社会》2006 年第 4 期。

验质感。对于农民分化的研究亦是如此，若没有对其进行村庄微观经验的感受，便不能真正把握村庄社会关系的实质、农民分化的程度及其主观的社会分层，也就不能判断农村是否存在阶层分化，以及哪些农民应该归入哪个阶层。

既有对农村阶层的实体论研究，在宏观上认定农村已经出现了阶层阶级的分化，有武断和偏颇之嫌。根据笔者及所在团队近年对全国各地农民分化的追踪考察，除了少数地区（仅沿海发达地区、城郊农村，占全国农村总数的约 5%①）外，约占中国 95% 的广大中西部农村地区虽然存在农民分化，有的地方甚至存在严重的分化，却没有形成明显的阶层分化。在这些地区，农民在权力、经济、职业、消费水平和社会关系等方面的分化，并没有带来他们之间在社会交往、闲暇方式、社会活动、人情往来、价值观念、行为逻辑等诸多方面的明显界线，更难以说得上阶层区隔。笔者调查了解到，虽然农民会对自身在村庄中的（经济）地位有个上、中、下的体认，但是这种区分并不妨碍他们跟其他位阶的农民交往；农民一般不会自觉低人一等或高人一筹，他们认为所有的差别都是非固化的和暂时的——现时家庭负担重、经济条件差的家庭，等到它们完成了劳动力的再生产后，经济条件就会好起来，就可能跻身村庄上层群体的行列。

那么，为什么中国广大中西部农村没有出现明显的阶层分化？这是研究农民分化要追问的首要问题。

笔者将上述农民有分化却不存在明显的阶层界线的现象，称

---

① 贺雪峰：《论富人治村——以浙江奉化调查为讨论基础》，《社会科学研究》2011 年第 2 期。

为农村的去阶层分化。中国农村恰恰存在某种机制使得这种现象
得以存在。农村的去阶层分化机制，与社会学中的重要概念"社
会整合机制"存在差别。后者是指当一个社会出现阶层分化的事
实之后，有某些机制在各阶层之间发挥作用，使得各阶层之间的
交流相对通畅，阶层间的关系相对缓和，并在一定程度上弥合了
阶层隔阂，从而使整个社会重新成为一个整体。比如城市中产阶
级就常常被认为扮演着沟通上下阶层、润滑阶层关系的角色。[1]
这些整合机制，有的是社会内生的，有的是政府政策和制度创设
的。譬如，在中国沿海发达农村地区，已经出现了阶层分化迹象，
阶层隔阂和阶层怨恨开始凸显，于是政府便出台政策，要求当地
富人和穷人之间的住房要交错兴建，富人不得建别墅区。这样做
为的是让各阶层农民在生活区有交集和充分的交往，以消除阶层
区隔和误会。

农村的去阶层分化机制，则意味着在农村阶层分化和形成之
前，便有某些机制干预和介入农民分化，使其不至于过度发展，
尤其是使其不能在社会交往和价值观念等层面产生较大分化和隔
阂，从而使农民分化无法型构具有明显界别的阶层。去阶层分化
机制的存在，前提是分化已经存在，但阶层尚未形成，而社会整
合机制则产生于阶层出现后。也就是说，去阶层分化机制不是
"社会整合机制"的一种类型，因为它不是阶层出现后的"事后
救济"措施，而是"事前"的社会安排。所谓农村的去阶层分化
机制，就是阻滞、化解、中和农民分化形成阶层的各类措施和制

度等社会安排的相互联系、相互作用的结构、功能和原理。

根据笔者调研，中国农村去阶层分化机制包含了三重基础，一是以血缘地缘关系为关联模式的社会基础。作为农村传统社会关联模式的血缘地缘关系，在农民分化过程中起着"中和"作用，它使得农民的经济、权力等资源上的差距，因为有着共同的血缘地缘关系而不至于在社会交往上体现得过于赤裸裸，甚至表现出相互间的合作关系。二是以"半工半耕"结构为收入结构与生计模式的经济基础。当前农村的经济来源和生计模式主要是"半工半耕"，或曰小农兼业，它使得农民整体处在"中等收入水平"，经济分化不大，也使得社会交往等其他层面的分化不大。三是以上层走出村庄为生活面向的价值基础。在城乡二元结构下，先富农民有能力在城里生活，便搬出村庄在城里安家落户，他们不参与村庄的"面子游戏"和价值生产，不参与村庄规则和竞争标准的制定，从而使得村庄内部的竞争参照系依然锁定在中等收入水平（而不是富人的高水平），因此大部分农民容易达成而不至于被其他群体"甩出去"。这三重基础共同作用，型构了农村的去阶层分化机制。

二、社会基础：血缘地缘关系

农民主要"以血缘地缘关系为关联模式"，是中国农村去阶层分化的社会基础。

梁漱溟、费孝通等人认为中国社会是伦理社会，与西方意义上的阶级阶层社会有明显的差别。梁漱溟直接以"伦理本位"来概括中国社会的秩序，[①] 费孝通则认为中国社会是通过"差序格局"来组织的[②]。"差序格局"是从社会结构意义上来说的，它是人与人之间最基本的结合方式，而"伦理本位"讲的则是社会规范，是人与人之间在社会交往过程中应该遵循的基本准则。二者是对社会一体两面的概括，即中国社会的结构是"差序格局"，而结构背后规范人们行为的是伦理，差序格局所呈现出来的是伦理本位的社会。

中国"伦理本位"的社会有以下特点：（1）从社会结构上来看，差序格局是以个人为中心，根据亲疏远近建构起来的一个圈子，这个圈子从自己往外一波波地推，被波纹所推及的就发生联系，离圈子越近的人越亲，越远则越疏。（2）从人与人的联结方式上来看，在差序格局中，人们主要是通过血缘地缘关系联系起来，血缘地缘的亲疏远近就是关系的亲疏远近。（3）从社会规范来看，在差序格局的社会中，传统的儒家伦理诸如"三纲五常"是主要的道德规范，正式的法律规范服从于道德规范，且伦理本身具有差序性，即对不同等级中的人有所差异，所谓"刑不上大夫"。（4）从等级秩序来看，差序格局所建构的是尊卑、长幼、男女的等差秩序，不同的人在不同的生命阶段中会处在不同的等级结构中。

在传统中国伦理社会中，有层级分化，但不存在固化的阶层，其层级结构也不是整个社会结构的主流，它没有主导人们的生活。层级结构并不规范人们的行为，也不是传统中人们认同和

---

① 梁漱溟：《中国文化要义》，学林出版社，1987年版。
② 费孝通：《乡土中国 生育制度》，北京大学出版社，1998年版。

行动的单位。尽管有上、中、下之分，但上、中、下的层级仍然是在差序格局的规范下行为，层级的分化并没有打破差序格局的总体秩序。在社会相对稳定时期，层级的界线明显，但层级之间没有完全固化，层级之间共享一套话语体系，相互间互动频繁，交流没有障碍，层级关系相对和谐。差序格局下的纵向等级关系要比层级分化下的层级内部关系重要。同时，层级之间的关系也不是人们处理关系的重点，如何处理好纵向等级关系是重点。总之，传统主导的社会结构是差序格局，其规范下的血缘和地缘团体才是人们认同与行动的单位。

具体到中国农村，"差序格局"和"伦理本位"可化约为"血缘地缘关系"。农村传统的血缘地缘关系，被认为是落后的关系形态，在新中国的历次政治运动中遭受重创，并受到改革开放后市场经济、人口流动、新观念潮流等诸方面的冲击，由其支撑的差序格局的社会权力结构被摧毁，血缘地缘性的组织活动逐渐终止，宗亲内部难有统一的组织行动和等级秩序。尽管如此，在当前广大中西部农村，血缘地缘关系仍然是其人际关联和社会结合的基本方式，血缘地缘的认同较为强烈。在血缘层面，家族、宗族虽然已较少组织性和等级性了，但宗族成员间共同的"历史感"还具备一定的凝聚力，其内部"自己人"观念和认同还存在，宗亲还具备一致行动能力。在地缘层面，共同生活于一个村庄、一个地方的农民尚有较强的"当地人"意识（"当地感"），人情构成没有血缘关系的农民之间的主要凝结方式，他们之间通过人情往来建构"自己人"关系。血缘地缘内部的"自己人"关系，是一种互为义务的社会关联，相互之间要求提携、帮扶、救济、体谅、宽忍等，在交往中讲究血亲情意和人情面子，讲究做事不走极端、留有余地。在这些血缘地缘关系原则的主导下，农村社会关系相对和谐。

当农村社会分化之后，血缘地缘关系就可以在分化的农民之间起着沟通、连接和润滑关系的作用，它"中和"农民的分化，消解农民分化的负向影响，使农民相互之间不因权力、财富和超社区关系资源的差距而产生较大的距离和隔阂。因为有"自己人"的认同感和熟人社会的交往规则，血缘地缘关系使得富裕农民仍然能够与贫穷农民在同一张桌子旁吃饭，也令相对落后的农民不因贫富差距而自卑和自我矮化，使不同层级的农民仍能平等交往、自然交流，而没有心理压力和心理障碍。如果哪个富裕农民在村庄里摆谱，自觉高人一等，看不起其他人，不屑于跟其他农民来往，那么其他农民就会对他给予集体排斥，尤其是当他遇到大事（如婚丧嫁娶）时便没有人出面帮忙，置其于"社区性死亡"之境。这样，分化之后的农民虽然有层级、位阶之间的分野，却难以形成具有主观认同和客观意识的独立阶层，更没有形成相互隔阂、排斥和对立的阶层关系。分化的层级之间在关系、信息、资源等方面的交流相对畅通，处在不同层级的农民之间更多的是一种既有攀比与竞争，又有互助与合作的关系，使得农村社会既充满活力，又有人情味儿。

血缘地缘关系在农村去阶层分化的过程中，通过以下两重机制发挥作用。

第一，血缘地缘关系超越分化层级内部关系。在农村社会，通过血缘地缘建构起来的关系，比因农民分化而呈现出来的关系——层级内部关系——要紧密和重要得多。这是熟人社会中"差序格局"的一般性规则使然：血缘关系越近，关系越重要，也越优先；血缘关系优先于建构性的人情关系；村庄内部"自己人"关系要重于"外人"关系，即重于村庄外部的亲朋关系，等等。在农民分化之后，即便同一层级的农民之间在权力、财富、职业、观念和社会关系等方面都极其相似，而与同族、同村人在这些方面却有很大的差别，在社会交往的亲疏远近上，也得优先考虑血缘地缘关系，在关系需要取舍时尤其如此。假设两个不同姓氏的富人同处村庄的上层，他们有密切的交往，而他们同时又有各自处于下层的兄弟和族人，那么在关系的孰轻孰重上是很明显的——富人与兄弟及族人的关系要比与同一阶层的另一富人的关系要紧密、重要得多；在关系的处理上，富人层级内部的平等关系要让位于不同层级的兄弟、族人的等级关系，如兄弟与另一富人发生纠纷时，要站在兄弟的立场，而非本层级的立场。也就是说，在农村，不是不主张相同层级农民之间有社会联系，而是层级内部关系不能超越、肢解和瓦解血缘地缘关系。

第二，分化层级之间的关系受制于血缘地缘关系。血缘关系内部讲究的是血亲情谊和兄弟情结，地缘关系通过人情来建构人与人之间的关系，它是血缘关系的投射，服从和服务于血缘关系，在交往当中讲究的是人情面子。因此，在同一血缘内部，不同层级农民之间的关系要受血缘地缘的约束，也要讲究血亲情谊和人情面子，不能完全按照利益关系、法律关系或陌生人关系来处理。在血缘地缘关系内部，经济条件较好的上层有接济、帮扶经济条件不好的下层成员的义务。富裕农民之间可以有紧密的交往，但其内部不能封闭圈层、垄断资源和排斥其他农民，不能打破村庄社会交往的公共规则，尤其是在酒席规模、人情礼单上，不能自定规则，造成恶性竞争和排斥下层农民。在土地出租、买卖中，有宗亲先买的传统。在双方发生矛盾纠纷时，处理的方式不是据理抗争，或是不能得理不饶人，而是双方都要讲血亲情谊，相互给面子、卖人情，使紧张关系恢复到原初的秩序状态。即各方以修复和维持社会关系为准则，而非以追究是非对错为正义。

总之，血缘地缘关系仍是农村社会的主导社会关系原则，由其建构起来的交往规则，是处理农村社会关系的基本规则。层级内部关系和层级间关系不是独立存在的社会关系，而是嵌入于血缘地缘关系之中，并受后者规约。如此，在农民发生分化之后，各层级农民仍处在同一个血缘地缘关系之中，并仍按照原来的交往规则行事，不能取消与其他层级农民的关系，从而使得各层级内部无法自行其是，形成不了独立的交往规则和行为逻辑，就无法催生阶层边界和阶层意识，独立的阶层也就成长不起来。

调查还发现，血缘地缘关系对农民分化的中和作用，在不同地区的村庄有所差别。在血缘地缘关系较强的村庄中，对分化的中和力度就较大，层级的边界就不明显，阶层就相对难以形成。而在血缘地缘关系相对弱化的村庄，分化的力量就可能凸显，上层农民就越可能摆脱原有关系和规则的束缚，层级的界线就可能明晰，阶层的雏形出现。前一种情况以北方"小亲族"地区和南方"宗族"地区为典型，后一种情况在江浙沿海地区已经愈演愈烈。笔者在江西、湖南、广东等地宗族型村庄调查时，经常发现：如果一个村庄率先出现一个外出闯荡某行业的成功者，便会带领村庄一大拨人外出从事该行业，也获得成功。这就是血缘地缘关系在各层级农民间发挥着润滑、连接作用的结果。

三、经济基础：半工半耕收入结构

绝大多数农民"以半工半耕为收入结构和生计模式"，是中国农村去阶层分化的经济基础。

在韦伯的视域中，经济收入是划分阶层的主要且客观的标准。我们撇开血缘地缘关系不论，在一个"理想类型"的纯个体化的社会中，经济上的一致性很容易带来社会交往、职业关系、权力资源、消费水平、价值观念等方面的趋同性，从而形成一致的思想观念和价值认同，并可能具备一致行动能力。因此，虽然韦伯强调经济、权力和社会关系等多元的分层标准，但在具体的操作中经济因素是阶层划分的基础。在对中国农村的阶层划分中，职业标准是主流，其内含着经济因素的主导作用。华中村治研究群体近年对农民分化的关注，主要依托农户土地的占有状况，这实际上是变相的经济标准：随着粮价上涨和各项政策补贴的输入，农民的经济收入和土地耕种在一定程度上成正比。但是，关于中国农村的阶层分化经验材料多来源于沿海发达农村地区，而对广大中西部地区的农村分化则缺乏实证数据和田野观察。个中原因是沿海发达地区农民经济收入差距大，经济上的分层十分显著，而中西部地区经济收入差距不大，分层不明显。因而研究者更乐意在沿海农村地区获取阶层分化的数据和经验。

然而，正是广大中西部地区农村的经济分层不明显，给予了我们思考中国农村去阶层分化的想象空间。为什么在该地区经济分化不显著，进而带来农民阶层分化不明显？这与该地区农民家庭的"半工半耕"的收入结构和生计模式相关。这种收入结构使得大部分农民家庭的经济收入保持在农村的"中等收入水平"上，既不会太差，也不至于富得流油。简单来说，在中西部农村，有约5%的农民家庭通过在外经商、办工厂等发家致富，成为村庄里的先富家庭，另约15%的农民家庭因为老弱病残、家庭负担重、土地较少、没有壮劳动力、无法外出务工经商等缘故，只能耕种少量土地而使生活处于拮据和贫困状态。

而占80%的农民家庭则通过"半工半耕"获得家庭收入，即家庭中一部分劳动力外出务工经商兼业，另一部分劳动力（或半劳动力）在家务农、照看家庭。这样的家庭就有务工和务农两部分收入。这种收入结构从20世纪80年代中期开始形成。当时乡镇企业在全国农村异军突起，农民主要以离土不离乡的方式形成"半工半耕"的收入结构。到90年代中期后，乡镇企业纷纷倒闭，农村青壮年男子开始大量进城务工，老年人和妇女在家务农，形成以性别分工为基础的"半工半耕"结构。2000年以后至今，农村年轻妇女皆外出务工经商或兼业，老年人在家务农，于是形成了当前以代际分工为基础的"半工半耕"结构。这种分工和收入结构基本上已趋稳定，并具有再生产性。这就是说，在未来数十年内，在农民无法完全转移到城市，农民工家庭无法在城市完成劳动力再生产的情况下，年轻夫妇外出务工经商，老年人在家种地、照看家庭和孙辈将成为一个稳态的家庭结构和收入结构。这一代年轻夫妇年老无法在城里务工经商之后，便回到农村务农，其子女成年后会接着外出务工经商。这种稳定性和再生产性对农村产生着举足轻重的影响，其中之一就是对农村收入结构进而对农民分化的长期影响。

当前"以代际分工为基础的半工半耕"结构，主要从增加收入和降低消费两个方面对农民家庭经济收入结构产生影响。

第一，该结构增加了农民家庭的经济收入。以代际分工为基础的半工半耕结构，意味着一个家庭的收入由两部分构成，一是年轻夫妇在外务工、经商或兼业的收入，一般占家庭总收入的60%—70%；二是老年人在家务农的收入，一般占家庭总收入的30%—40%。根据我们在全国各地对农民工的调查，一对年轻夫妇在城市务工（经商、兼业），除去日常开支（生活、日用、服饰、人情、房租、通信等费用），一般到年底能够带回家1.5万元至3万元；不甚节约的家庭，一般在1.5万元左右；较为节约的则可达3万元。只有少数技术、管理工种才可以超过3万元。

在家务农的老年人一般在50岁至70岁，随着农耕机械化程度的提高，耕作的劳动强度大大降低，在重体力活儿请工的情况下，部分70岁以上的老年人也还能耕种一定田亩的土地。到一定年龄，老年人不种大宗粮食作物，但一般还会种少量的蔬菜水果。老年人在家种地根据年龄不同，种的田亩数也有差异。一般50多岁的老年人还属于壮劳动力，能耕种数亩到十几亩不等，收入在1万元左右。其余种少量土地的老年人，一年的收入也可以达到数千块钱。

务工和务农两笔收入加在一起，就可以达到农村中等收入水平（2万—4万元）。有了这笔收入，一个农民家庭的生活若没有大笔应急开支，生活就会相对宽裕，在完成家庭的基本生活的情况下，尚能有相当的结余用于完成劳动力再生产、就医上学、建房娶妻、养老送终，以及参与村庄的社会性竞争（人情、面子、炫耀性消费）等。对于一个半工半耕家庭来说，这两笔收入都不可或缺，缺了哪一笔，都会使家庭的生活质量下降。如果缺了务工的收入，纯粹务农的收入少之又少（少数转入农地的大户除外），几乎无法满足农民的日常开支，更不用说参与村庄社会性竞争和劳动力再生产。家庭就会陷入贫弱状态。假设少了务农的收入，农民工要在城市"高成本""纯货币化"地展开家庭生活、进行劳动力再生产、完成各项人生任务（买房、娶妻、生子、养老送终）等，除了少数幸运家庭外，几乎不可能。

第二，该结构降低了农民家庭的消费支出。农村"半工半耕"家庭有一个显著特点，其大部分收入不是用于城市的高消费。在当前农民工工资结构和城乡二元结构的限制下，中国95%的年轻夫妇外出务工的目的和逻辑，不是在城市立足和扩大在城市的消费，而是将大部分务工收入输入农村，用于在村庄完成家庭再生产和社会性竞争。这样，一方面，农村年轻夫妇务工的预期在于使自己在农村的生活更体面，而不是当下在城市里享受消费带来的快乐，那么他们就不会跟进城里的消费浪潮，更不会在城里进行炫耀性消费，而是尽量缩减自己在城里的开支，以带回更多的钱。而当他们回到农村后，由于农村的物价相对较低，那么他们在农村的消费开支较城市又要低许多。

另一方面，年轻夫妇外出务工，而老年人在家务农并照看孙辈，那么老年人和小孩儿的生活在农村展开，这是一种"低成本""廉价"地完成劳动力再生产和养老送终的方式，仅这一项就为一个农村家庭节省了大量开支。我们调查的普遍情况是，如果一对年轻夫妇外出务工不带小孩儿，一年可以带回3万块钱的话，若他们把小孩儿也接到城里，那么就得腾出人手来照顾他，送他上幼儿园、小学，以及为他购买婴幼儿必需品，那么他们年终能带回家的一般不会超过1万块钱。如果老年人也搬到城里生活，年轻夫妇根本应付不过来。

而且，老年人在家务农，除了能维持自己和小孩儿的生活外，家庭许多的收益都没有货币化。典型的如，老年人种地本身是一种休闲农业，为老年人锻炼身体、活动筋骨提供了方便，也是一种打发时间的方式（"没事就到田里去看看"）。老年人自种的瓜果蔬菜大米，自养的鸡鸭鹅猪牛羊等为农家生活提供了丰富的蛋白、维生素和能量，提高了农民生活和健康的水平，多余的还可以投入市场，赚点零花钱。农家有自建的房屋院落，既宽敞透亮，又方便相互走家串户，交往频繁而不至孤独寂寞。农村烧的柴火来自山上或田埂、河岸，无须买卖。老年人在家的另一项重要的工作，是照顾成年子女的"人情往来"，以为今后年轻人回村生活做人情投资（因为一旦中断了人情，就等于中断了关系，会对后面的生活带来诸多不便），等等。这些都是老年人在家种地带来的非货币化的收益，是农民家庭隐性的收入和福利，如果这些要在城里获得和享受，则都要货币化，对于农民工家庭来说无疑是一笔巨额的开支。

综合起来，当前"以代际分工为基础的半工半耕"结构总体上、实质性地提高了农民家庭的经济收入，增加了农民的社会福利，使得大部分农民家庭能够达到农村中等收入水平。上文已提到，当前农村 80% 的家庭的收入都是通过该结构获得的，即农村绝大多数家庭是这种收入结构和收入水平，说明广大中西部农村差不多是被中等收入水平的人群占领。这个收入水平虽然无法跟城市居民相比，但是在城乡二元结构下，农村是一个独立存在的实体，尽管农民进城务工，但他们不会跟城市居民"比较"自己的收入水平和消费能力，他们是在村庄中相互比较的。那么，这个"半工半耕"结构决定的这个"比上不足、比下有余"的中等收入水平就极具社会意义，其一是中等收入者的保守心态在社会稳定上的意义，另一个是本章所阐述的在社会分层上的意义。

广大中西部农村的农民家庭在经济水平上总体相当，说明这些地区的农民经济上的分化不明显。经济是社会分化的基础，也就决定了他们在政治权力、社区关系和超社区关系上的分野不会太大。同时，由于经济上的差距不大，农民不会在经济上撕裂和分割村庄，广大中西部地区的村庄依然够得上一个共同体，农民家庭在生活水平、生活方式、消费水平、闲暇类型、交往群体、劳动时间、作业方式、宗教信仰等方面会有一定的差异和分化，但不会太大，而是总体上保持在相似层面。这是由于一个庞大的中等收入者的存在，他们相近的生活方式、行为逻辑和思想观念会辐射到整个村庄，成为村庄的主流并影响乃至支配其他人。那么，在村庄内部，约占 5% 的富裕农民，尤其是约 15% 贫弱农户就不会成为一个拥有自己独立观念和行为逻辑的实体，也就无法形成阶层的认同和阶层意识。

另一方面，由于"半工半耕"结构决定了大部分农民的主要收入来源于务工和务农，并且主要是前者，而不是来自对村庄内部政治权力、资产利益、矿产资源、土地开发、市场机会、社会关系等资源的再分配，那么就不会出现不同农民群体间为争夺资源而"合纵连横"的情形，进而产生权力、财富和社会关系等方面的巨大差距，达成阶层内部的利益共识和联盟，形成对其他阶层（政治、经济机会和社会关系上）的排斥、区隔甚至打压。后者在城郊农村、资源型村庄和沿海发达地区农村较为普遍。因此，在广大中西部农村，村庄主要是消费和生活的场域，而不是资源再分配的竞技场，那么村民之间的关系就不是利益争夺的零和博弈关系，而是既有面子竞争又能相互支持的共赢关系，因而农民家庭在社会交往上的分层不会太明显，阶层难以形成。

四、价值基础：上层走出村庄

农村普遍存在"上层农民走出村庄的生活面向"，是中国农村去阶层分化的价值基础。"上层走出村庄"，说的是农民的生活面向和价值取向，是转向村庄，还是朝向城市。贺雪峰教授认为，中国的村庄不仅是农民赖以为生产、生活和社会交往的单元，而且是农民的宗教。[1]农民通过归属于村庄，在村庄熟人社会中获得认可，由此来体现和体验活着的价值和生命的意义。农民的价值世界有多重，既有关注本体性的价值理念，比如说传宗接代，农民通过生育儿子、传递祖先血脉来安排自己的人生和定义自己

---

[1] 贺雪峰：《城市化的中国道路》，东方出版社，2014 年版。

生命的目标，也有更加关注社会层面的价值目标，如村庄的面子、尊严等的竞争。一般而言，农民只有在实现了或正在实现本体性的价值目标时，才会主动、积极、乐观地去追逐社会性的面子竞争。当然也会出现"树活一张皮，人活一口气"现象，即把社会性的竞争看得比较重要。

无论是本体性价值还是社会性价值，归根到底都是为了在村庄中过上体面而有尊严的生活，获得社会声望和地位，得到人们的承认和赞赏。要做到这些，就必须通过个体和家庭的主观努力去达到村庄为这些"标的"所设定的要求，即便做不到超越他人，至少也要不比人家差。那么，这些目标要达成，就必然有个在村庄内部的比较、竞争和较量的过程。这也意味着村庄具有价值生产能力，人们还看重村庄对个人的评价，在意自己在村庄中的言谈举止，主动地接受村庄对自身的规约和塑造。在这个意义上，村庄就是农民的宗教和终极目的——外出务工累死累活、节衣缩食，为的就是能回到村庄享受受人尊重、有面子的熨帖人生。

随着市场经济的发展，村庄体面生活的标准越来越趋向于一元化的经济消费。只有达到了某种经济消费水准，一个家庭的生活才算体面，家庭主要成员才会获得他人的认可，才会有成就感和满足感。达不到这个消费水准，则会被人"瞧不起"，自己也会认为"没有用"，而成为农村的"有缺陷的消费者"和"新穷人"。并且事实上，消费水准会随着最有消费能力群体的引领而不断抬高。家庭的消费水平取决于其经济水平，而当前农村的经济水平并不是整齐划一的，而是出现了分化。最有消费能力的是村庄中占少数（约5%）的先富农民，最欠缺消费能力的是处于村庄最下层的少数家庭（约15%）。中等收入层级的消费能力处在中等水平。那么在这种情况下，如果先富农民也参与村庄中的消费竞争，希望在村庄中通过消费水准上的胜出而获得承认，如笔者在江浙沿海农村调查的那样，村庄的社会性竞争规则往往参照先富农民而定，因而水平较高，也使得竞争较为激烈。先富农民凭借自己丰厚的经济实力，在村庄中进行炫耀性消费，引领村庄消费竞争的潮流，从而使其消费水平成为村庄其他层级农民竞争的"参照系"或"标的"，即他们的成功才算是成功，只有达到他们的水平才算是成功人士，才能获得面子。其他农民须按此"量身定制"。富人制定了高标准，使得各层级的农民都处在一个较为激烈的竞争和地位焦虑当中。各层级的农民要为达到这个标准使出浑身解数，而富人自身为不被人赶超而得不断地提升自己的消费能力，不断地抬高竞争的标准，甚至是排挤、打压其他层级的农民，令其无法赶超。于是，在富人农民内部就会形成较为紧密的关系，他们垄断了当地农村的市场经济机会，并通过竞选村干部垄断地方政治权力，同时通过共同的消费方式、业缘、人情等方式垄断当地上层的人际关系网络，并形成对其他层级农民的笼罩性排斥。这样，在富人农民内部就容易形成阶层意识和阶层认同，及其内部的一致行动能力。

而其他层级，尤其是最下层农民则因无论怎么努力，也达不到富人农民制定的成就标准，最终被迫退出竞争，成为被村庄竞争体系甩出来而没有面子和地位的人。由于先富农民阶层内部密集而封闭的关系网络，构成对下层农民的排斥，后者就无法运用富人农民的相关资源获得成功。例如，富人阶层在酒席规格、人情礼金标准上有自己的定位，下层农民要与其建构关系，就得与其看齐，并参与富人的人情往来，但是由于酒席规格、人情礼金之高，只有富人出得起，而下层人则办不起酒席，也赶不起礼金，就只能不办酒席或缩小酒席规模，也退出与富人的人情往来，那么他与富人的关系就中断了，富人的资源他也就用不上了。久而久之，农村的人情往来也成为富人的游戏，富人之间为了建构关系往往大摆筵席，关系越来越广，而穷人越来越办不起酒席，越来越赶不起人情，其人情圈和社会关系网络就越来越窄，所能利用的资源也越来越少，离成功也就越来越远。最终下层农民只能退出村庄的面子竞争，成为没有面子、自甘堕落、获得不了完美人生的农民，并开始产生对富人农民的怨恨情绪，下层的阶层意识开始形成。

上面是笔者在沿海发达地区调研的情况。而在广大中西部地区，虽然同样出现了经济上的分野，却未形成显著的阶层分化，其中一个重要的原因是中西部地区的先富农民搬出了村庄。与江浙沿海城乡一体化程度较高相反，广大中西部农村地区还处在"城乡二元结构"的分割之中，农村跟城市还有巨大的差距，城市生活是人们所向往的。同时，随着村庄的开放和农民的流动，市场理性侵入村庄，村庄的价值生产能力减弱，有些农民逐渐不在乎村庄的评价和村民的体认，或者有些人能在外边的世界获得生活意义和生命价值，在外边获得承认。那么，这些农民便搬出村庄，在城市定居，脱离了村庄生活和村庄的价值规约。他们不参与村庄的价值生产，也不介入村庄的面子竞争。这些人一般是农村的先富农民，他们的生活面向朝外，最先逃离农村。

当先富农民搬出村庄后，他们的消费标准无论有多高，都不再是其他层级农民的参照标准和比较看齐的对象，也即富人不再为村庄竞争制定规则。那么，接下来村庄最具消费能力的群体就是占80%的广大中等收入者，他们的消费水平会成为村庄新的参照系，农民的竞争开始围绕这个标准展开。其目标无非是确保中等收入的地位，或成为新的中等收入者。只要达到了这个目标，就不枉此生。所谓中等收入，对广大中西部农民而言并不是一个很高的收入，它是一个相对收入，与其他层级农户的收入水平不会相差太大。即便对于处在最下层的农民来讲，中等收入也不是一个遥不可及的目标，更不是虚幻的海市蜃楼，因而对于这个目标没有心理距离。那么，达到中等收入水平，过上中等收入的生活就是每个农民都可能达到的竞争标准。

相对于先富农民制定的标准，中等收入的目标相对较低，在这样的竞争氛围下，只要农民稍加努力，就容易达成，就容易使自己成为村庄的"成功人士"，过上体面、有尊严、有地位甚至有话语权的生活。也就是说，每个农民都可以使自己的生活有意义，使自己的生命有价值。那么，这样的生活对于每个层级的农民来讲，都是有奔头、有向往的。如此，每个农民家庭都会积极向上，朝着这个目标走，而不像在富人制定规则的地方，因成功遥不可及而放弃，而颓废。所以在这个竞争体系下，较少有被竞争甩出来的农民，较少有自动退出竞争的农民。即便是处在最下层的农民，也信心满满，他们认为自己是暂时达不到中等收入水平，而不是永久达不到，是自己运气不好（如生病遭灾了），而不是命该如此；或者觉得现在没有达到是因为子女还小，负担大，只要子女都长大成人，成了壮劳动力，家庭收入水平很快就上去了，等等。即认定，只要家庭及周遭环境一改变，他们就会成为中等收入者。于是，在广大中西部农村，每个家庭都充满希望，都充满活力，家庭的每个成员都为了过上体面的生活而竭尽所能，贡献自己的力量（年轻人外出务工，老年人在家务农）。

在这种价值生产的基础上，既不存在勾连在一起独享成功、排斥其他群体的上层农民，也不会形成被村庄竞争甩出去、心灰意冷的下层农民；更为重要的是，每个农民在主观上都不会认为自己是下层人，更不会认为其他人高人一等，皆不会主观上自我排斥，也不会自甘落后和认命。因此，在这些农村地区，就难以形成有形的阶层和主观的阶层排序。

五、小结

综上所述，中国农村的去阶层分化机制包含了社会、经济和价值三重基础（见图6-1）。

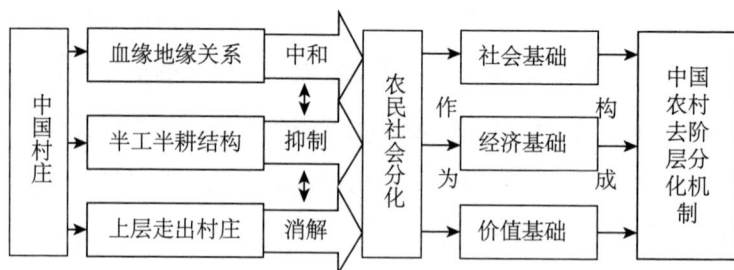

图6-1 中国农村的去阶层分化机制

其中，血缘地缘关系是中国农村的主要关联模式，它在西方社会和中国城市社会则皆相对淡薄。因而，如果说在西方和中国城市研究社会分层无须顾及血缘地缘关系这一变量的话，那么，在中国农村研究社会分层，则怎么也绕不开它。在村庄中，血缘地缘关系渗透到农民日常生活中，乃至主导着农民的社会经济生活。这是中国农村社会分层研究的独特性所在。血缘地缘关系在农村去阶层分化中扮演着社会基础的角色。它在村庄中起着"中和"农民分化的作用，使得在权力、财富、超社区关系等资源上有较大分化的农民，不因这些分化而在社会交往中亦出现较大分化，即使得村庄社会层面的分化较小。

广大中西部农村普遍存在的"以代际分工为基础的半工半耕"的收入结构，是农村去阶层分化的经济基础。它使得农民普遍处在中等收入水平上，农民之间在经济收入、消费水平和职业关系上具有广泛的一致性。这种一致性在很大程度上"抑制"了农村其他方面的分化，诸如闲暇方式、生活水平、价值观念、宗教信仰、社区交往和超社区关系等，这样，尽管村庄的开放性增强，但仍具有共同体性质，社会阶层的分割难以出现。

上层走出村庄也是中西部农村的常见现象。迫于城乡二元结构的限制，虽然村庄还具备价值生产能力，还能够赋予人们尊严和意义，但是有能力在城市获得体面生活的人会选择走出村庄。先富农民走出村庄的意义在于，村庄面子竞争和成功标准的参照系随之降低至中等水平。人们在这个水平上比较和竞争，那么每个人获得成功的概率都会增加，都可以在这个水平上获得村庄的普遍认可。若以先富农民的标准作参照，由于差距太大，大部分农民都可能有心理恐惧，而最终无法获得成功，觉得人生灰暗，没有意义。但一旦标准回落到中等水平，这种心理差距就会消失，都会积极地去应对竞争。也就是说，先富农民走出村庄，为农村去阶层分化提供了价值基础。

在广大中西部农村地区，以上三重基础都存在，它们综合作用的结果就是这些农村地区农民有分化，但没有形成明显的阶层及相应的阶层隔阂、冲突等阶层关系。而在沿海发达农村地区，这三重基础基本上都不存在。首先，这些地区由于市场经济的高度发达，农村血缘地缘关系已经非常淡薄，它在分化的农民之间较少起作用，在上层富人和下层穷人之间已经不讲血缘亲情和人情面子了，但它可以在富裕阶层内部发挥润滑和加强关系的作用（如富裕阶层通过讲血缘、讲人情广泛勾连关系）。其次，在这些地区经济收入发生了根本性变化，占5%左右的农民通过创办企业、经商率先发家致富，成为村庄的富人阶层，其他农民皆在附近工厂、企业打工，获得基本的工资收入，只要极少数农民还在耕种土地。这种收入结构使得村庄的贫富差距非常大，进而使得农户之间在消费档次、价值观念、时间安排和社会交往上出现重大差别，这些差别带来了阶层的显著分化。最后，上层富裕的农民并未走出村庄，而是近距离地与下层农民在村庄内比较和竞争，由于上下差距太大，下层很容易产生心理距离和被竞争甩出去的感觉，成为永远无法获得"成功"的人。这样，有了经济上的巨大分化，又没有血缘地缘的中和作用，上下层心理上又存在距离，那么有显著界线的阶层就必然显著。

占中国农村总数95%的是广大的中西部农村，它代表中国农村的主流。广大中西部地区没有出现显著的阶层分化和负向的阶层关系，对于中国农村保持稳定，进而成为现代化和城市化的蓄水池和稳定器具有重要意义。"中国农村去阶层分化机制"的提出，对于研究中国农村社会分化的逻辑和机理，及中国本土阶层研究来说是一个潜在的理论贡献，它提出了新的问题，揭示了新的研究方向和领域。因此，研究中国农村的去阶层分化机制，不仅具有重要的现实意义，而且具有重要的理论意义。本章仅仅是一个尝试。

第七章　富人在村、相对剥夺感与社会排斥：

东部农村的社会分化

一、比较视域下的农民分化

农民分化是村庄里的分化，它与市民分化有差异。城市是陌生人社会，村庄是熟人社会。陌生人的分化是相互匿名和不可见的，个体在社会关系和价值上可以逃离自己的阶层位置；而熟人社会中交往是面对面的，分化是看得见的，农民无法逃离自身的社会关系和社会结构位置。

在东部沿海发达地区农村（简称"东部农村"），经济社会率先发展，大部分农民从农业领域分离出来，到非农领域就业。一部分农民通过在工商领域自主创业率先发展起来，成为富人。经济上的分化使得原先均质化、相差无几的农民被划分成不同的社会阶层。相较于中西部地区农村经济分化不大、社会分层不显著，东部农村已经有了明显的阶层分化，阶层意识逐渐显性化，并开始出现较突出的阶层隔阂和区隔现象。东部农村阶层分化的这些特点已引起学者的关注，学界对东部农村阶层分化的研究主要集中在两条路径上，分别是研究对象路径和研究视角路径。

研究对象路径将阶层分化作为研究的对象，对阶层分化的各个方面进行描述和阐释，力图勾勒丰富而复杂的阶层分化状况。该路径的成果较早较多地集中在"村级贿选"和"富人治村"上，学者着力阐释的是在阶层分化之后，率先富起来的农民通过贿选等方式竞争上台担任村干部，抬高村级选举门槛，并在村庄中形成只有富人才能当村干部的舆论氛围，从而将其他农民排除在村庄政治之外。学者还对"富人治村"的原因、类型、必然性、治村过程和后果进行了阐述，认为"富人治村"在农村阶层高度分化的背景下和村级竞选条件下具有必然性，它在村庄中构筑了以富人为中心的、缺乏公共性和不可逆的权力结构。[1]另外，学者还关注了阶层分化后村庄的阶层结构、阶层关系状况[2]，以及它们对村庄政治社会的影响，主要包括对村级治理重构的影响[3]、对农民上访的影响以及对农村民主政治的挑战[4]。

研究视角路径则是将阶层分化作为研究的视角，将之嵌入村庄去探讨其他政治、社会和经济现象，并在分析铺展的逻辑中体现阶层分化。在这里，阶层分化不是直接的研究对象，它是研究

---

① 贺雪峰：《论富人治村——以浙江奉化调查为讨论基础》，《社会科学研究》2011年第2期。

② 谭林丽：《派性政治——城镇化进程中的农村基层民主机制研究（1999—2014）》，华中科技大学博士学位论文，2015年。

③ 贺雪峰、谭林丽：《内生利益密集型农村地区的治理——以东南H镇调查为例》，《政治学研究》2015年第3期。

④ 杜姣：《农民上访的阶层对抗解释》，《华南农业大学学报（社会科学版）》2015年第4期。

的切入点，或者是解释链中最重要的一个环节，属于中间变量，而研究的问题则是阶层分化与其他变量发生作用的最终结果。该路径下的研究主要集中在农村老年人自杀、农民上访、土地流转、农民流动、农村人情等方面。这些研究不仅展示了农村阶层分化及阶层关系的具体状态，还剖析了阶层分化与其他因素发生作用的机制与逻辑。

上述关于东部农村阶层分化的文献基于村庄调查和实地观察，也构建了具有解释力的分析框架，但是缺少总体性概括，也缺乏与城市或中西部农村比较的视野。据调查，东部农村的阶层分化首先是"村庄里的分化"，除此之外，它还有"高度分化"、"富人在村"和"上层农民规模大"三个典型特点，村庄诸多政治和经济社会现象都与这些特点相关。鉴于既有研究的缺陷，本章首先对上述四个特点进行理论总结和阐发，然后在此基础上，尝试对东部农村阶层分化的若干重要问题进行梳理和阐释。

二、村庄里的分化

城市里的分化是通过数据统计得来的，研究者除了数据，很难看到具象的阶层结构和阶层互动。由于村庄的熟人社会特性，农民分化具有可视性。对于农民来说，村庄熟人社会有如下特征。

其一，信息的对称性。村庄是狭小的空间，农户之间是透明的，彼此知根知底。那么，农民因为清楚自己和其他农户的情况，就会在比较和竞争中对自身进行阶层定位，确认自己在社会分层中的位置和所扮演的角色。在调查中，当调查者询问受访对象自身或其他村民处在哪个层级时，他们会毫不犹豫地说出自己或他人的位置，不同受访对象的回答可以相互印证。在村庄里，因为信息的对称性，农民的主观阶层和客观阶层具有高度的一致性。信息的对称性还使得每一个农民都完全暴露在村庄之中，相互之间无法隐藏信息，也无法不接受对方的信息。对于在比较和竞争中落后的下层农民来说，他们既无法将自己封闭起来，不让人家知道自己的底细，也无法包裹自己不受来自上层农民信息的冲击和刺激。下层农民因而将自己的落后和无能暴露无遗，备感压力。这说明，村庄内信息因传递畅通而对称。村庄内信息的对称性还表现为信息的物质可见性。物质是记录和表达信息的重要载体，主要体现在居住、酒席、人情、消费等竞争项目方面。这些物质具有极强的表达和传递信息的功能，它们的差异很容易为村民所感知。

其二，互动的在场性。城市社会阶层的互动发生在陌生人之间，因而必定是抽象的和匿名的，人们可以逃离这种互动。但在熟人社会中，人们的互动是在场的。这个特性源于村庄交往距离短和信息的对称性。互动的在场性表现在两个方面：一是互动双方知根知底。只要发生互动，互动双方就清楚对方的底细，尤其是各自所拥有的资源禀赋，也很清楚怎么跟对方打交道，知道自己出牌之后对方有什么牌可以出。事实上互动结果是结构性的，早已确定。上层农民掌握的资源更多，知道下层农民的软肋和怎么对付他们，因而在跟下层农民打交道时具有天然的优势。基层政府之所以会扶持上层农民担任村干部，原因之一就是利用上层农民的资源来治理下层农民中的"钉子户"。二是互动的面对面。

无论互动双方关系如何，只要生活在同一村庄中，"低头不见抬头见"，下层农民就得直面与上层农民的互动。上层农民对下层农民的排斥和压制，是在村民的眼皮子底下赤裸裸地发生的。下层农民虽然在上层农民面前有压力，但又不得不跟上层农民打交道，因此，压力直接来自上层农民并在交互关系中不断叠加。

其三，价值的共享性。城市社会的价值观是多元的，人们可以归属不同的价值体系而在其中获得价值感。如果有人在某种价值体系中无法实现自我，他们便可投身到其他更容易实现自我的价值体系之中。但农村的价值体系却是村庄共享的，某一套价值体系会成为笼罩性的力量而为多数村民所认可，村庄中不可能存在两套或多套对抗性的价值体系。人们只有达到了某套价值体系的标准，才能在村庄中获得面子、荣耀和承认。而且只有强势群体的价值目标才能成为村庄共享的价值目标。在东部农村，上层农民是强势群体，他们经济优势明显，与下层农民拉开了相当大的距离，上层农民的炫耀性消费价值观引领村庄的价值体系，会导致下层农民很难达到上层农民的标准，进而难以在村庄中获得成就感和价值感。下层农民又无法提出与上层农民相对立的、更容易达成的价值观，只能硬着头皮接受上层农民的价值观。这对于下层农民来说无异于价值剥夺。

熟人社会的上述特征，使得农民不能轻易退出村庄社会关系，进而导致阶层分化呈现出独特的景观：阶层位置的自我确认，主观阶层与客观阶层的一致性；阶层关系在互动中形成既定模式；下层农民的压力来源于与上层农民的直接互动；上层农民对下层农民的压制和价值剥夺是面对面的，等等。总之，阶层关系是面对面的和无可逃遁的。

三、社会高度分化

相对于中西部地区农民的中低度分化而言，东部地区农民的分化属于高度分化，表现在两个方面：一是经济上的纵向分化大。改革开放后，该地区有一部分农民利用集体社队企业积累下来的管理和销售经验、技术及人脉关系等，从家庭作坊、跑供销等做起，逐渐做大做强，将家庭作坊升级为中小企业或规模企业。而多数农民则仍然从事农业生产和家庭作坊经营，或在本地企业务工，或从事半工半耕等。职业分化带来农民经济上的巨大分化，农民的年收入从两三万元到数百万元乃至上千万元不等。处在经济上层的农民千方百计地将自身的经济优势转化为在社会关系和政治权力上的优势，从而总体性占有经济、声望、权力、文化等资源，带来了农村社会分层。根据占有资源的情况，具体可以将东部农村的农民划分为上层农民、中间农民和下层农民。不同阶层农民在经济水平、居住环境、消费方式、参政意愿、社会交往、价值观念等方面都存在较大差别，尤其是上层农民与下层农民的差别巨大。中间农民不是一个独立的群体，在利益、产业和社会关系上依附于上层农民，在消费和交往上也紧跟上层农民，并在村级选举中充当上层农民的帮手和拉票者。所以，在东部地区，主要阶层关系是上层农民与下层农民的关系。

二是血缘地缘关系的横向分化彻底。血缘地缘关系在村庄里表现为宗亲关系和邻里关系。由于经济上的差别，农民之间在交往的时间、空间和心理上都出现了较大距离，从而使得相互之间交集变少、关系变淡。上层农民是企业主，遵循的是现代工商业的作业时间，工作与休息都较为有规律。而下层农民有的遵循的是农业劳作时间，有的遵守的是工厂务工时间。这就会造成二者在时间上的错位，当下层农民在作业的时候，上层农民在休息，或者当上层农民晚上十点才开始夜生活的时候，下层农民已经休息了。空间上的差别源于经济收入的差别，主要包括居住空间的距离和消费空间的差别。上层农民不仅在县市有房产，在镇上也有商品房和别墅，在村里还自建别墅。而下层农民则居住在逼仄和基础设施落后的老村落。一般情况下，上层农民不会去老村落聊天，下层农民也不会去别墅区串门。在消费空间上，由于消费形式的差别，上层农民活动的地方主要是咖啡馆、农庄、大商场、高尔夫球场、旅游区等，而下层农民则主要在自家、小店里、街道边、堰塘等地方度过闲暇时间。由此，上层农民与下层农民在空间上是区隔的，基本上难有社会交集。上层农民与下层农民的心理距离也在拉大，主要表现为上层农民鄙夷、蔑视下层农民，把后者的落后归因于无能、懒惰和愚蠢，不屑于与下层农民交往，觉得跟下层农民交往是浪费时间，还没面子，甚至认为有穷人亲戚是人生最大的耻辱。而下层农民则没有底气跟上层农民交往，在上层农民面前觉得有压力，同时也看不惯上层农民高高在上、自以为是的做派。因此，上层农民与下层农民的交往骤减、距离拉开，即便是兄弟、堂兄弟或邻里，也因经济的高度分化而产生距离，血缘地缘认同感降低。

在东部农村，纵向的经济分化和横向的血缘地缘关系分化皆较大,因而东部农村的农民就呈高度分化状态。阶层高度分化给东部农村带来了两大后果:一个后果是阶层内部关系超越血缘地缘关系,成为农民的主要关系,对于上层农民而言尤其如此。传统农民之间的关系以血缘关系为重,邻里关系次之,再次是其他社会关系。即便有层级分化,但层级内部关系要让位于血缘地缘关系,即兄弟关系、堂兄弟关系要比富人内部关系重要。而阶层高度分化之后,上层农民通过产业关联、人情往来、共同消费等方式,在其阶层内部构建起了一个广阔的、高质量的和联系紧密的关系网络。上层农民内部的圈子是利益聚焦、生产性强的圈子,上层农民在共享资源中凝聚利益、共同发展,从而保持和强化其上层地位。而下层农民内部则利益较不紧密,关系比较零散,没有形成紧密的圈子。即便有诸如打牌、打麻将、垂钓、聊天等共同行为,其关系也是生活性的,而非生产性的。生活性关系只能带来消遣,而生产性关系则可以带来资源的集聚和财富的增长。

农民高度分化的结果是改变了村庄的交往规则和行为逻辑,首先是上层农民与下层农民的交往不再遵循亲情、人情和面子等规则,相互之间脱卸基于血缘地缘关系的权利和义务。其次是在上层农民内部,血缘地缘关系成为他们加强内部关系的润滑剂,人情关系是建立和强化内部关系的重要手段。最后是在下层农民内部,传统交往规则被经济分化、市场经济侵蚀而越来越脆弱。

另一个后果是下层农民退出村庄竞争。村庄竞争是指在一定标准之下,农民在人情、消费、居住、婚姻等方面展开比较和攀比。达到或超过该标准的农民,可获得村庄主流社会的承认而有面子、荣耀和尊严,没有达到该标准的则得不到村庄其他人的承认和尊重。这种标准是由上层农民制定和引领的。上层农民因其经济实力雄厚，在竞争的各个方面都能够达到很高的标准，比如酒席规模达到 100 桌以上，人情礼金不低于 1000 元一次；一个家庭可以购买四五辆上百万元的豪车，可以结队乘坐私人飞机到外地打高尔夫球；在村里或镇上都建有别墅；在嫁女儿时要给数十万元乃至上百万元的嫁妆；等等。因为经济条件与上层农民差距太大，下层农民即便使出浑身解数、调动全家劳动力也难以望其项背，远远达不到上层农民不断抬高的竞争标准。这进一步带来两个结果：一是下层农民因为达不到标准而得不到承认和无法自我实现，表现为被上层农民瞧不起，自己也觉得在村里抬不起头来。二是下层农民打肿脸也充不了胖子，就不再"打脸"了，而是退出与上层农民的竞争，不再追求上层农民的生活和消费方式，这在人情上表现最为明显。人情是构建和维系社会关系的主要方式。上层农民拉高了人情消费，下层农民承担不起。于是，有些人情能不去的尽量不去，有些关系能不走动的尽量不走动；有些酒席能不办的尽量不办，能办小规模的尽量小规模办。尤其跟上层农民的人情和社会往来，成本太高，下层农民就尽量不走动、不与之共同消费。于是，下层农民就逐渐中断了许多社会交往。有的下层农民的酒席规模低至数桌，一年的人情往来支出也只有数千元至上万元，与上层农民一年十万元左右的人情礼金没法比。这样虽然缩小了下层农民的社会关系网络，但也降低了其现金支出，减轻了负担，保证了他们基本的生活质量。

四、富人在村

在东部农村，一般以镇县为基地形成了密集的贯穿上中下游的产业集群，在同一产业内部又形成了包含高中低端环节的产业链。不同产业和产业内不同端点的企业在本地市场上相互咬合、相互依存，形成了相对成熟的市场环境。如果一个企业离开本地到外地发展，就会脱离本地的产业供应链从而加大生产成本。当地中小规模企业的厂房一般是由宅基地扩建而来，土地要素的成本较低。为了推动经济社会发展，当地政府在税收、环保、安全、质检、产业升级等方面给予企业许多优惠政策。同时，东部大部分地区已经实现了城乡一体化，农村公共基础设施与城市实现了同步发展，农民在农村就能够享受城市化、现代化带来的便捷。

这样，东部地区内生资源和政策资源密集，城乡一体化程度较高，给当地农村阶层分化带来了两个重要特点：一个是上层农民较多；另一个是上层农民留在村里，即富人在村。当地乡村治理和阶层关系中的许多现象皆与这两个特点相关。

就第一个特点而言，因为当地资源密集，在不同产业和同一产业链条的不同端点都造就了相当多的富人，这些人成为上层农民。据笔者调查，上层农民一般占农民总数的10%，其中的中等规模企业主的年收入在50万元至200万元之间，而中上规模企业主的年收入在200万元以上，少数达到了1000万元。若一个村以300户算，那么，这个村就有30户属于上层农民。有了这个规模就会形成规模效应，上层农民的一举一动都会成为村庄关注的焦点。上层农民的规模效应主要表现为：一方面，上层农民在其内部可以构建圈子，并逐渐形成"亚文化"，这种亚文化因为其内部人数足够多，可以不受外部主流文化的影响。譬如，即便其他农民看不惯上层农民的炫耀性消费，到处说风凉话，上层农民也可以不予理会而依然我行我素。这是因为上层农民不需要与其他农民交往，就可以在上层圈子中获得交往需求和价值认同。另一方面，因为上层农民足够多，他们的亚文化就不会被看作异类，并溢出其圈子而成为其他农民不得不面对的文化类型。同时，农民在村庄内比较和攀比的都是比自己水平和标准高的对象，因此，上层农民的生活和消费标准就会成为农民比较和竞争的对象。

假若当地上层农民只是少数或个别人，那么，上层农民就会被认为是村庄的异类，其生活和消费水平也不会被其他村民所效仿。譬如上层农民建别墅，或办大规模酒席，当大部分农民都认为这是个别现象时，他们就不会因比较而给自己带来压力。其他大部分农民都落后，说明这不是个人能力问题，而是这个人（上层农民）运气好而已，或者说他确实太努力了，理应得到相应的回报。或者说，只有个别人能够办到时（如摆上百桌宴席），人们会以为这是显摆、炫富而已，不值得提倡和效仿。但是，当一群人都可以做到（如建别墅）时，这就不再是运气和个人显摆，而是个人能力问题。所以，没有办到的农民就要朝着这个方向努力，争取办到以证明自己的实力。上层农民也就成了农民比较和竞争的对象。

就第二个特点而言，上层农民脱离不了当地产业链和市场、政策环境，从经营企业来说他们必须留下来。城乡一体化程度较高，又使得上层农民可以留在农村，这样东部农村就集中了一大批上层农民。东部地区上层农民在村给当地阶层分化和阶层关系带来了别样的景观。其一是凸显了阶层的高度分化，主要表现为下层农民与上层农民的差距太大。假若上层农民离开村庄，那么，中间阶层和下层阶层虽然有差距，但差距不会像下层村民与上层村民那么大，农民分化就不会呈高度分化状态，也不至于造成阶层间的巨大裂痕。

其二是下层农民必须直面上层农民。也就是说，只要上层农民在村，下层农民与上层农民的互动就在所难免。但是，下层农民和上层农民差距太大，会使双方的互动不自然。下层农民在面对上层农民时会敏感于自身与对方的差距，因而深感压力，很可能上层农民的一句话、一个动作在下层农民看来就是"显摆""嘲讽"。下层农民为了少受伤害，尽量避开与上层农民的面对面互动，便退出上层农民的交往圈子。但是，下层农民可以退出与上层农民的直接交往，却不能退出熟人社会中的互动，上层农民在村就是下层农民心中的阴影。上层农民在跟下层农民互动时也有所顾虑，在说话、做事、开玩笑和花钱消费等方面有所顾忌，生怕一不小心就伤害到了下层农民。为了避免尴尬发生，有的上层农民在口袋里装有至少两种香烟，一种是高档的"软中华"，一种是低端的"硬白沙"。跟不同层次的人交往就抽不同档次的烟。当然，因为上层农民占据优势，双方的互动对下层农民的负面影响更大一些，包括给下层农民带来生存性压力。

其三是上层农民的生活和消费水平成为村庄共享的标准。上层农民在村就必然参与村庄的社会性竞争。由于上层农民的经济条件允许，其炫耀性消费很快超越传统的竞争标准而成为新的标准，其他农民则要参照行事。下层农民和中间农民不断追赶上层农民的消费水平，希望与上层农民保持一致。上层农民则不断拉开与其他农民的距离，以显示与众不同。中间农民在消费上紧跟上层农民，虽然不能与上层农民完全一致，但至少看上去差不多。下层农民无论怎么努力也无法达到上层农民的消费水平，这样会使他们在村庄里没有面子，被上层农民和中间农民看不起。如果上层农民离开村庄，那么，中间农民的消费标准就会成为村庄共享的标准，这对于下层农民来说虽然有难度，但通过努力勉强可以达到，因而下层农民不至于退出竞争而被边缘化。

上层农民在村还使得他们能够利用经济上的优势和优质的社会关系网络，垄断村庄公共资源的再分配权，将下层农民排除在再分配之外。

五、相对剥夺感

鉴于经济实力，下层农民被迫退出与上层农民的竞争，但是，这并不等于在村庄中可以对上层农民视而不见、听而不闻。事实上，下层农民时刻都在跟上层农民比较，并因比较而备感压力，进而产生对上层农民的怨恨情绪。

比较与竞争不一样。竞争包含了比较和攀比的意思，是一种与比较对象一争高低的状态；而比较则是事物之间量的客观对比，不包含相互较量、竞争的主观意志。农民相互比较的前提是平等，包括起点和人格的平等。在传统等级社会，农民不会跟地主、资本家、知识分子和官僚相比较，他们在自己的等级位置上各安其位、各得其所。农民只在其等级内部比较，并在比较中获得存在感和社会承认，而其等级内部的人都差不多，因而不会因比较带来的落差而有压力。新中国成立后打破传统等级社会，农村中每个人都具有平等的人格和起点后，人们才普遍比较起来，但集体经济时代因生产工具和其他生产要素都被集体所掌握，农民之间的差别并没有显现出来。真正的比较发生在农村改革之后。这个时候的农民在集体经济时代生活过，接受了平等观念的熏陶，同时农村改革又给个人和家庭能力的释放提供了巨大的机会和空间，个人和家庭的能力开始凸显出来。那些个人能力强、家庭劳动力多、敢于闯荡和能够抓住机会的农户就率先发展起来，而那些不能合理安排家庭劳动力、个人能力弱、畏首畏尾或缺少劳动力的家庭则发展较缓慢。经过若干年的发展，农户之间的差别越来越大，甚至有一批农民将其他农民远远地甩到了后面。

出现差别之后，农民之间的比较才具有实质意义。以前大家一起下地干活儿、家庭条件都差不多的伙伴，现在其中一些人成了亿万富翁，一些人沦为打工者。更重要的是，所有人还在一个村庄中生活，每天都要见面，那么，相互比较就是赤裸裸的、时时刻刻存在的和潜意识的。这个时候，下层农民不可能装作没事，他们不免心生妒忌，在上层农民面前说话也变得阴阳怪调或结结巴巴，不自然。上层农民也并不谦虚，他们从来不收敛和藏匿自己，反而通过各种方式和途径在村庄里炫耀财富、展示与众不同，这对下层农民来说就是直接的刺激。因为起点都差不多，谁也没有"拼爹"的条件，那么，贫富差距就意味着个人能力的差别，落后者就会在村民的指点和比较中丧失面子，被人瞧不起，从而带来巨大的压力。农村是血缘地缘社会，关系越近，起点就越平等，最平等的莫过于兄弟、堂兄弟，再就是宗亲和邻里，如果这些人出现了差别，落后者的压力是最大的。事实上，在农村的日常生活或闲聊中，人们确实常拿两兄弟来对比，对于落后者不是予以同情，而是鄙视和道德贬低。对于落后者来说，最大的鄙视莫过于得不到村庄社会的承认。

因比较带来的落差给下层农民带来了巨大的压力，同时也给他们带来了追赶的动力。但是，在东部地区，比较的对象是上层农民。下层农民与上层农民的差距太大，即便下层农民通过无限压榨家庭劳动力（打几份工）、缩减生活开支（如减少人情消费、交际费用及不看电视等）也追赶不上，那么，他们的心理压力就更大。但村庄熟人社会是不可逃逸的，只要下层农民生活在村庄中，就不能规避与上层农民面对面的交往。只要有来自上层农民的信息，下层农民就会感到压力，浑身不自在。更何况上层农民还不断地在村庄中"刷存在感"。下层农民唯一避免压力的方式就是不在村庄里生活，但受制于经济条件和谋生方式，他们无法搬出村庄。所以，下层农民只能尽量减少或避免与上层农民互动，以少受刺激和减少压力，尤其是不能参与上层农民的炫耀性消费和社会交往。进而，下层农民退出与上层农民的人情往来，不参与村庄公共生活，"关起门来过日子"，这也是对自己的一种保护。

上层农民的存在本身就昭示着下层农民的无能与虚弱，这对下层农民来说是挥之不去的压力。这种压力直接来自上层农民，下层农民无法改变，久之就会对上层农民产生愤懑、仇恨和厌恶等情绪。这些是负面的情绪，它们因下层农民的无能和虚弱而积郁在心中无法宣泄，在日常生活中表现为对上层农民"怨气冲天"，下层农民对上层农民几乎没有好评价。怨恨情绪主要表现为怨恨批评和反向思维。前者是漫无目的的批评，目的只在于通过批评宣泄情绪，而不是推动情况的改变。后者是只要是上层农民的所作所为，下层农民都往负面、否定性方向去理解；只要是下层农民所做的事情，无论好坏，下层农民都表示支持和鼓励。下层农民还通过否定上层农民财富来源的正当性和合理性来宣泄不满，或者制造谣言使上层农民在村庄中声誉受损，从而在道德上拉低上层农民的地位，实现心理上与上层农民的虚幻平等。

如果说怨恨产生的条件是比较，那么，平等就是怨恨产生的基础。有了平等才会有比较，有了比较才会因落后而产生怨恨情绪。传统等级社会中农民不会对地主有怨恨情绪，因为农民与地主处在不平等的等级结构中，农民不会跟地主相比较。真正相互比较的，是成长在集体经济时代并在20世纪八九十年代结婚成家的那一拨农民，他们现在一般在五六十岁。这批农民起点一致，后来分化较大，落后者在比较中产生了怨恨情绪。但是，这批农民的后代是在不平等、"拼爹"的环境中成长的。"农二代"与"富二代"本身处在不相称的结构中，他们起点不同，差别是先赋性的，对于他们来说差距也就理所当然了，因而不会相互比较，更不会因有差距而产生怨恨情绪。调查中，笔者也发现，年轻的"80后""90后"对在村富人表现出淡定、坦然和与己无关的态度，他们与同村的"富二代"从来就没有交集，甚至不认识。

从这一点来讲，农村的怨恨情绪是一代人、一个时代所特有的。

除了跟平等的价值诉求和不平等的社会事实有关外，怨恨还与农民的公平观受到挑战有关。农民的公平观是生活中常识性的心理平衡感。农民认为应该得到他人平等对待，而事实上却并未如此，因而他们就会产生不公平感。在东部农村，农民认为最应该受到公平对待的是村庄公共资源的再分配。但是，当上层农民通过巨资贿选掌握村庄利益再分配权之后，就肆意攫取村庄公共资源，将下层农民排除在资源再分配之外。下层农民自然觉得受到了不公平对待。他们本来就对上层农民有怨气，在遭遇不公平之后怨气就更大，最终他们意识到自己的落后是源于上层农民的资源剥夺。这种对落后的外向归因，使下层农民的怨恨情绪不断膨胀乃至爆发。在村庄公共资源再分配事件（诸如宅基地分配、征地拆迁等）的触发下，下层农民对上层农民的怨恨就会付诸实际行动，表现为做"钉子户"和上访。做"钉子户"和上访既是下层农民打破既有村庄利益再分配结构的需要，也是下层农民怨恨情绪的宣泄口。东部地区维权和模糊维权型上访居多，与下层农民的怨恨情绪有关。

六、富人治村

"富人治村"带来了贿选的顽疾和对下层农民的政治排斥，使村庄政治失去公共性，也造成了村庄公共资源被上层农民垄断的局面，从而产生严重不公平，影响基层政权的合法性。但是，在农村阶层高度分化、农村城镇化和资源下乡的背景下，上层农民当选村干部和富人治村具有必然性。

担任村干部有好处，上层农民才有动力参选。上层农民都是企业主、生意人，很大一部分上层农民竞选村干部不是服膺于执政党的意识形态，也不是为了服务于村民，而是基于利益的考虑。首先，担任村组干部能够提高他们在村庄和上层农民中的社会地位。上层农民一旦担任村干部，在其亲朋中就意味着有了"权势"，其亲朋也可以一并沾光、鸡犬升天。在东部地区，由于内生型利益密集，村庄富人较多，一个普通的上层农民在上层圈子中地位并不显耀。如果他想在上层农民中鹤立鸡群，就得掌握村庄政治权力，从而提高他在上层圈子中的政治地位。有了政治地位，其他上层农民就会趋之若鹜，希望与之结交，那么，上层农民编织高质量关系网络的成本就要低很多。其次，担任村组干部意味着进入了党政体制，便于与基层官员建立公共和私人关系。一个村支书跟笔者说，在他们镇上一个亿万富翁没有什么了不起（太多了），但是，如果亿万富翁同时是村支书，那么，你就可以直接去敲镇委书记、县委书记的大门，因为二者是上下级关系（可以随时去汇报工作）。对于上层农民来说，跟政府保持更亲密的关系，可以更好地发展和保护自己的企业。一方面，上层农民可以从政府那里获得工程项目、税收优惠、升级改造政策、贷款、建设用地等，通过这些利好更好地发展自己的企业。有个村委会委员对调查者说："（担任村干部）在税收方面也有好处，没有关系，你就要按电费多少交税，你产了多少东西，一看你用了多少电就知道得差不多，想逃税就难了很多。（如果你担任村干部，就可以）不按电费交，你说你产了多少就多少，税务部门睁只眼闭只眼就可以了。"另一方面，与政府各部门搞好关系，还可以更好地保护自己的企业。上层农民的企业为了节省成本在报税、环保、质检、消防等方面都无法达到国家标准。平时当地政府为了"放水养鱼"，对当地企业睁只眼闭只眼，但这终究是违规的，说不定哪天谁告状了，或一不小心得罪了政府或其官员，政府就可能动真格的，那么，自己的企业就会处于被动状态。所以，为了保护企业，上层农民就要与政府部门联络感情，出了事情就可以通过疏通与政府相关的关系予以解决。最后，上层农民期冀通过担任村组干部掌握村庄利益再分配权，从而垄断、攫取和瓜分村庄的公共资源。

基层政府也需要通过上层农民与农村社会对接，因而支持和鼓励上层农民竞选村干部。基层政府要在农村开展工作，就要与农户对接，但它不可能直接与千家万户的农户直接对接，这样成本太高，基层政府难以承受。那么，政府就要在村里找中间代理人，通过代理人跟农户打交道。在不同的时期，因为工作任务和性质不同，基层政府选择的代理人不同。比如在税费时代，基层政府要将税费收上来，又不出事情，或者出了事情可以推卸责任，他们就找乡村混混做村干部，利用他们的暴力和对村民的威慑收取税费，同时默许他们在收取税费时中饱私囊。在农村城镇化、资源下乡的背景下，基层政府的任务从资源吸取转变为资源输入，很多任务乡村混混已经承接不了，因此，政府就得找其他适合的人来担任村干部，以顺利完成任务，而村庄的上层农民正好符合政府这一时期的任务需求。首先，像村庄改造、农房拆建、在景观上融入城市社区及大量村内市政工程建设等任务，不仅需要单纯的人力投入，还需要大量的资金、管理经验、技术技能等投入，在农村拥有这些资源的只有农民企业家。其次，在国家向农村输入大量公共资源的情况下，基层政府要使这些资源"安全落地"，就得由有合乎财务管理程序、有相应资质、有预决算能力的公司来承接，这样的公司只有上层农民有。最后，在推进城镇化、开展各项工作过程中会出现大量"钉子户"，其中土地征迁工作中的"钉子户"最多。在村庄中，只有上层农民有足够的动员能力来治理"钉子户"。所以，基层政府支持和乐见上层农民担任村干部。

上层农民资源雄厚，有强大的动员能力当选村干部。在竞选机制下，能够担任村干部的前提是有足够的动员能力。谁的动员能力强，谁就能够得到足够多的选票，谁就能够当选。上文提到由于农村阶层高度分化，上层农民与下层农民的隔阂和区隔较深，下层农民内部血缘地缘关系也被阶层高度分化所肢解，农民原子化、离散化程度较高。那么，上层农民如果利用传统的血缘地缘关系来动员，下层农民不会为之所动。即便是利用宗亲关系，下层农民也难以被动员起来，有时候碍于面子答应投某候选人的票，但是，他们可以在投票时改投其他候选人。在传统动员失效的情况下，候选人就得寻找其他动员方式，包括成立上百人的竞选团队（包括指挥部、参谋部、宣传部、拉票部、后勤保障部、情报部等）、加强技术投入（如监控设备、录音设备、通信设备等）、改进竞选手段（运用间谍技术、收买人告对方的状）、通过企业关联动员（选民在某家企业上班，就让该企业主去做工作，做不通就开除）等。当然，最普遍、最有效的动员方式是贿选。贿选包括给烟、请吃、旅游、承诺好处（如优先分配宅基地）和直接给钱等方式。贿选的金额与村级选举的激烈程度成正比，而村级选举的激烈程度又与上层农民的数量和村级资源总量正相关。一个村上层农民越多，村干部职务就会显得越稀缺，他们内部的竞争就越激烈；村里的资源越丰厚，村干部职位对上层农民就越有吸引力，竞争也就越激烈。要想竞选成功，就得加强动员，也就必须在贿选金额上不断加码。因而一般镇郊村和那些预期要征地拆迁的村选举最激烈，贿选金额也相对较高。笔者调查的 G 镇 2011 年村委会选举中胜选一方的贿选金额高达 1200 万元，而其竞争对手也花了 800 多万元，刷新了当地贿选的纪录。

下层农民之所以接受贿选，与他们在村庄中的政治效能感低有关。一方面，下层农民内部离散，没有一致行动的能力，不能推出自己的候选人参与选举；另一方面，他们自身的经济条件也无法支撑选举动员，因而无法参与选举。同时，虽然通过选举上台的上层农民是下层农民名义上的民意和利益代表，但下层农民与上层农民隔阂较深，无法通过上层农民参政而获得政治效能感。因此，对下层农民来说，谁担任村干部都一样。既然选谁都一样、投票与不投票一样，那么，就把票投给那些给钱多的人。因而，下层农民从最开始对贿选半推半就，到最后欣然接受甚至期待贿选。有学者称，应该通过技术手段和制度设计来杜绝贿选，如设置秘密投票点，让农民能够不受报复地投票、自由表达选举意志。但其实贿选不是问题的关键，它不过是上层农民的一种动员手段罢了。即便没有贿选，上层农民也有足够的能力进行选举动员，最终胜选的还是他们。问题的关键在于下层农民的无政治效能感，而之所以如此，又与农村阶层的高度分化有关。

七、社会排斥

东部农村通过竞选上台的村干部多数是上层农民。他们将经济上的优势转化为政治上的优势，垄断村庄利益再分配的权力，进而利用权力和农村"三资"（资金、资源和资产）管理上的漏洞攫取和瓜分村庄公共资源，从而将政治上的优势再转化为经济上的优势。譬如，村干部将宅基地指标、集体建设用地等资源分配给上层农民，上层农民利用这些资源以突破企业发展的土地要素瓶颈，实现企业的转型升级。没有得到这些资源的其他农民，就只能维持家庭作坊式的低端经营模式，获得的利润较低。上层农民亦可以利用政治上的优势实现资金、技术、管理等生产要素方面的突破。于是，上层农民掌握并垄断了当地优质的经济资源。笔者调查发现，在 2005 年之后，东部农村的一个农民要想从家庭作坊白手起家，已不再可能。

不仅如此，上层农民还在经济基础上垄断了镇域范围内优质的社会关系资源和文化价值资源。在社会关系上，上层农民通过人情往来和共同消费在其内部构建庞大的关系网络。只要能够拉扯上关系，他们就去赶人情，或者邀请人家吃酒席，使双方从没关系变成"弱关系"。上层农民注重弱关系的构建和经营。弱关系看起来没有什么用，还要花费时间和精力去维持，成本并不低，但是，上层农民认为"说不定哪天就用得上"。不少上层农民介绍说，他们的某单大生意就是"朋友的朋友介绍的"。上层农民主要通过共同消费来经营"强关系"，方式包括一同狩猎、垂钓、喝咖啡、逛街、旅游、运动等。强关系主要有生意伙伴、政治盟友、与党政领导干部的私人关系等。上层农民还通过联姻的方式实现强强联合。上层农民的关系既是生活性的，更是生产性的，能够给上层农民带来生产效益，推动企业发展。下层农民没有经济承受能力，因而逐渐退出了与上层农民的社会交往，这样，上层农民的所有关系资源都不能为下层农民所用。

掌握文化价值资源是指上层农民在生活和消费上起引领作用，主导村庄的价值评价体系。上层农民的价值目标取代了其他评价体系和标准，成为村庄主导的价值标准。只有在经济上、消费上达到上层农民的标准，才算得上成功。这样，上层农民就成了村庄中成功的标杆，获得了村庄极大的承认，其价值也得到了充分的实现。上层农民成为村中最有面子、最具荣耀感和成就感的人。这样的人当然是其他人结交和趋附的对象，"有钱就有关系"。

总之，上层农民通过经济上的优势垄断了农村权力资源、社会关系资源和文化价值资源，从而总体性地占有了农村的优质资源。这是赢者通吃的逻辑，占有一种资源便可同时占有其他资源。这些资源具有相互转化性，即一种类型的资源可以转化为另一种类型的资源。上层农民对资源的垄断和占有是建立在对下层农民的排斥和剥夺上，即将下层农民排除在任何资源之外。从这个角度说，上层农民在村本身就意味着下层农民的失败。

由于资源具有再生产性特点，上层农民可以利用其总体性资源扩大企业生产，占有更多资源，以保持和提升其社会阶层位置。上层农民利用其资源培养子女，首先是让他们接受最好的教育——如果上不了国内名牌大学，就留学欧美；其次是让子女在自己的公司、分公司独当一面，并将他们置入自己构建的高质量的关系网络中。笔者在 G 镇调查发现，当地上层农民的子女内部结成了一个联系紧密、活动频繁、认同度高的关系网络，自称"创二代"，即第二代创业者。上层农民通过这些措施来实现精英的自我复制和再生产。而下层农民则无资源可用，也不能给自己的子女提供良好的教育和成长的高起点，其子女一般只接受了初高中教育，较好的读了一般的专科或本科。下层农民的子女大多在当地企业打工，属于工薪阶层，工资不高，上升空间不大，因而难以实现阶层的代际流动。下层自我循环的格局开始显现。总体来说，东部农村阶层的流动性降低，阶层固化迹象明显。

在上层农民总体性占有资源的情况下，下层农民难以再通过创业获得成功，通过其他资源获得成功之路也越来越窄。但还有一条畅通的渠道，那就是下层农民的子女在大学毕业后考上当地的公务员。这意味着他们拥有了政治资源，上层农民的子女就可以与之婚配。下层农民的子女可以利用上层农民的资源成为新的富人。

八、小结

综上所述，在东部农村，"村庄里的分化"、"高度分化"、"上层农民规模大"和"富人在村"是农村阶层分化的四个基本特征。其中，"村庄里的分化"是相对于城市里的阶层分化而言的农村特有的社会分化特质。村庄是熟人社会，熟人社会的分化与陌生人社会的分化有本质区别，后者是匿名的和可逃逸的，而熟人社会具有信息对称、互动透明和价值共享的特点，因而农民一般不能随意退出熟人社会。农村不同阶层必须正视与对方的互动，并在互动中确认自己的位置和角色。"高度分化"是对东部农村阶层分化本质属性的概括。作为一个分析因素，高度分化意味着下层农民与上层农民的差距甚大，以至于影响到了二者的关系，下层农民也因此退出与上层农民的竞争。"富人在村"意味着下层农民不得不与上层农民互动和比较并直面由此带来的压力，也预示着上层农民要参与村庄的社会性竞争和价值生产，介入村庄公共资源的分配，并可能因其经济上的优势而包揽农村所有优质资源。而这些能够成立的条件是"上层农民规模较大"，能够产生规模效应。

东部农村阶层分化的四个基本特征是分析农村阶层分化和阶层关系问题的基本变量，它们相互联系、相互作用，共同形塑了东部农村阶层分化、阶层关系和乡村治理的诸多独特现象，包括"阶层怨恨"、"富人治村"和上层农民总体性占有资源等。认识这四项基本特征，可以更加深刻地理解东部地区农村其他政治社会现象。东部农村阶层分化还有许多亟待进一步研究的问题。本章尝试对既有研究进行概括总结，是为抛砖引玉，期冀有更多学者参与这一研究工程。

第八章 中等收入群体：

分化农村中的价值与秩序守护者

一、人口流出却不失活力与秩序

改革开放 40 多年以来，中国社会在快速健康发展过程中，也出现了一系列广受瞩目的社会问题，其中包括贫富差距问题。数据显示，中国居民的基尼系数自 2003 年以来，一直处在全球平均水平 0.44 以上，到 2008 年达到了 0.491 的高位，2015 年回落到 0.462。国际上通常把 0.4 作为收入分配差距的"警戒线"，高出这个数说明收入差距较大，社会在高风险下运行。尽管如此，最近数十年中国社会在飞速变化中依然保持总体上稳定。原因之一是在城乡二元结构下，广大的农村居民并不与城市居民进行收入分配的比较，他们更多的是在村庄内部相互比较。[①] 即便城乡居民收入差距大，城市居民的收入水平由于不是农民的参照

---

① 陈柏峰：《城乡二元结构中的农村中间阶层》，《人文杂志》2014 年第 7 期。

系，农民因此不会产生相对剥夺感。

然而，在农村内部也不是铁板一块和一成不变的，农村不仅有东部和中西部区域之间的差异，而且一直在经历着大规模人口外流和快速的城市化，农村的空心化程度在加剧。据统计，2012年中国流动人口数量有 2.36 亿人，占总人口的 1/6，其中 75% 的是农民流动。"十二五"时期，中国城镇化率年均提高 1.23 个百分点，每年城镇人口增加 2000 万，有接近一半是农业转移人口市民化。但是，在中国广大中西部人口外流的农村，并没有像许多人所想象的那样，因为人口外流、城市化和空心化而带来普遍的衰退现象，更没有出现严重的社会秩序问题。相反，广大中西部农村依然释放着巨大的社会活力，农民群众也保持着积极向上的精神状态。这是需要解释的悖论现象。本章提出一个"中等收入群体"的分析框架，尝试解答这个问题。

据笔者及所在团队调查，中国农村存在一个庞大的中等收入群体，它占到中国农民总量的 80% 左右，在有的地方甚至更高。根据家庭收入的差别，农村中等收入群体可以细分为中下农民、中等农民和中上农民，他们的年收入在 5 万元至 20 万元之间。这个群体不仅数量占农民的绝大多数，而且在农村生产、生活和社会交往中扮演着重要的角色，他们是农村活力和秩序的源泉。正是因为有中等收入群体的存在，才确保了农村成为中国现代化的"稳定器"与"蓄水池"。

西方"中产阶级"理论一直是国内学术界追捧的热点话题，主流观点认为城市中产阶级是现代社会的稳定器，起到沟通上下、缓和对立和缓解社会矛盾的作用，是社会的缓冲器和平衡杆。

中产阶级越强大，社会就越稳定。[①] 但也有观点认为，伴随着中产阶级的成长与壮大，一方面他们不会满足于已有的政治地位，而是试图借助自身的经济实力谋求政治权力，从而对社会稳定构成挑战[②]；另一方面，也会导致贫富差距扩大、极端社会意识形成等问题，成为不稳定因素。[③] 那么，西方"中产阶级"理论是否适合对中国农村"中等收入群体"的分析？整体而言，中国农民是国家政权的重要基础，在政治上享有较高的地位，但是就经济来说，他们仍属于社会下层。但是在农民的主观认同上，他们并不是处在下层的，大部分农民在村庄的比较和认知中处在中等水平，属于中等收入群体。这说明我们在对中国农民的观察上，不能机械地套用西方的"中产阶级"理论。

既有研究较少直接论述农村中等收入群体，只是在对农村阶层结构的探讨中涉及中等农民或中间农民。贺雪峰在农村调查中发现了"中坚农民"群体，这些农民忙时耕种中等规模土地、闲时搞副业打零工，其收入在农村中等水平上下，他们是农村社会和治理的中坚力量，也是村干部的主要来源。[④] 笔者则将这种耕种中等规模土地的农民称为农村新兴"中农"阶层，认为这部分农民虽然少但是他们的主要利益关系在土地上、主要社会关系在村庄里，最了解农村，也是现有农村政策和土地制度的受益者，

---

① 李强：《关于中产阶级和中间阶层》，《中国人民大学学报》2001 年第 2 期。

② 程巍：《中产阶级的孩子们》，生活·读书·新知三联书店，2006 年版，第 137—268 页。

③ 胡联合、胡鞍钢：《中产阶级：稳定器还是相反或其他——西方关于中产阶级社会政治功能的研究综述及其启示》，《政治学研究》2008 年第 2 期。

④ 贺雪峰：《中坚农民的崛起》，《人文杂志》2014 年第 7 期。

因而他们是支持国家政策、建设农村的主力军。[①] 刘锐则论述了新兴"中农"群体治村的机制与逻辑。[②] 陈柏峰在上述讨论的基础之上，将对农村"中农"阶层的讨论扩大至除少数富裕农民和贫弱农民以外的所有农民，其分类标准不再主要是耕种土地的规模，而是城乡二元结构下的收入水平。他发现这些农民虽然生活得不那么富裕但还算体面，他们的心态是保守的，在大方向上支持当前农村的政策，是维持农村社会稳定的重要力量。[③]

从上述研究来看，学界对于农村中等收入群体的认识，包括其概念的内涵与外延、发生机制与逻辑等，是一个不断发展的过程，对它的研究仍有待进一步的拓展和深化。本章在既有研究的基础上，将对农村中等收入群体的形塑机制、类型划分、社会特征及后果等进行阐述和总结，力图从立体上勾勒出农村中等收入群体的全貌。

二、农村中等收入群体的形塑机制

农村中等收入群体是从农民中分化出来的一个群体，它是农民分化的结果。但是，农村中等收入群体的出现并不是偶然的，而是在中国改革开放、经济快速发展 40 多年的大背景下，由一系列相辅相成、相互作用的社会机制共同形塑的。这些机制主要包括城乡二元结构、集体土地制度、隐性农业革命、多元就业格

---

① 杨华：《"中农"阶层：当前农村社会的中间阶层》，《开放时代》2012 年第 3 期。
② 刘锐：《中农治村的发生机理》，《西南石油大学学报（社会科学版）》2012 年第 3 期。
③ 陈柏峰：《城乡二元结构中的农村中间阶层》，《人文杂志》2014 年第 7 期。

局和代际分工合作等。

（一）城乡二元结构

与西方社会原发意义的城乡二元结构和第三世界广泛出现的贫民窟式城乡二元结构相比，我国的城乡二元结构是典型的制度性城乡二元结构，也是文化性城乡二元结构。制度性和文化性是中国城乡二元结构的一体两面，前者是后者的基础，后者的发展进一步强化了制度化城乡二元结构的合理性与正当性。

制度性城乡二元结构既是经济结构，也是政治结构和社会结构。它诞生于 20 世纪 50 年代后期，新生共和国政权为了配合优先发展重工业的战略，通过制定严格的户籍制度限制全国劳动力流动，一方面是对人口在城乡之间的流动、城市招工、农转非途径等做了严格规定，将农民束缚在土地上，限制农村人口向城市迁移，以维持资本密集型城市大工业发展，导致了广大农民无法享受城市较为充裕的社会福利和公共物品。另一方面是通过强制性粮食统购统销和工农产品剪刀差等行政手段将农业剩余转化为工业积累。改革开放以后，这一制度下形成的城乡有别的劳动用工、户籍治理与社会福利制度等也相当程度上被沿袭了下来，农民依然不能享受与城市同等水平的社会保障和公共物品供给，农民的福利水平、机会平等、向上流动渠道等也无法与城市相比。制度性城乡二元结构在历史上发挥了重要的作用，具有历史合理性。但它也被普遍认为是剥削式的，是工业对农业、城市对农村和市民对农民剥削的结构。

随着近些年户籍制度改革不断推进，城市户籍上所附着的社会福利和利益减少或被剥离，许多中小城市甚至完全放开了户籍。农民进城的许多藩篱也逐渐被解除，农民可以自由往返于城乡之间。而伴随国家取消农业税，国家对农村的资源输入越来越多，附着在农村户籍上的公共福利明显增多，而且还有继续增多的趋势。这说明农村户籍的含金量越来越高，农民愈发不愿意放弃农村户籍。同时，国家不允许城市居民轻易获得农村户籍，规定他们不能到农村购买农地和宅基地。过去剥削式城乡二元结构转变为对农民利益给予保护的结构。[1]

保护型城乡二元结构对农村中等收入群体形塑的意义在于，一是使得农民有三部分收入，分别是务工的收入、务农的收入和附着在农村户籍上的其他收益，包括种粮补贴、新农合、新农保、低保、救助、精准扶贫等。当前城乡二元结构保障了农民进城务工、经商等权利，使得农民家庭可以获得务工经商所带来的货币化收益，同时又在制度上保障农民的土地不被城乡强势群体剥夺，确保了农民获得务农收益的权利。这两部分收入加起来足可以使一个家庭在农村挤进中等收入群体。而户籍制度上的其他收益则主要是对农民的兜底式保障，使得农民在面临困难、疾病、灾难等时不至于落入贫困状态，也为他们挤进农村中等收入群体提供了一定的物质基础。二是城乡二元结构为有能力在城里立足的中等收入农民打开了方便之门，而为进城失败者退回农村继续过有体面的中等收入水平的生活保留了退路。农村有能力进城者进城，进城失败者返乡，是城乡二元结构对中等收入农民进城和返乡权利的保障。

---

[1]　贺雪峰：《城市化的中国道路》，东方出版社，2014年版，第30页。

制度性城乡二元结构逐渐沉淀为一种文化性城乡二元结构，即农村与城市、农民与市民的二元对立式区分。在这种区分中，城市往往被认为是先进的、现代的和欣欣向荣的，而农村则被认为是传统的、落后的和破败不堪的；市民被认为是富裕的、优雅的、高贵的和洋气的，而农民则是穷酸的、粗俗的、低贱的和土气的，这种认知模式不仅在市民中有，农民也普遍这样自我定位。因而市民相对于农民有优越感，农民相对于市民有自卑感，农民千方百计地要改变自己的身份，跳出农门走向城市。这典型的文化进化主义的认知模式，虽然有其缺陷和不当之处，但它使得城市和乡村构成了两个虽有交往但互不统属、相对独立的体系，城市有城市的消费品位与价值认同，农村也有自身的生活方式和评价标准。这样就使得农民不会拿自己与市民进行价值比较。农民只跟农民进行比较，并且他们不是抽象地跟其他农民进行比较，而是跟所处村庄内部的村民进行比较。所以，中西部地区的农民不会跟东部地区的农民进行比较，远郊、山区的农民也不会与城中村、近郊的农民攀比。农民只在村庄内部的比较中获得位置感和层级认知。所以，即便与市民相比，农村中等收入者属于低收入水平，但是在村庄内部比较中却是处在中等水平线上下的。农村中等收入群体会对自己相对满意和相对认可，不会因与城市收入水平有落差而感到丧失自尊和对自我的否定。

（二）集体土地制度

农村土地集体所有制是以家庭联产承包经营为基础、统分结合的双层经营体制，是我国农村的基本经济制度。在该制度下，村集体是土地的所有者，拥有所有权和为农业经营提供公共服务的义务。农民则是集体土地的承包者，拥有承包权和经营权，农民可以自主经营，也可以以转包、出租、互换、转让、股份合作等形式流转土地承包经营权，获得土地的资本性收益。对于农村中等收入群体的形塑而言，农村土地集体所有制度具有生产资料、社会保障和精神归属的功能。

农地的生产资料功能，是指在农村土地集体所有制下，只要是村集体成员就能够依法获得集体土地的承包权，农民可以将承包地用作生产经营的基本资料。承包地对于一部分农村中等收入群体来说必不可少，土地上的收益占他们家庭收入的很重要的一部分。譬如对于半工半耕农户而言，只有将务工收入和务农收入合在一块儿才能够达到村庄的中等收入水平，少了务农的收入，单靠务工的收入也难以在农村获得体面的生活。对于纯粹务农的中等收入农民来说，他们不仅需要自家的承包地，还希望转入其他农户的承包地，只有达到一定规模经营之后，他们的家庭收入才能达到中等收入水平。即便是对于纯粹依靠务工经商就可以达到中等收入水平的农户来说，土地仍是不可或缺的生产资料。他们将承包地给家里的老年人耕种，老年人既可以依靠土地生产自我养老，还可以看护和抚育孙辈，为子女减轻负担。如果缺少了老年人种地这部分隐性收入，纯务工经商户就要负重前行，很可能拖累他们步入中等收入水平群体。

集体土地的社会保障功能指的是集体土地能够为农民的失业、生存和养老等提供保障。集体土地所有制的一个重要意涵是，只要是村集体成员，其承包土地的权利就不得被剥夺，即便是自己不耕种，也可以将土地经营权转出，而等到自己要耕种的时候，则可以按合同取回土地。对于农村中等收入群体来说，当他们成为城市无效劳动力、无法在其他领域获得劳动收益后，他们就可以退回农村耕种土地，获取农业收入，而不至于失业或失去生存保障。同时，他们的子女则可以外出务工、经商或兼业，获得农业外收益。这两部分收益加在一起，依然可以使家庭稳居农村中等收入群体之列。即是说，有了土地保障之后，农业收益和农业外收益就可以实现代际转换和传递，使得农村家庭一直可以获得两部分收益。集体土地所有制的另一意涵是，即便承包者不想要土地，除非退还给集体，否则就被强制性地安置在其名下，承包者不得买卖土地。这样，农民在年轻、尚属城市有效劳动力的时候，就不会出于短视或应急而将土地卖掉以获取短期资本收益，等到他们成为城市无效劳动力后就仍可以返乡耕种土地。集体土地还是农民外出务工经商的心理保障。当农民拥有承包地时，即便流转了出去，他们进城之后就无后顾之忧，因为就算进城失败，他们也不会觉得有多大损失，更不会没有饭吃、无家可归，"大不了就回家种地"。有了这种心态，他们就可以大胆地在城市务工、经商乃至创业。

集体土地制度对于农民来说，还有精神归属的功能。农村中等年收入群体的最大一块收入是外出务工和经商所得，缺少了这部分收入，光靠种地的收入无法使他们在农村达到中等收入水平，因此他们必须远离家乡常年在外漂泊。对于这部分外出务工经商的农户来说，老家有承包地和宅基地，家里就有老人和孩子，老家就还是归宿和牵挂之地。这样，一方面，他们出门在外心里就会有寄托，其身体在外漂泊，灵魂却有着落，因此他们可以忍受城里的低工资、高劳动强度、节衣缩食、冷冻挨饿甚至招人白眼等，等节庆如春节期间再体面地返乡。另一方面，他们不会将务工经商的收入按照城里的消费标准在城里花掉，更不会在城里花天酒地，也不会在城里三天打鱼两天晒网，他们努力挣钱为的是回到农村过体面的生活。

（三）隐性农业革命

"隐性农业革命"是黄宗智提出来的农业经济学命题，它指的是21世纪以来中国农业的发展并不是源于农业单位面积产出的增长，而是非农经济发展带来的收入提高，引起了消费需求的转化，进而促使农业结构由传统以粮食为主的种植业，向以果蔬种植及种养结合为主的饲养业转型。[①] 之所以中国会发生隐性的农业革命，与中国农业正遭遇一个主要由三大趋势交汇的历史契机有关：一是20世纪70年代以来农村人口生育率的显著下降，及其所带来的90年代以后劳动力自然增长率下降；二是80年代以来的快速城镇化，每年高达1个百分点的增长率和大规模的农民非农就业；三是人们食品消费和全国农业结构的转型，从低价值的粮食转向更多的高值农产品，既是进一步资本密集化也是进一步劳动密集化的、能够吸收更多劳动力的农业。结果是农业劳动均产值的显著提高，在近30年达到平均每年5%的增长率，总共上升了五倍多，远远超过一般意义上的"农业革命"，其所带来的市场机遇使得一线农民收入的提高，主要不是凭借农业产出量的增加，而是依靠从低值粮食转入高值肉禽鱼和果蔬的生产。

---

① 黄宗智：《中国的隐性农业革命》，法律出版社，2010年版，第138—159页。

中国隐性农业革命在农村带来了两个相辅相成的后果，一个是土地的适度集中，一个是高值种养殖业兴起。在农村，无论是种植大宗农作物，还是从事高值种养殖业，都正在形成适度规模经营，其前提是土地自发地向适度规模经营户集中，形成具有中国特色的家庭农场。截至 2016 年 6 月底，全国农地流转面积已达到 4.6 亿亩，超过了耕地总面积的 1/3。从全国农村的调查来看，农村自发土地流转形成的中国式家庭农场一般在 30 亩到 100 亩之间，少数达到 200 亩左右，其所占农户比重是 5% 到 10%。也就是 100 户农户中有家庭农场 5 户到 10 户，少数发展比较快的地方达到了 20 户上下。中国式家庭农场的经营者是农村青壮年夫妇，属于典型的家庭作坊式经营。一对青壮年夫妇外加一台拖拉机或其他机械工具，在某些生产环节用机械或雇工的情况下，足可在 100 亩土地内进行精耕细作。家庭农场是劳动和资本双密集的经营形式，不仅劳动生产率高，而且产出率也高，具有一定的"去过密化"属性。家庭经营是最节约成本的农业经营形式，也适应于中小规模的家庭农场经营，尤其是对于拱棚蔬菜种植和种养结合中零碎、繁杂、密集而又不定时的劳动投入，家庭经营相对于工业化生产能够体现其优势。不仅如此，家庭经营可以同时结合两种或多种互补性农业经济活动，可以产生较大的范围经济效应，典型的如种养结合的饲养业。

中国式家庭农场的收入，如果是经营大宗农作物如水稻，耕种 30 亩到 100 亩，除去土地租种费用，年纯收入在 3 万元到 10 万元不等。从调查来看，通过土地流转来经营高值种养殖业的农户越来越多，不同地区农村根据各自的气候、土质、文化等，种养殖不同的种类，收入一般在中等水平线偏上，较种植大宗农作物收入要高。但是种养殖业对市场、技术等要求比较高，种养殖户要承担的风险也大。如经营经济作物苹果、沙糖橘、大棚蔬菜等，耕作 10 亩到 25 亩的年纯收入在 5 万元到 20 万元不等。养殖业也是如此，农民中小规模的养殖，比如一年出栏生猪 50 头到 200 头，按每头赚 800 元算，纯收入在 4 万元到 16 万元不等。中国式家庭农场主除了经营家庭农场外，农闲时还可以打些零工，收入在几千元至上万元不等。这样算下来，一年的纯收入是 5 万元到 20 万元。这个收入在村庄中属于中等及偏上水平，足可以让经营户过上农村中等收入水平的生活。

从上述分析来看，隐性农业革命不仅是农业经济学的命题，也是农村社会学的命题。伴随着农村土地的流转与集中，农村适度规模经营和高值种养殖业的兴起，使一部分农民因此获得了农村中等水平线的收入，成为农村的中等收入群体。即是说，隐性农业革命始于农民分化（农民流动、职业分疏等），反过来又作用于农民分化，壮大了农村中等收入群体，重构了农民阶层结构。

（四）多元就业格局

农民在非农外获得收益是其能过上体面生活的重要保障。伴随着中国经济快速平稳发展，中国城乡存在大量的正规经济和非正规经济，除务农之外，农民就业形式也呈现多元格局，既有正规就业形式，也有非正规就业形式。所谓正规就业，是指在正规企事业单位就业，根据国家劳动法等法规签订正式的劳动合同，享受法律规定的各种劳动和社会保障，能够获得比较稳定的工资性收入。与之相反，非正规就业就是劳方未能与资方按法律签订劳动合同，或者签订了劳动合同也不能严格执行合同条款，但已形成了事实上的劳动关系的就业行为。这两种就业形式在城乡、不同年龄段、不同性别中有不同的分布。

就城乡而言，在城市务工的农民既有正规就业的，也有非正规就业的，后者要比前者多。据相关调查，外出务工的农民在城市正规就业的仅占30%左右，而没有签订书面合同的则超过70%。其中签订了合同的还有超过10%的农民不太清楚合同内容，不能依法维护自己的合法权益。如果把这部分也算作非正规就业，那么非正规就业在农民工中就占80%以上。而在乡村，除农业外的就业基本上都属于非正规就业，即便是中小企业比较发达的沿海农村，非正规就业也占绝大多数。就不同年龄段而言，青年农民工多在正规企事业单位就业。十八九岁到三十五六岁的青年农民工主要在工厂流水线、销售、管理、文职、保安等岗位工作，一般会与企业工厂签订相关合同。而三十五六岁以上尤其是四五十岁的农民工，则一般在建筑、采矿、餐饮、纺织等领域就业，从事技术含量低、脏、累、重、苦、险和市民很少问津的工作，绝大多数属于非正规就业。就性别来说，女性农民工在非正规经济就业的比重要高出男性10个百分点，她们主要从事餐饮服务、商业服务、居民生活服务、清洁服务和加工制造业等。

农民之所以主要在非正规经济领域就业，除了我国经济发展阶段、制度设置、农民素质等方面的原因外，主要还与供需双方特性相契合有关。从就业供给方来说，提供非正规就业岗位的领域，主要是处在产业链末端的行业，一般技术含量低、资金不雄厚、利润低、工作环境差；对体力和年龄的依赖性比较大等；对上游行业依赖性强，订单或工程不是什么时候都有，工作可能是非连续性的，等等。这就决定了这些领域对技术资质要求不高，岗位的替代性比较强，无法提供齐全的社会保障和就业保障，工作可能具有阶段性、乃至临时性的特征，用工制度具有弹性。在乡村的非正规经济更是如此，它甚至是随时性的工作，需要用工的时候要临时找人，随叫随到，"谁有空就叫谁做事"，谓之"打零工"。

非正规经济的上述特点，决定了农村年轻人在这些领域就业的少，他们更适应于有固定工资收入、有社会保障、上下班有规律的工作环境，因此他们倾向于正规就业。而四五十岁及以上农民则与非正规经济岗位非常契合，他们上了年纪，头脑和手脚不再灵便，相貌不再年轻，学习能力下降等，使得他们对于正规经济来说是无效或半无效劳动力，难以在正规经济获得就业。二是他们尚有体力而没有相关技术和资质，可以在建筑、采矿、餐饮、服务等行业找到适当岗位。三是他们在农村有土地作为兜底保障，因而对社会保障的要求不高，只要有活儿干、有钱挣就行了，对签不签合同无所谓，或有订单就做，没订单就不做，不会对工作过于焦虑。四是他们还要顾及农村家庭的一大摊子事，包括孩子上学、老人照料、土地耕种（灌溉收割等）、酒席人情等，因而他们非农就业的时间安排要比较机动，可能闲时才有时间从事非农就业，或者需要随时从非农就业中抽身出来，即随时请假或辞工回家，等家里的事忙完了，又可以随时入职务工。五是农民希望多拿订单、多干活儿、多挣钱，加班对于他们来说颇受欢迎。六是如果村庄内部或附近有非正规就业岗位，农民就可以在家吃饭、附近务工，既可以节省交通食宿费用，还能照顾家庭。七是许多农民不习惯于受规范束缚，习惯于自由自在地干活儿（想干活儿的时候干活儿，想休息的时候休息，想抽烟的时候抽烟），等等。这些都与非正规经济中的计件监督、非全景式监控的工作空间相匹配。

一般而言，中国宏观经济环境越好，正规就业和非正规就业的岗位就越多，农民工就有更多的机会从事非农就业。正规经济越发达的地区，其非正规经济也越繁盛，附近农村的年轻人更多地被吸纳到正规经济领域就业，而非正规经济的大量岗位就被腾出来留给中老年人了，因而此地中老年人亦能创造非农收益。而正规经济不发达的地区，非正规经济也不太活跃，这少量非正规就业岗位就更可能被没有外出务工的中青年人所占据，老年人在非正规经济务工的机会就大为降低。当前国家在农村大搞基础设施建设、农村小城镇建设及推动沿海产业向内陆转移等，为农村就近就业创造了更多的非农岗位。无论是"离土离乡"还是"离土不离乡"，农民只要在非农经济岗位就业，就可以获得这部分经济的剩余利润，为他们步入农村中等收入群体积蓄财富。

（五）代际分工协作

中国农村家庭创造收入的特点是，无论是在外务工，还是在家务农，都不只是年轻夫妇在独立战斗，背后还有中老年父母的支持和帮扶。农村代际存在一个运转完好的分工与协作机制。这个机制的前提是父代对子代拥有一定程度的责任和义务，包括为子代建房、娶妻、带孙辈及为子代家庭生活的其他方面操心。分工协作的方式视子代的工作性质和父代的年龄、能力而定。通过代际分工与协作，一个农村家庭就可以获取两部分收入，一部分是子代创造的收入，一部分是父代创造或节省的收入。这两部分收入相加可以让一个家庭更容易进入农村中等收入群体。

代际分工协作有以下几种模式，其一是子代外出务工，父代在家务农和照看小孩儿。这种分工模式主要出现在农村，一方面是务农收入低、年轻人厌农，年轻人希望到城市闯荡，他们也更适合城市流水线工作等；另一方面是中老年人上了年纪，在城市属于无效劳动力，而对于务农来说却是有效的。因而这是一种较为有效配置劳动力资源的分工模式。老年人在家不仅可以种地获得务农的收益，还能帮忙照顾孙辈，解决年轻人的后顾之忧。如果年轻人将小孩儿也带到城里抚育，其成本至少要消耗一个壮劳动力的工资。小孩儿由中老年人照顾，这部分开支就可以节省下来。其二是子代在家务农，父代做帮手。这种情况一般是子代耕种中小规模土地，或者耕种少部分土地，另有兼业的收入，而父代则既可以在土地上帮忙做些零活儿，还可以照顾孙辈、接送上学等。这种分工模式，对于子代来说等于节省了请工的费用，家里有两个老人，就意味着节省了两笔请工费用。更关键的是，老人会把子代的事当自己的事来做，种地是精耕细作，照顾小孩儿则非常细心。其三是父代在有劳动能力时，不仅自己劳动养活自己，不需要子代负担，而且还能为子代积累一部分财富，减轻子代负担。这种分工模式的前提是父代还是壮劳动力，子代与父代分属两个会计单位，双方都可以在正规经济和非正规经济部门充分就业，获得劳动报酬。父代积累的财富会通过适当的形式转移到子代家庭，譬如以"天价彩礼"返回、分家、为子代建房（或买房、还房贷）、负责孙辈读书、支持子代创业（如置果蔬园地、办农家乐、购买大型货车等）等形式进行财产的代际转移。

农村家庭代际分工协作模式，充分合理地配置和利用了家庭劳动力资源，发挥了每个劳动力的优长，做到了人尽其用、各尽其才，创造和积累了家庭财富。在这种分工协作模式下，在中老年人帮忙照顾小孩儿、他们自己不需要年轻人付出（照顾和资助）的情况下，年轻夫妇作为壮劳动力就可集中时间和精力，最大限度地通过劳动创造财富。同时，中老年人无论是耕种土地，还是兼业，抑或在非农领域就业，都可以创造财富。

代际分工协作还节省了家庭的货币化支出。首先，中老年人帮忙照顾小孩儿，使得年轻夫妇能够腾出时间和精力在非农领域就业，减轻了他们的负担，节省了一大笔开支。其次，中老年人帮忙种地或做其他的帮手，极大地节省了年轻人请工的花销。再次，中老年人自己养活自己，不需要子代负担，为子代省去了一大笔养老费用。最后，子代将在城里劳动所得收入带到农村消费，而农村的消费价格又相对较低，这也为家庭节省了一大笔开销。这样，农村家庭收入上的"开源节流"，就使得家庭财富积累攀高，推动农民的阶层地位上升。

三、农村中等收入群体的类型划分

在上述机制的共同作用下，中等收入群体在农村逐渐形成，会聚成为一个数量庞大的群体。农村中等收入群体主要包括"半工半耕"群体、"家庭农场"经营群体、"兼业经商"群体和"非正规就业"群体四大类。这是理想上的分类，在现实中他们之间是相互交叉的，农民家庭可能通过多种互补或互不干扰性的经营活动来获取收入。

（一）"半工半耕"群体

所谓"半工半耕"，是指农民家庭的收入结构主要包括两个部分，一个是务工的收入，一个是务农的收入，两个部分的收入在不同家庭及家庭的不同生命周期占比不同，但对于一个农民家庭来说都不可或缺。根据家庭成员分工的不同，可以将"半工半耕"群体分成两大类，一类是夫妻"半工半耕"群体，一类是代际"半工半耕"群体。

夫妻"半工半耕"群体主要出现在20世纪90年代，一般是年轻妇女在家务农，兼照看小孩儿和赡养老人，还要缴纳农业税费，年轻男子则外出务工。务工的收入占家庭收入的主要部分，普遍超过了80%。这段时期的"半耕"被学界称为"女性农业"。这一时期留守妇女与留守老人在家庭事务中容易产生矛盾，农村妇女负气喝农药自杀的比较普遍。进入21世纪以后，这种类型的半工半耕减少，取而代之的是以代际"半工半耕"群体为主。但夫妻"半工半耕"群体仍有不少，且并不主要是"男主外女主内"，在家庭的不同生命周期，男女角色有互换。普遍情况是，在小孩儿在上初中之前，家庭负担相对较小，妇女外出务工，男子则在家务农和照看小孩儿，妇女务工的收入与男子务农的收入比是3:7。当小孩儿读初中之后，家庭开支猛增，此时家庭要转出一部分土地而男子外出务工，妇女返乡务农和照看家庭。之所以这么做，主要是男子外出务工收入要高于妇女，而妇女在家又无法耕种那么多土地，所以必须转出一部分。务工务农的收入比是8∶2左右。等到小孩儿要成婚的时候，父母的负担是最重的，这个时候就必须将大部分或全部土地转出，夫妻双方和孩子都外出务工，通过务工来赚取孩子成婚所需要的费用。如果家里还有少部分土地未转出，则由男子在农忙时回乡务农，忙后再返城务工。等到子女成婚后，家庭的负担减轻，但仍有还债的压力（孩子结婚所欠债务），此时妇女一般会留在家里种地和照看孙辈，男子与子代外出务工。等债务还得差不多的时候，此时农民夫妇也就到了五六十岁的年龄了，他们便全部返乡种地和照看孙辈，子代外出务工，形成代际"半工半耕"。

代际"半工半耕"就是中老年人在家务农，年轻夫妇外出务工，务工与务农的货币化收入比一般是7∶3或8∶2，显然务农的货币化收入在家庭总收入中占比较小，甚至可以忽略不计。但是货币化收入只是中老年人务农收益的一部分，甚至是小部分，更多的是非货币化的隐性收益。隐性收益之一是中老年人在家可以帮子代带小孩儿和负责人情开支，带小孩儿的费用包括小孩儿的生活费、教育支出和零花钱，人情除现金支出外，主要是老人帮子代维持了村庄人情往来，使子代不至于因外出而断绝了人情往来。隐性收益之二是老年人务工可以自我休闲和养老。如果这两部分隐性收益都在城市予以货币化，即将小孩儿带到城里抚养、上学和花销，将老人带到城里养老，那么一对年轻夫妇的务工收入就难以支付得起，更不可能有积蓄。所以"半工半耕"家庭必须有中老年人在家务农的这部分收入，加上务工的收入，才能支撑其家庭进入农村中等生活水平，成为中等收入群体。

（二）"家庭农场"经营群体

"家庭农场"既包括大宗农产品农场，也包括果蔬禽类等种养殖农场，他们在农村通过土地流转后成为中小规模土地的经营农户。他们经营的土地比大规模种植（几百亩到上千亩）的要小很多，但比个体农户种植（数亩到十几亩）的又要多不少，在有些地方称之为"小大户"。[①] 大宗农产品经营的土地要多些，一般在 30 亩到 100 亩之间，种养殖户一般是二三十亩的规模，超过了这个规模，"家庭农场"就难以为继，其用工和监管成本大幅增加，收入会降低。

"家庭农场"的经营者主要是家庭中的青壮年夫妇，生产工具包括少量自购机械。大部分生产环节由青壮年夫妇外加自购机械完成，少部分环节要请工或请机械替代。中老年人也会在"家庭农场"中帮忙但不支付工资，他们的工作包括带小孩儿、接送小孩儿上学、看农场、在农场里做些杂活儿、监督用工等。这样算下来，一个家庭农场就有四个常年工作人员（年轻夫妇加老年夫妇），他们长时期在家庭农场工作，随时进入工作区域观察，可以做到"精耕细作"，能够及时掌握农作物或种养殖物的情况，出现了问题第一时间发现，并第一时间处理。这样就可以使得农作物或种养殖物的发病率、死亡率较大规模经营户要大幅降低，成活率和产出率提高。就种植大宗农作物而言，"家庭农场"较之兼业农业和大规模资本经营农业，产出率是最高的。"家庭农场"经营户的收益自然也就提高了。"家庭农场"经营户还有一部分

---

① 杨成林：《中国式家庭农场形成机制研究——基于皖中地区"小大户"的案例分析》，《中国人口·资源与环境》2014 年第 6 期。

收入是政府的相关补贴。另外，他们在农闲时还可能在附近打零工挣外快。

"家庭农场"经营者主要利益在土地上，对国家鼓励土地流转和支持中小规模经营的政策非常支持。他们主要的社会关系在村庄里，在乎村庄社区的发展和人际关系的协调，支持村庄文化和公共基础设施建设。同时他们是主要的在村青壮年劳动力，属于农村中没有外出务工经商的留守"精英"，最了解农村的情况，知道农村问题的症结和农民的需求在哪儿，在村庄中也具有一定的说话分量。因而他们往往被推选为村组干部，成为村组治理的主体。

（三）"兼业经商"群体

兼业农户有两种类别，分别是"Ⅰ兼农户"和"Ⅱ兼农户"。前者是以农业为主、兼业为辅的农户，家庭全年生产性纯收入中有 50%—80% 来自农业，其家庭劳动力一半以上的劳动时间从事农业生产。"Ⅰ兼农户"有两种情况，一种是家庭劳动力少，或劳动力年纪大，或家庭有病号等；一种是耕种的田亩数较多，甚至转入了他人的土地。这样他们就只能将更多的劳动时间用在农业生产上，再在农闲时间从事养殖、商服业，或在工地、企矿等行业务工，他们一般是不离土不离乡。家庭劳动力少的"Ⅰ兼农户"收入水平相对较低，属农村中等收入中的中下水平。家里劳动力多、转入他人土地的"Ⅰ兼农户"的家庭收入较高。

"Ⅱ兼农户"是以农业为辅、兼业为主的农户，家庭全年生产性纯收入中有 50%—80% 来自非农业，其家庭劳动力一半以上的劳动时间从事非农生产。"Ⅱ兼农户"依赖基层县乡市场空间，主要从事工程承包、运输（货运、客运）、开店（商店、理发店、饭店、农家乐、麻将馆）、家庭作坊、规模饲养、商业服务等行业，在农忙的时候抽时间务农或雇人务农。他们为了有更多的时间从事非农行业，对改善农业技术和农业市场服务体系有要求，他们的农业属于粗放型经营。还有一部分"Ⅱ兼农户"属于农村中的半公职人员，如医生、教师、干部、企事业雇佣人员等，他们耕种少量土地，获取微薄农业收入。"Ⅱ兼农户"一般也多是离土不离乡人员，对农村事务也有相当了解，他们中有不少是农村中的"精英"，甚至有人被推选为村组干部。调查发现，有不少村支书、主任都是先从事工程承包、运输等行业赚钱，后被基层政府和群众推选上来的。

还有一种是纯粹经商的农户，他们不经营土地，而是依托全国市场或本地市场从事工商服务业经营，从经商中获取收入。这一部分人在中西部地区较少，占农户的5%—10%。在东部发达地区比较多，占到40%左右。在中西部地区，其中最富裕的那一批经商户在3%—5%，他们一般年收入在20万元以上、存款在200万元以上，他们会搬出村庄在城市生活，脱离村庄的人际关系，不参与村庄面子竞争和价值生产。他们属于离土又离乡的农户。而那些年收入在5万元至20万元的纯经商户，其主要的市场在本地，他们一般只离土不离乡，虽然在城镇有房产，但仍参与村庄的人情往来和社会性竞争。他们中有钱、有资源和有社会关系的农户还被基层政府作为"能人"请回村担任主要村干部。

（四）"非正规就业"群体

上述兼业农户也会在非正规经济领域就业。这里说的"非正规就业"群体是指完全在县乡非正规经济领域获得收入的农户，他们既完全脱离了农业，又不属于举家外出务工人员和经商人员。这些人中包括在企事业、商业中的管理人员和营销人员，还有农村中的手艺人，如厨师、司机、理发师、电工、电焊工、建筑师、装修工、汽车修理工等。前者依靠知识、经验和人脉关系获得相对高额收入。后者主要依托最近十几年农村出现的建房热潮、基础设施建设潮、买车热潮、沿海企业内牵潮等机会，以提供技术服务的方式获得较高的报酬。这类群体每年5万元到20万元不等的收入，无须务农的收入，也足可让他们过上体面的生活。他们将土地转出，属于离土半离乡农户，了解农村的基本情况。

四、农村中等收入群体的社会特征

农村中等收入群体作为一个群体，有其群体性的社会特征。首要的也是最大的特征是群体规模的庞大性，占到了农村人口的七八成，他们的行为和禀性很容易在农村中形成群体效应。其他的社会特征还包括对现状的高认可性、离土离乡的不完全性、结构位置的不稳定性和关系结构中的中间性等。这些社会特征是由农村中等收入群体的社会形塑机制所形塑和决定的，在与其他农民群体的比较中也体现得淋漓尽致，并决定和制约着农村中农群体的行为和行为后果。

（一）对现状的高认可性

农村中等收入群体对现状的认可度较高，体现在三个方面，一是拥有体面的生活，二是自我认同度高，三是支持党和政府的农村政策。他们整体趋于保守和改进现状，而不是激进的变革和突破现状。

农村中等收入群体的家庭收入水平在农村属于中等线水平，5万元到20万元的年收入，能够支撑他们在农村过上体面而有尊严的生活。他们在不同的生命周期中虽有不同的货币化支出和社会压力，但是他们通过合理配置和充分利用家庭劳动力而能够平稳渡过各种危机，缓解压力。因而他们能够较好地完成劳动力的再生产、小孩儿的就学婚配和老人的养老送终等。农村中等收入群体跟富裕的上层农民相比，在收入、消费和生活方面有较大的差距，但是他们又较下层农民有不少的优越感。他们属于典型的"比上不足比下有余"的农村群体，在自我认同上满意度较高。无论是主观的层级认定，还是客观的层级分化，他们都处在中等水平，主客观分层较为统一。

农村中等收入群体受惠于当前党和国家在农村的各项政策和制度，包括土地制度、土地流转政策、资源输入政策和社会福利保障政策，他们的一部分收入直接来源于这些政策。譬如，"家庭农场"经营群体不仅在土地流转上得到了政策上的保障，还能够获得政府的相关补贴。自从取消农业税后，农民种田不仅不用缴纳"皇粮国税"，还能够得到各种形式的种粮补贴，使农民得到了收益。而农村新型养老保险、新型合作医疗及其他各种扶贫措施的实行，降低了他们大块的货币化支出，减轻了农民的负担，提高了他们健康生活的品质。^①国家在农村的诸多工程建设，不仅方便了农民的生产生活，打下了他们致富的基础，还为农村提供了大量的非正规就业岗位。农村中等收入群体在这些富民利民的政策上得到了切实的利益，他们支持党和国家在农村的政策。

正是因为农村中等收入群体对现状的高满意度，因而他们的精神状态相对饱满，他们对自身、社会和政府持积极乐观的态度，负面的社会情绪较少，对社会、党和政府的抱怨和怨恨情绪更少。

（二）离土离乡的不完全性

农村占 5% 到 10% 的上层农民是完全离土离乡的农户，他们通过经商致富而脱离农村。对于农村中等收入群体来说，离土离乡只是手段，不脱离农村或不完全脱离农村是目的，因而他们的离土离乡具有不完全性。

农村"半工半耕"群体是不完全离土离乡的典型代表。在这样的家庭中，主要是中老年人不离土不离乡，年轻人离土又离乡。但他们中的大部分年轻人除了在重要节庆要返乡之外，到他们成为城市无效劳动力之后，还得返乡耕种土地，成为不离土亦不离乡的农民。而只有少部分人能够在城市立足，彻底离土又离乡。耕种中等规模土地的农民则完全依赖于土地为生，他们是不离土不离乡的代表。"兼业经商"群体中，兼业农户则是既要在土地

---

① 譬如，农民过去没有体检和健康的意识，"新农合"不断完善，在农村新增加了全面体检的项目后，农民的体检意识就开始形成，让农民也能够在早期发现身体的疾病，及时治疗，对身体的健康更加在乎了。有一个 60 多岁的农民在体检后被发现心脏有问题，医院主张住院观察和治疗，住院一星期才花了 200 元，其他的费用全由新农合报销。对此该农民非常满意。

上谋取利益，又要在本地非正规经济市场中获利，也属于不离土不离乡的农户。而经商农户和"非正规就业"群体则不再耕种土地，但主要在本地市场中经营，因而是离土而不离乡的农户。

"不离土不离乡"和"离土不离乡"是典型的不完全离土离乡，这样的农民最了解农村的情况和农民的需求。同时他们的劳动时间也较为机动，能够抽出大量的时间和精力用于务农或兼业、经商之外的事务，如村庄公共事务。并且由于他们的主要利益和社会关系在土地上或乡村里，他们对乡村事务和农村政策也较为热心。所以，当前农村的大部分村组干部都出自农村中等收入群体，且主要由"家庭农场"经营群体和"兼业经商"群体充任。

（三）结构位置的不稳定性

结构位置是指在农村层级结构中所处的位置。农村中等收入群体处在农村层级结构中的中间位置，但是他们的位置并不是铁板上钉钉———一成不变的，而是具有一定的不稳定性。

农村中等收入群体结构位置的不稳定性，其一是源于其收入结构的不稳定性。诚如上文所言，农村家庭收入一般由三个部分组成，第一个是务农部分，第二个是务农经商及非正规就业部分，第三个是资源输入和社会保障部分。其中又以务工经商及非正规就业的收入为主，而这部分收入受村庄外劳务市场和全国经济状况的影响较大，因而稳定性不足。例如，2008年爆发全球金融危机，中国经济受其影响，大量外向型企业倒闭，2000多万农民工失业返乡。他们返乡之后就失去了务工部分的收入，使其家庭收入大为降低。经商则有赚有亏，赚则有少有多，不可能均衡，亏或赚少的时候就会影响家庭收入。譬如近段时期中部地区禽流感流行，当地经营禽类企业及相关行业（如饲料店、饭店等）的农民就损失严重。其二是源于其应对灾害病情的脆弱性。政府对农村各类社会保险或保障多是兜底性质的，而商业类保险在农村又发展不足，就使得农民家庭在应对灾害病情时较为脆弱，很容易因为一场灾害、亏损或大病，乃至就学等而使家庭致贫返贫。其三是源于家庭生命周期的变动性。当一个家庭在孩子未成年（劳动力少）、负担重（上学）时，其家庭收入就少，可能在中下水平乃至下层徘徊，而当其家庭成员都是壮劳动力、家庭支出少时，家庭收入就迅速增加，乃至步入中上水平。

结构位置的不稳定性会给农村中等收入群体带来以下社会影响：一是使得他们对土地的依赖性较强，土地既可以是他们收入的一部分，也可以作为他们务工、经商和进城失败后的保障。二是如果他们无法在城里获得稳定的收入来源，那么他们中大部分人就无法在城里立足，或者说他们进城之后生活就不体面。三是他们在农民层级分化中能上能下，但从不"认命"，保持着向上攀爬的韧劲。

（四）关系结构中的中间性

关系结构是指各层级农民在交互作用的过程中形成的结构。农村中等收入群体处在关系结构中的中间位置，起到沟通、交流和润滑上下各层级关系的作用，使得农村层级分化不那么僵化、对立和固化。

农村中等收入群体的中间性与两个方面的因素有关，一是它与上层农民和下层农民的社会关系都较好，利于搭建沟通双方的桥梁和扮演中间人的角色。上层农民虽然搬出了村庄，但是他们还有老人在村庄里生活，他们就得将老人托付给村庄里的人。托付给谁呢？自然是常年在村庄里的人，尤其是"家庭农场"经营农民和兼业农民。同时，"家庭农场"之所以经营中等规模土地，部分原因是转入了上层农民的土地。此外，中等收入群体还会向上层农民借贷资金以扩大生产，以及需要上层农民所掌握的市场信息等。因此，上层农民与中等收入农民不仅有较好的社会关系，还有相对紧密的利益关系。

中等收入群体跟下层农民也有着较为紧密的关系，譬如下层农民中的外出务工群体，他们的老人和家庭也需要常年在村的中等收入农民照料，他们把电话号码留给中等收入农民，家里有什么事第一时间就可以知晓。下层农民还需要担任村组干部的中等收入农民的帮助，比如申请低保、纳入精准扶贫行列、办理各种证件等，他们还在中等收入农民经营的家庭农场、作坊、工地、饭店等处上班挣钱。中等收入群体中的村组干部则需要下层农民支持自己的工作。中等收入群体居中调解上层农民与下层农民之间的矛盾，协调他们之间的利益关系，如下层农民需要到上层农民的企业务工，需要上层农民的资金支持等。

另一个因素是农村中间群体的收入结构的不稳定性，使农民的层级具有一定的流动性。首先是中等收入群体可能因为经商成功而步入上层行列，并在城里买房，全家搬出农村。也有的上层农民由于经商收入降低，转而回村成为"II兼农户"。其次是中等收入农民在中层与下层来回穿梭，活跃了农村层级结构。农民层级的流动性说明农民层级之间并没有固化，农民尚能够通过家庭的努力而有向上流动的空间，这就会促使农民不是"破罐子破摔"，得过且过，而是都争取向上流动。

五、农村中等收入群体的社会后果

一个庞大的具有鲜明社会特征的中等收入群体活跃在农村，必然会与农村其他现象发生作用，催化和生成一系列新的经济和政治社会后果。农村作为"稳定器"和"蓄水池"，在中国工业化、现代化和城市化过程中扮演着重要的角色，农村中等收入群体在其中的作用举足轻重。根据调查，农村中等收入群体的主要社会后果还包括维系"有主体熟人社会"、释放"中间价值"、催生"去阶层分化"、撬动"高社会性竞争"和推动"半城镇化"。

（一）维系"有主体熟人社会"

熟人社会是对传统农村社会结构和人际关系形态的经典表述。熟人社会有两个基本特征，一是信息的透明和对称性，人们相互之间是熟识而非陌生的；二是其基本的社会结构是差序性的，即以自己为中心建构的具有等级序列的关系网络。贺雪峰后来在此基础上提出"半熟人社会"，说的是由于行政村范围扩大和人口流动，村民之间的信息不再对称，熟悉程度大为降低，村民之间传统的交往规则也随之失效，陌生人社会的规则体系在农村逐渐建立起来。① 吴重庆则发现随着农村青壮年劳动力大量外

---

① 贺雪峰：《论半熟人社会——理解村委会选举的一个视角》，《政治学研究》2003年第3期。

出，农村呈现出"无主体熟人社会"状态。① 笔者进一步将这种状态概括为既无"行动主体"，亦无"主体性"。② 然而，"无主体熟人社会"在广大中西部人口流出村庄并不是广泛存在的，原因就在于在这些地区存在庞大的中等收入群体。

由于农村中等收入群体的存在，这些地区虽然人口大量外流，但是村庄仍有极具建设性力量的"行动主体"，也就是吴重庆所说的青壮年劳动力。青壮年劳动力是村庄治理和活跃村庄人际关系的行动主体。农村中等收入群体中的"家庭农场"经营群体是常年在村的青壮年劳动力，"兼业经商"群体和"非正规就业"群体中也有很大一部分是农村青壮年劳动力，他们共同构成了村庄的"行动主体"。由于有一定数量的青壮年劳动力的存在，他们在村庄中高频度、长时段、面对面的交往，村庄的舆论才能正常发挥作用，"唾沫星子才能淹死人"，人们才在意他人对自己的评价，在乎自己在村庄中的地位。正是因为有一些有能力的青壮年农民精英在村，村庄人际关系才变得重要，农民之间才会相互给予和利用对方资源，相互给人情买面子，村庄社会资本才得以维系和持久。

农村中等收入群体的存在还使得村庄具有"主体性"。所谓村庄"主体性"就是村庄里的人将自己视作村庄当然的主体，是农民对自己在村庄里的角色、地位、作用、能力的自觉地体认与感受。简言之，就是把村庄当作自己的村庄、把自己当作村庄的主体来体验的一种精神状态。一方面，一部分青壮年劳动力的在

---

① 吴重庆：《从熟人社会到"无主体熟人社会"》，《读书》2011 年第 1 期。
② 杨华：《"无主体熟人社会"与村庄巨变》，《读书》2015 年第 4 期。

村，使得村庄有建设的主体，他们有责任，也有动力将村庄建设好、将村庄人际关系维系好并把村庄的声誉维护好。这样，他们既要主动地出钱出力组织建设村庄，还要惩戒违反村庄行为规范的不良行为，维护村庄道德和规则的公共性。另一方面，村庄建设好了，村庄就成为真正的生活和伦理共同体，在外务工经商的农民就更愿意把村庄当作自己的精神归属，他们在外边漂泊就有了根基和精神动力，每到年节回来也会感受到温馨，增强外出农民对村庄的归属感，进而为建设村庄贡献力量。同时，若是进城失败，环境优美、人际关系和谐的村庄也是农民不错的兜底保障。

总之，正是农村中等收入群体的存在，在外出人口大量流出的情况下，村庄才仍有行动主体和主体性，农村才因此保持了活力和秩序。村庄仍是"有主体熟人社会"。

（二）释放"中间价值"

社会学者研究发现，中产阶层在社会分化加剧、贫富差距日益拉大的社会分层结构中，处在经济、政治和文化等方面的中间状态，能够起到缓解上下阶层间矛盾和安全阀的特殊功能。他们将中产阶层这种因其独特的结构性位置和阶层属性所具有的政治社会功能概括为"中间价值"。[1]农村中等收入群体既有与西方中产阶层相同的结构性位置，又有与西方中产阶层不同的社会特征和群体属性，那么它在分化农村中所释放的"中间价值"也就会有其独特性。农村中等收入群体的"中间价值"主要表现在以下三个方面。

---

① 张宛丽：《对现阶段中国中间阶层的初步研究》，《江苏社会科学》2002年第4期。

首先，农村中等收入群体在农民层级结构中的中间性特征，决定了它具有作为农村润滑剂和缓冲器的价值和功能。常年在村的中等收入农民，不仅可以很好地协调其群体内部家庭间利益矛盾和社会关系，还由于他们跟上层农民、下层农民都有着较好的社会关系，他们就可以起到沟通上下、润滑摩擦的作用，从而使得农民层级之间的区隔不大，交流和沟通顺畅，层级关系不那么僵化。

其次，农村中等收入群体的庞大规模性的特征，决定了它具有制定价值标准、整合农村社会的价值和功能。农村中等收入群体占农村人口的80%上下，其数量远远高于只占5%—10%的上层农民和占10%—15%的下层农民。并且，上层农民多数搬出村庄在城市定居，下层农民多数在外为生计奔波，只有一部分中等收入农民会常年活跃在村。因此，农村中等收入群体在村庄中就会形成群体性效应，其生活方式、消费标准、行为逻辑和思想观念就会辐射到整个村庄，被其他群体所效仿。尤其是他们的消费标准会成为下层农民奋斗和争取的方向。而相对于上层农民的高消费和高目标，中等农民的消费标准相对不是太高，即便是下层农民通过努力也能够达到，从而能够在村庄中获得面子、荣耀感和成就感，感受自我实现和人生意义。相反，如果村庄被上层农民的标准所裹挟，那么中等农民努力拼搏尚勉强能够达到，而下层农民则永远难以企及，因而他们就会成为被村庄甩出去的人，而无法获得意义感和价值感，这样他们就会对上层农民产生极大的怨恨情绪。正是因为庞大的中等农民的存在，将在村的上层农民和下层农民都整合进了以它的消费标准为准则和规范的价值目

标之中——上层农民也要以之为标准，从而让所有农民都通过自
己的努力能够获得人生价值和意义，成为村庄有面子、有尊严的
人，维护和促进村庄共同体的和谐。

最后，农村中等收入群体不完全离土离乡和对现状高认可度
的特征，决定了它具有连接国家与社会、作为党和政府在农村的
群众基础的价值和功能。农村中等收入群体中那些常年在村的农
民利益关系和社会关系都在农村，因而既对农村社会较为熟悉，
又热心于农村事务，那么他们就很可能成为基层政府与农民打交
道的"中间人"，有的甚至担任村组干部。而庞大的中等收入群
体对现状的认可度高，支持党和政府在农村的政策，他们就可以
成为农民分化背景下党和政府在农村的群众基础。农村中等收入
群体越壮大，他们的收入和层级结构越稳定，党和国家在农村的
根基就越深厚。

（三）催生"去阶层分化"

在广大中西部农村，农民有分化但没有形成显著的阶级阶
层。这与中西部地区存在一种去阶层分化机制有关。农村中等
收入群体是去阶层分化机制的社会基础。

由于庞大的中等收入群体的存在，上层农民和下层农民都难
以形成阶层认同。在广大中西部地区，上层农民只占5%—10%，
规模不大，且他们一般是在城市经商致富，因而他们多数已搬出
村庄，不再参与村庄的社会性竞争和价值生产，他们的消费标准
和价值目标不再是其他农民的参照。留下的在村上层农民则更属
于少数，无法形成规模效应，其生活习惯和消费观念往往被认为
是个别现象，不会为其他农民所效仿。那么中等收入农民就成了

其他农民竞相攀比的对象。农村中等收入群体制定的竞争目标和标准，下层农民也容易达到，上层农民照此办理也不会感到掉身价。因此，在广大中西部地区，村庄的上层农民因为规模小而无法形成自己的圈子，更无法构成对其他农民尤其是下层农民的社会和文化排斥；下层农民也不会因为达不到竞争目标而被村庄竞争甩出去，成为村庄的边缘群体。这样，上层农民和下层农民都不会自我圈层、自我封闭，那么他们的自我认同就较低，无法形成主观的阶层认同。对于下层农民而言，他们从不认为自己身处下层，他们觉得自己的境遇是暂时的，只要家庭劳动力增加、病号减少、负担减轻、生意好转、转入更多土地等，家庭经济状况就会好转，就不会比村庄其他人差。

由于庞大的中等收入群体的存在，农民经济上的分化没有肢解血缘地缘关系。虽然村庄中有非常富裕的上层农民存在，但是因为其规模小，无法形成规模效应和示范效应，其内部认同较弱，更没有一致行动和制定规则的能力。因此这个层级的农民被庞大的中等收入群体所湮没，在村庄当中影响不大。而下层农民与中等收入群体在收入上虽然有差距，但是不像下层农民与上层农民之间的差距那么大，况且下层农民并没有认命，而是不甘人后、奋起直追。因而，在广大中西部农村在纵向上的经济分化属于中低度分化。农民经济上的中低度分化，不会改变和肢解农民传统上的血缘地缘关系。也就是说，虽然农民之间有经济上的分化，但农民不会因为这种分化而降低血缘地缘认同，变更传统的社会关系和交往规则，处在不同层级的农民在交往中仍然讲究血亲情谊和人情面子。

如此，上层农民就不会因为拥有财富而看不起下层农民，而依然会与下层农民在同一张桌子上吃饭，参与下层农民的人情往来。下层农民也不会因为贫富差距而在与上层农民的交往中有自卑心理，觉得低人一等。相反，血缘地缘关系还加强了不同层级农民间的资源沟通和交换，尤其是上层农民、中等收入农民向下层农民的资源输入，使得后者能够利用前者的资源获得更多的发展机会，提升自己的层级地位。上层农民在外创业经商致富了，就会带领其他农民一同致富，湖南新化打印业务①、江西安义的铝合金门窗业务②、义乌小商品市场③等，都是基于血缘地缘关系发展起来的。以上说明，血缘地缘关系在农民社会生活和交往中仍然扮演着重要的角色，它能够中和农民的分化，消除由于经济上的分化带来的负面效果，使农民之间不会因为权力、财富和其他资源占有的差距而产生较大隔阂和心理距离。④

（四）撬动"高社会性竞争"

由于上层农民不参与村庄竞争，或者他们的标准没有成为村庄的普遍标准，而农村中等收入群体与下层农民的差距不大，就使得中等收入群体的标准成为村庄社会性竞争的普遍标准。由于中等收入群体的标准不像上层农民那么高，不会让下层农民望而生畏、主动退出竞争，下层农民觉得自己通过努力能够达到，于

---

① 谭同学：《亲缘、地缘与市场的互嵌——社会经济视角下的新化数码快印业研究》，《开放时代》2012 年第 6 期。
② 徐嘉鸿：《农村土地流转中的中农现象——基于赣北 Z 村实地调查》，《贵州社会科学》2012 年第 4 期。
③ 刘成斌：《复数的鸡毛换糖——浙江义乌经验的商业起点与伦理渗透》，《社会学评论》2015 年第 4 期。
④ 杨华：《农村阶层关系研究的若干理论问题》，《人文杂志》2013 年第 4 期。

是咬紧牙关奋起直追。而中等群体则生怕被其他农民给追上，或者唯恐自己掉到了下层，也加足了马力向上攀爬，不断刷新竞争和彰显财富的标的物，使得竞争的标准节节攀升。这是一种谁都不愿落后、谁都怕被赶上、谁都不服输、谁都不认命、谁都觉得没有安全感和谁都想力争上游的高社会性竞争。它为农民的奋斗提供了目标和方向，也为农民的行为提供了价值标准。

农民社会性竞争对标物，第一类是一般性的，如家庭耐用消费品竞争，包括冰箱、彩电、洗衣机、空调、摩托车、汽车等；娱乐闲暇的竞争，是看电视、垂钓、打麻将，还是旅游、泡温泉、打高尔夫等；村庄人情消费竞争，办多大规模的酒席、酒席上的烟酒档次、歌舞仪式的热闹程度等；耕地养老的竞争。第二类对标物是小孩儿教育，属于起跑线上的竞争，把小孩儿送到村校、镇校还是县里的学校。第三类对标物是年轻人结婚和进城，结婚有彩礼、婚房和其他礼金的竞争，竞争优胜者则能够结婚，否则打光棍儿；进城则是指在哪一级别的城市买房子的问题，买房城市的级别越高自然越有面子。这些竞争的标的物都首先由中等收入群体中的中上农民创设，再被其他农民拉平和抬高，农民的消费标准不断再创新高。

典型的如农村彩礼，在 10 年前普遍是几千块钱到一两万块钱，在高性别比压力下，男方家庭为了提高自己在婚姻市场中的竞争优势，不断抬高结婚条件，给更多彩礼；而女方家庭则相互攀比，看谁家索要的彩礼多，彩礼越多女方家庭越有面子，这样就使得彩礼水涨船高，现在一般涨到了十几万元，有的地方甚至达到了 20 万元。彩礼加上其他的婚姻成本，一个婚结下来需要花费三四十万元。不断抬高的竞争标准给农民家庭带来了巨大的压力和地位焦虑,他们生怕被竞争给甩了出去,成为村庄中没有面子和尊严的人。最没面子的莫过于不能为儿子建房(买房)、提供彩礼成婚——最重要的人生任务都没有完成,也就谈不上其他方面的竞争。

为了缓解压力和焦虑,在社会性竞争中取胜,无论是中等农民还是下层农民,都勒紧了裤腰带,合理配置家庭资源、充分调动家庭劳动力参与竞争。代际分工与协作是最主要的家庭竞争策略。竞争的大部分压力传递给了农村中年人,他们既要为创造中等线水平的生活而努力,也要为子代成婚、进城打下基础,还要照顾老年人和抚育孙辈。为了在竞争中取胜,他们往往以消耗身体为代价过度榨取和剥削自己的劳动力。而农村中丧失劳动力、体弱多病的老年人则成了社会性竞争的累赘和负担,很可能被家庭所忽略,他们的养老也就成了问题,由此带来了中年人和老年人的代际矛盾,甚至因此导致了一些老年人的自杀。[1]

高社会性竞争充分调动和利用了农村劳动力资源,为各行各业源源不断地输送大量勤劳勇敢智慧、吃苦耐劳拼命的劳动力,创造了巨大的社会财富,为推动中国经济社会发展做出了贡献。这是农村发挥"蓄水池"功能的表现。同时,社会性竞争提高了农民家庭的生活水平和现代化程度,也给农村社会带来了活力与希望,使农村在流动的背景下仍保持着欣欣向荣的景象。[2]

---

[1]　杨华:《阶层分化、代际剥削与农村老年人自杀——对近年中部地区农村老年人自杀现象的分析》,《管理世界》2013 年第 5 期。

[2]　如春节期间,农村道路上堵车、村庄大办酒席的情景。

（五）推动"半城镇化"

城镇是资源集散地，城镇化是现代世界的必然趋势，是现代人的价值取向。农民身份的市民化是中国城镇化的重要组成部分。40 多年来，中国每年以 1% 的速度进行城市化建设，当前有 7 亿多农民正在快步迈向城镇化，这是世界城镇化历史上绝无仅有的事件。斯蒂格利茨称 21 世纪中国的城市化是影响人类进程的大事。农民的城镇化首先是人的城镇化，它既意味着农村聚落的逐步消失，更意味着农民生活习惯、生产方式、消费模式、交往空间、社会关联、家庭关系、思想理念等方面的改变。中西部地区农民的城镇化有着自己的特征，它不是所有农民的城镇化，农村中等收入群体是农民城镇化的主体；也并不是所有中等收入家庭成员都能城镇化，甚至城镇化的农民也只是在某些阶段才能城镇化。笔者将这种由农村中等收入群体推动的城镇化概括为"半城镇化"。农民"半城镇化"有以下几种类型。

首先是农民分化意义上的半城镇化。这里的半城镇化说的是农村一部分家庭率先城镇化，而另一部分家庭则尚未城镇化而继续滞留在农村。一个农村家庭能够在城镇立足，首要的条件是在城市有相对较高的稳定的收入来源和社会保障，这样才能在城镇体面而持续地生活下去。在农村，能够满足这个条件的只有上层农民和中等收入群体中的中上层农民，他们的收入水平和来源能够支撑整个家庭的城镇生活。其他的中等收入家庭只有在达到了中上层农民家庭收入水平的时候，才能着手城镇化。没有达到这个水平的家庭则无法实现城镇化。

其次是代际分工意义上的半城镇化。这里的半城镇化说的是农民家庭中一部分成员城镇化，另一部分成员继续留在农村。也就是农村年轻人和孩童的城镇化，而中老年人则不在城镇生活。农民家庭通过代际分工与协作，为年轻人在城镇买房子定居，年轻人在城镇找到稳定的工作，孩童在城镇接受相对较好的教育。而老人则在农村耕种土地或兼业，不仅要养活自己，而且还将结余的收入输送给在城镇生活的年轻人，减轻后者的负担，使其在城镇更快更好更从容地立足。[①] 有的家庭还将孩童送到农村给老年人带，并在农村接受教育，这样就能解放年轻人的劳动力，以节省在城镇的开支、创造更多的收入在城市立足。现在越来越多的情况是，农民虽然在城镇买了房子，但年轻人无法在城镇就业，还得到沿海打工或在农村兼业经商，房子就被空下来，或者留给老人在城镇带孙辈、接送孙辈上学。这样的家庭只有到第三代才能彻底城镇化。

最后是生命历程意义上的半城镇化。这里的半城镇化说的是一个农民在其生命的前半段时间是农民，而后半段时间则是市民。这种情况一般是年轻人自己奋斗进城，并没有在短时期内完成任务，而是经过了二三十年时间才最终脱离农村在城镇安顿下来。这类半城镇化在农村并不少见。还有种附带的情况是，这些半城镇化的人并不彻底脱离农村，他们居住在城镇上，但仍回乡耕种土地，或在农村还有人情往来，他们往返于城乡之间，只有他们的子代才最终城镇化。

综上，农村中等收入群体由于收入结构的约束，既无法让所

[①] 我们在荆门农村调查到这样一个典型案例：一对45岁左右的夫妇，把毕生积蓄用来给儿子在省会城市买房子。男主人说，再干10年，每年赚4万块钱给儿子还房贷。

有农户一同城镇化，也难以承受一家三代人同时城镇化，只能退而求其次，分步分批次地城镇化。"半城镇化"既是农民的无奈之举，也是农民城镇化的一个策略。在这个意义上，农村家庭的城镇化是一个漫长的过程，如果人为地将没有达到完全城镇化要求的农村家庭也都城镇化，必定造成这部分家庭在城镇难有体面的生活。

六、小结

农村中等收入群体是国家、社会和家庭等形塑制度机制共同作用的产物，它在中国快速工业化、城镇化、农村人口大规模外流的背景下，成为农村保持稳定与活力的一股重要力量，使农村成为中国现代化建设的"稳定器"与"蓄水池"。国家层面的形塑机制包括保护型城乡二元结构和农村土地集体所有制，这两项制度保障了农民能够自由往返于城乡之间，获得务工和务农两部分收入，使有能力进城者进城，进城失败者能够返乡务农。社会层面的形塑机制有隐性农业革命和多元就业格局两项，这意味着农民的收入结构多元化，务农收入和非农收入都呈增长态势。家庭层面的形塑机制是指代际分工与协作，它使得农民能够合理配置和充分利用家庭劳动力资源，为农民家庭创造和节省更多的财富。这些机制形塑和决定了农村中等收入群体的基本特征和社会禀赋，使他们长期乃至数代人处在一种不完全"离土离乡"的状态下，获得务农、务工及兼业、经商和国家补助等多方面的收入，使家庭收入水平在中等线上下，过上温饱有余小康不足的生活，能够完成劳动力再生产，参与村庄社会性竞争，并推动部分家庭成员城镇化。

农村中等收入群体在与其他农村社会现象的交互作用中，碰撞出了诸多新的经济和政治社会现象。农村中等收入群体的不完全"离土离乡"使得人口外流的农村仍有一部分青壮年劳动力的身影，他们活跃在农村生产、生活和社会交往的一线，建设了村庄社区、协调了农村人际关系，为外出务工经商的农民提供了一个稳定的大后方。他们还沟通了农村上层富人和下层穷人的关系，使得农村社会并没有因为经济上的分化而出现阶层分化和区隔，更没有出现上层与下层的对立情绪。就农村家庭间的收入而言，无论是农村中等收入群体内部，还是它与下层农民比较，差距都不太大，没有难以逾越的鸿沟。因而就使得农村家庭之间的社会性竞争非常激烈，谁都不甘落后，谁都想超越其他人。无论哪个层级的农民都对自己的身份和位置没有安全感，中等收入农民不敢有丝毫懈怠，下层农民没有认命，他们都"勒紧裤腰带干革命"，把家庭的劳动力都调动起来，乃至最大限度地压榨和剥削家庭劳动力，既为家庭创造了财富，活跃了农村，也推动了社会发展。农村规模经营者和兼业农民的主要利益关系和社会关系都在农村，对农村较为熟悉，热心于农村公共事务，常常充当国家与农村社会沟通的桥梁。农村中等收入群体数量庞大，对现状较为满意，受惠于党和国家的农村政策，是党和国家在农村的坚定支持者。

但是，因为收入结构和社会保障的不确定性，农村中等收入群体也是一个相对不稳定的群体，他们很可能因为某些变故而落入农村下层，亦可能因为家庭新添了劳动力而步入中等收入行列。因此，为了壮大农村中等收入群体，保障其群体的稳定性，降低他们因为变故致贫、返贫的概率，保持农村社会的稳定与活力，扩大党和国家在农村的群众基础，要做到以下几点：一是开源，就是要推动农民多渠道、多元化的就业，增加农民家庭收入。二是节流，就是要从文化和生活习惯上倡导农民节省开支，包括减少人情开支、杜绝酒席浪费、消除天价彩礼等。三是兜底，就是在政策上要继续做好保障工作，包括在不改变现行集体土地制度的前提下，鼓励农村自发土地流转，既推动农村适度规模经营，也为农民进城失败留下退路；还包括进一步完善和推进农村社会保障和社会救助体系建设。

第九章　村庄竞争的压力集中到了谁身上：

年轻男子，老年人，抑或年轻妇女？

一、农村社会问题的解释路径

研究自杀问题是干预和减少自杀行为的前提。已有研究显示，中国自杀率从 1995 年的 16.76（单位十万分，下同）下降到了 2014 年的 6.51，总自杀率下降了 61.2%。同一时期城市自杀率从 4.08 增加到了 5.48，农村自杀率则从 20.94 下降到了 7.76，说明中国自杀率下降主要源于农村自杀率的快速降低。农村自杀率的下降主要源于农村女性自杀率的下降（从 22.71 到 7.51），其中又以农村已婚年轻妇女（简称年轻妇女）的自杀率下降为最。从实地调查来看，近年农村自杀高危群体主要是老年人，其自杀率在农村地区有上升趋势。[①] 农村妇女自杀在南方和中部农村已属

①　刘燕舞：《农村老年人自杀及其危机干预（1980—2009）》，《南方人口》2013 年第 2 期；杨华：《分化、竞争与压力的代际传递——对农村老年人自杀现象的理解》，《北京工业大学学报（社会科学版）》2017 年第 6 期。

少见，①在北方农村尚有一定比例②。农村青少年、未婚青年和已婚男子的自杀率皆已降到较低水平。因此，老年人和年轻妇女是农村自杀高危群体，对这两类群体自杀行为的影响因素及社会干预的研究是农村自杀研究的重点。

既有农民自杀研究主要有精神病学、社会心理学和社会学三种分析路径，各自所依凭的理论基础不同，对自杀影响因素和干预措施的分析也各有侧重。本章在对这三种分析路径做简要梳理的基础上，提出对农村年轻妇女和老年人两类高危群体自杀行为的新分析框架。

在现代西方自杀学研究中，精神病学取向是主要研究路径，它涉及生物学、生理学和心理学等诸多研究领域。这一分析路径主要认为个体生理或精神方面出现了病理状态带来自杀行为，那么在干预中就要找出导致病理的生理或心理因素，并通过药物或临床予以治疗。抑郁症被认为是个体自杀最大的精神疾病，但中国绝大部分自杀者并非精神疾病患者，农村患精神疾病的自杀者就更少。

社会心理学路径从认知科学来探讨自杀行为的动机，认为不同主体的"认知失调"或"认知不协调"导致自杀意念和行为。在对农村自杀研究中，社会心理学路径的研究者从社会学家默顿等人的"压力"出发提出了自杀"扭力"理论，认为自杀是由于主体在同一时间内遭遇两个及以上不同方向且相互冲突的压力而

① 刘燕舞：《中国农村妇女自杀率演变的趋势分析——基于6省24村的回顾性田野调查》，《贵州师范大学学报（社会科学版）》2017年第2期。

② 李善峰、张璐：《中国北方农村自杀行为的特点、类型和影响因素——基于一个农业县的田野调查》，《山东生活科学》2015年第11期。

无法摆脱的结果。这些压力形构扭力，它是一种心理认知状态，主要包括不同价值观、理想与现实间的距离、相对剥夺感和危机应对技能缺乏等四个方面的来源。解决或减轻扭力的方法是消除相互冲突的压力中的任意一个。①

社会学的研究取向沿袭的是涂尔干"社会事实"解释路径，将自杀作为社会事实来考察，认识到自杀不仅是个体心理、病理等方面的选择，它还要受到文化、宗教、社会及其变迁方面的影响，构筑了用社会事实的因果关系解释自杀的理论框架，并发展出实证主义和人文主义两条自杀研究路径。中国农村自杀研究因大型数据阙如，实证主义路径发展较晚，研究成果相对较少。②人文主义路径受益于农村调查入场的便利，主要从深度个案入手在社会结构和文化价值两个层面展开分析。社会结构包括村庄结构、家庭结构、权力结构以及区域政治经济因素等，目前社会学者主要从城乡互动、人口流动、结构—行为模式等维度分析了农民自杀行为。譬如，谢丽华等学者在分析农村女性自杀时，认为农村女性在传统社会结构中权力和地位低下导致她们在遇到负面事件时得不到救济而自杀；③陈柏峰将家庭结构和家庭关系变动定位为家庭矛盾产生的根源，而家庭矛盾是导致年轻妇女和老年人

① 张杰、景军、吴学雅等：《中国自杀率下降趋势的社会学分析》，《中国社会科学》2011年第5期。

② 景军、吴学雅、张杰：《农村女性的迁移与中国自杀率的下降》，《中国农业大学学报（社会科学版）》2010年第4期。

③ 谢丽华：《中国农村妇女自杀现象分析及社区干预模式探索》，"中国大陆妇女危机干预的伦理、法律和问题专家研讨会论文集"，2006年12月。

自杀的直接原因。[①] 文化价值包括思想观念、文化传统、宗教信仰、意义体验、生命价值、地方经验等，它或直接与农民自杀挂钩，或其变动会带来农民的不适应及压力而选择自杀。如贞洁观念会导致某些受辱的农村妇女自杀；[②] 宗教信仰既可能抑制农民自杀，也可能刺激农民自杀；[③] 乡风民俗、家庭功能、社会意识等"地方性知识"作为社会环境从不同方面影响农民自杀；[④] 吴飞认为自杀是人们在家庭中努力维护自己的人格价值、实现正义观念、过好日子的一种手段；[⑤] 贺雪峰等学者从农村鬼神观、村庄舆论、自杀观、对老人的态度等地方文化，去解释为什么农村老年人会选择无反抗性自杀方式。[⑥] 社会学研究路径给出的干预和降低农村自杀率的方案是调整农村社会结构或农民的价值期许。

对农民自杀研究的成果正在尝试概念化、理论化和体系化，但相关研究也有其不足，如精神病学对于多数不是由精神疾病引起的农村自杀行为的解释难以切中要害；扭力理论强调主体心理认知矛盾，但对造成认知失调背后的深层根源关注不够。社会学路径将农民自杀作为社会事实和社会问题来研究，能够在结构或

---

① 陈柏峰：《代际关系变动与老年人自杀——对湖北京山农村的实证研究》，《社会学研究》2009年第4期。

② 李书源、杨晓军：《民国初年东北地区女性自杀现象解读》，《吉林大学社会科学学报》2009年第5期。

③ 刘燕舞：《国家法、民间法与农民自杀——基于一个地域个案农民自杀现象的分析》，《云南大学学报（法学版）》2010年第5期。

④ 李善峰：《"地方性知识"与农村高危人群自杀行为的社会环境》，《民俗研究》2017年第6期。

⑤ 吴飞：《论"过日子"》，《社会学研究》2007年第6期。

⑥ 贺雪峰：《农村老年人为什么选择自杀》，《热风学术》2009年第3期；杨华、范芳旭：《自杀秩序与湖北京山农村老年人自杀》，《开放时代》2009年第5期；刘燕舞：《农村老年人自杀的地域差异与文化分析》，《云南师范大学学报（哲学社会科学版）》2013年第4期。

价值层面整体把握自杀行为的社会背景及影响因素，亦能在微观层面切入农民自杀的直接原因及机制，但对主体心理认知没有确切认识。

二、分化、竞争与压力的社会配置

本章结合社会学和社会心理学分析路径的优势，从分化、竞争与压力的社会配置角度去理解农村年轻妇女和老年人自杀，既对这些自杀行为嵌入的社会环境给予整体把握，又能够切入自杀者的主体认知细部，挖掘社会环境与主体认知勾连起来的机制，从而更全面更深刻地理解农民自杀行为。在本分析框架中，"分化"与"竞争"状况是主体遭遇的村庄社会环境，"压力"及"焦虑"则是农民个体在村庄竞争中的心理认知。当年轻妇女和老年人不能承受和释放村庄配置给他们的"压力"和"焦虑"时就可能自杀。

农民分化是村庄竞争及其压力产生的前提和基础。在社会学意义上，可以将农民分化划分为横向分化与纵向分化。农民的横向分化是指水平方向上农民之间的分化，主要包括职业分疏、时空分离和关系疏远。职业分疏指的是农民从纯务农群体，分化成务农、务工、经商、兼业等不同的职业群体。职业差异必然带来农民的时空分离，使相互间交集减少。关系疏远是指传统血缘地缘关系的淡化，即农民在社会交往与关系上由紧密到疏离的变化。职业分疏与时空分离是血缘地缘关系淡化的重要原因。本章中的横向分化主要指血缘地缘关系的淡化。农民的纵向分化指的是在经济、社会关系和权力等资源占有上的差异，及由此带来的社会地位的区分。纵向分化是一种等级位阶的差别，要表达的是社会占有的不平等与资源分配的不均衡。在当前农村，社会关系和权力等资源的占有会体现在市场和经济机会的占有上，从而最终体现为经济条件的差别。经济条件越好，在村庄中的地位就越高，反之则低。

在横向分化不明显时，农民相互间都是"自己人"，即便有纵向上的差异，相互间也是互助合作共同进步的关系。纵向分化并不必然导致农民的竞争。只有在横向分化之后，相互间"自己人"认同减弱，互助合作观念淡化，在村庄内部狭小空间中的比较与竞争就不可避免，因为此时农民在乎的不是平等的人格和权利，而是别人不会超过自己。① 在比较与竞争中，相互间因家庭资源禀赋及个体努力程度等方面的差异，纵向差距就会拉大和凸显。这说明横向分化会带来纵向分化。而纵向差距又使得农民间的赶超更紧迫更有必要，竞争就会更加激烈，进而使得农民更难以顾及自己人的关系和情感，从而促使横向分化加剧。

农民的比较与竞争不是盲目和全方位的，而是集中于生产生活中的某些重要方面。并且不同时期农民竞争的标的物有较大差异，它随着农村社会生产力和经济生活水平的提高而变化，总体趋势是竞争标准不断攀高。在 20 世纪八九十年代，农民竞争的标的物主要包括家庭的生活生产条件、住房等，2000 年以后村庄竞争就集中于耐用消费品、休闲娱乐方式、人情消费、小孩儿教

---

① 成伯清：《怨恨与承认——一种社会学的探索》，《江苏行政学院学报》2009 年第 5 期。

育、子女婚姻与进城等方面，标的物从基本生产生活型向物质消费发展型转换升级，并越来越与农民的人生任务挂钩，加剧和强化了农民参与竞争的意识。农民只有达到或超过村庄基本标准，才能获得他人的承认和认可，在村庄中才算得上有面子的人，否则就会被边缘化、被村民瞧不起。村庄竞争是面子、荣耀、尊严、身份和地位的竞争，每一个农民家庭只要不想被边缘化，就必须正视和参与村庄竞争。在村庄竞争中，各农民家庭的起点和禀赋都差不多，谁都不想落后他人，谁又都想超越他人，同时谁都不想被他人赶超，最低的标准也是不能比别人差。那么就使得村庄竞争非常激烈，给每一个农民家庭都带来了较大的压力和焦虑。村庄竞争的标准越高，给农民家庭带来的压力和焦虑就越大，农民就越需要调动资源参与竞争达到和超越村庄标准以缓解压力和焦虑，反过来又激化村庄竞争。从20世纪八九十年代至今，村庄竞争的标准越来越高，意味着村庄竞争越来越激烈，给农民家庭带来的压力和焦虑也越来越大。

　　但是并不是每一个村民都承受着同等的竞争压力和焦虑，而是有的村民承受较重的压力和焦虑，有的村民对竞争压力感知不那么强烈。这说明压力和焦虑在村民中的分配不是均衡的。农村有两套社会机制来配置竞争压力，一套是村庄机制，它使得竞争压力在村庄不同层级的农民家庭之间进行不等量分配。一般而言，村庄中家庭资源较丰富、壮劳动力较多且调动充分的农民家庭，就可以从容地参与村庄竞争，他们感受到的竞争压力不那么强烈。而那些家庭资源稀薄、壮劳动力少或调动不充分的家庭参与竞争的手段和能力与竞争目标之间差距较大，感知到的竞争压力就较大。这意味着村庄竞争的压力有向下层农民家庭集聚的效应。另一套是家庭机制，它要解决的问题是被集中配置给下层农民家庭的竞争压力如何在其家庭成员之间进行再次分配。不同家庭成员因其在家庭中的位置、地位、权力和身份，以及性别、年龄、个性、对竞争的敏感程度等方面的差异而会感知到不同程度的竞争压力。

在社会心理学意义上，所谓竞争压力就是主体对竞争手段与竞争目标之间存在差距所形成的张力的心理认知。差距越大对张力的心理认知就越强烈，压力也就越大。对张力的心理认知越大的人就越可能在张力不可调适的情况下选择自杀。基于以上分析，可以得出本章的几个主要命题。

命题 1：在村庄竞争中，越是下层的农民家庭感受到的压力就越大，这些家庭的竞争手段与目标之间张力的不可调适度最大，自杀的农民也多集中在这些家庭。

命题 2：在村庄竞争中，对农民家庭之间竞争越敏感的家庭成员所感知的压力最大，他们就越有动力调动家庭资源和劳动力参与竞争，当他们的竞争手段和目标之间的张力不可调适时，这部分家庭成员自杀的可能性最大。

命题 3：在村庄竞争中，农民家庭资源的分配以参与竞争为导向，凡不利于家庭参与村庄竞争的人和事务在家庭资源分配中就可能受到挤压。前者如丧失劳动能力或生病的老年人，后者如养老，因而老年人在农民家庭成员中自杀风险较高。

命题 4：在村庄竞争中，当家庭成员的劳动力都被充分调动起来参与竞争后，那些劳动力有缺陷或丧失劳动力的家庭成员，不仅会感受到家庭竞争的压力，还有不能为家庭创造价值且徒耗家庭资源的心理负担，因而这些家庭成员的压力大，他们的自杀风险也最大。这样的家庭成员包括丧失劳动力或不能自理的老年人、生病或残疾的家庭成员。

命题5：在村庄竞争中，农村年轻妇女因其性别和身份而对竞争最为敏感，承受着较大的竞争压力，农村老年人则因其劳动力缺陷而有较大的心理负担，因而这两类群体是农村自杀的高危群体。

三、竞争压力的村庄配置及其后果

（一）农民竞争以村庄为单位和以村民为对象

农民分化发生在村庄里，农民家庭之间的竞争也以村庄为单位。村庄是农民生产生活的载体，即便随着人口流动大部分农民的生产活动在村外完成，但是村庄仍然是他们的生活场域和精神归属。农民不是在抽象的"社会"中获得身份与地位，而是在村庄中找到适当的位置安置自己的身体和灵魂。对于农民来说，村庄有宗教意义，更有实体意义。只有置于村庄中农民分化才有意义，因为农民更多地是在村庄中跟身边的人比较。农民只有在村庄中发现自己与他人有差距才能引起重视，才会着手去改变。农民的比较与竞争是在村庄中发生的，村庄也因为农民相互交织的竞争而成为"竞争社会"。①

---

① 成伯清：《怨恨与承认——一种社会学的探索》，《江苏行政学院学报》2009年第5期。

跟城市陌生人社会相比，村庄是建构在血缘地缘关系基础上的熟人社会。熟人社会的一系列内在属性规定并形塑农民竞争，使农民竞争相较于城市居民竞争具有自身的特性。

首先，熟人社会内部的信息是对称和即时的，它使得农民间的比较与竞争具有具象性和不间断性。村庄是村民相互熟悉的微型社区，农民之间的信息是透明和对称的，农民不仅要暴露自己所有的信息，还不得不接受他人的信息。在村庄中农民不仅知道彼此的生产生活情况，了解彼此的习性和资源禀赋，清楚彼此在交往博弈中的行为方式，还知晓各自家庭变化发展的情况。农民因此能够在村庄中确定自己的位置、身份和角色，也能够确定自己的差距、欠缺和努力的方向。对于农民而言，熟人社会内部的比较和竞争是具象的，不仅比较和竞争的对象是具体的，比较和竞争的标的物也是清晰可见的。熟人社会的信息传递还是即时性的，即只要哪家农户出现了什么情况、家庭条件有了何种改善、事业做到了某个程度等，这些信息都会在第一时间传遍村庄。这就使得村庄的比较与竞争带有不间断性，农民时刻都在接受来自其他农民的信息，使他们绷紧了比较和竞争的神经。熟人社会信息的对称性和即时性，会给相对落后的农民带来持续性的刺激和压力。信息传递越即时、接受越多，给他们的刺激就越多，他们的心理压力就越大。

其次，熟人社会内部的互动是在场的，它使得农民间的比较与竞争具有面对面性。熟人社会的空间相对封闭和狭小，农民在其中进行密集的生产、生活和交往，村庄中公共生活和私人交往皆较为频繁，这使得农民的互动具有极强的在场性和现场感。熟人社会互动的在场性使得农民之间的较量带有身体在场性和直接性，一方面是所有农民要直面竞争对象，从他们身上直接感受到竞争压力，另一方面农民无法将自身隐藏起来，不能退出与他人面对面的交往。对于在比较和竞争中处于优势的农民来说，互动的在场正好可以展示自己的成功，获得他人的承认和认可。对于相对落后的农民来说，互动的在场性使得他们必须直面比自己条件好的农民以及来自他们身上的压力。所以互动的在场性及不可退却和隐藏性，使得所有的农民都不能回避与他人的比较和竞争及由此带来的压力，相对落后的农民要直面强者因而压力更大。这正是村庄竞争的残酷性所在。

再次，熟人社会内部的价值是共享的，它使得农民间的比较与竞争具有不可逃逸性。一个村庄一般不可能同时存在多个不同及相悖的价值体系，大部分村民只能共享一套主导的价值体系。村庄比较与竞争的标准和目标内含于这套价值体系之中。农民浸润于该体系中，按照其规定的行为规范行为，实现相应的价值目标，那么农民在村庄中就能够获得他人的尊重和认可。但是该价值体系设定的价值目标并不能轻易达到，而且它们会伴随着村庄的比较和竞争而不断抬高价值标准，因此村庄的价值目标是由在竞争中占优势的群体所设定和引领的。一旦多数村民都能够达到某一标准的目标后，竞争领先的群体就会进一步提高他们的价值标准，以彰显与其他村民的差异和优势，其他村民又得拼命地追赶。在这个过程中，竞争领先农民为了防止被他人追上，不断设定新目标的压力，竞争落后的农民在不断设定的新目标面前备感压力。尽管如此，竞争落后的农民却不能提出不同的价值目标，更不能否定村庄共享的价值目标。这说明熟人社会价值共享的特性决定了村庄的比较与竞争具有不可逃逸性，无论压力有多大，农民要想得到村庄认可就得参与其中。

最后，熟人社会内部的关系是相近的，它使得农民间的比较与竞争具有起点一致性。村庄内部有血缘关系和地缘关系两种典型的社会关系。前者具有先赋性，后者则是由人情、姻亲、拟亲等机制搭建起来的非先赋性关系。这两种关系在农民未出现横向分化之前都可以称为"自己人"关系，认同强度遵循"差序格局"原则，与自己血缘地缘关系越近的人越亲密。当农民横向分化之后，"自己人"关系就会转变为竞争关系。血缘地缘关系越近，农民家庭之间在各方面的起点就越一致，那么一旦出现差距，落后者就会感受到巨大的压力。这样就使得关系越近，竞争就越激烈，如果相互之间差距越大，落后者的压力就越大。在村庄中兄弟、堂兄弟以及邻里关系属于农民最近的关系，那么他们之间的比较与竞争也就最激烈，相互间给对方造成的压力也最大。

（二）村庄竞争的基础是劳动力的充分调动与合理配置

村庄比较与竞争给每个农民家庭都带来了压力和焦虑，农民要缓解压力和焦虑就得调动家庭资源和劳动力参与竞争，并通过创造更多的财富以达到或超过村庄设定的价值目标。在广大中西部地区，农民占有和支配的最大资源是家庭劳动力，对劳动力的充分调动是家庭参与村庄竞争的基础，村庄竞争说到底是家庭劳动力的竞争。

在广大中西部农村，家庭劳动力的竞争包括以下几个方面，一是家庭劳动力的多寡。家庭劳动力可分为壮劳动力、半劳动力和有缺陷的劳动力，壮劳动力是指十八九岁到四五十岁身强体壮的劳动力；半劳动力则是青少年和六十岁以上还有劳动能力的老年人，他们在家庭中可以做些辅助性劳动；有缺陷的劳动力是指生病、残疾或年老体弱的成年农民，他们的劳动力无法被使用。一个农民家庭壮劳动力越多，在村庄竞争中就越有优势；一个家庭缺乏壮劳动力而半劳动力和有缺陷的劳动力较多时，则难以支撑家庭参与村庄竞争。二是劳动力的素质，指的是家庭壮劳动力的文化程度、技术技能、脑子灵活程度、持家水平、把握机会的能力、敢拼敢闯的精神等，如果在这几个方面表现出较高的素质，这样的家庭在村庄竞争中就能占优势。三是家庭劳动力的调动程度。即便家庭中有壮劳动力，如果不能充分调动起来参与村庄竞争亦无济于事。一个家庭的劳动力真正被充分调动起来，包括年轻夫妇充分意识到竞争的重要性并投身于竞争之中，并把老年人和青少年的半劳动力也调动起来。

参与村庄竞争的最理想状态是家庭壮劳动力多、素质高且被充分调动了起来。在农民家庭诸多劳动力当中又属年轻男子的劳动力最为重要，它能够创造最多的物质财富。如果年轻男子的劳动力素质高又被充分调动了起来，那么其家庭在参与村庄竞争中就容易在竞争中脱颖而出。相反，如果年轻男子的劳动力不能被充分调动，或者即便被充分调动但素质不高，这样的家庭也难以在竞争中达到目标。

在20世纪八九十年代，农民家庭劳动力被充分调动起来表现为合理的家庭分工，年轻夫妇负责主要的农活儿和副业，年轻男子在农闲时在附近务工，老年人在家带小孩儿和做农业辅助活儿，青少年在放学放假后协助父母做农活儿或家务。到 20 世纪90 年代以后，家庭分工主要是性别分工，即年轻男子外出务工获得货币化收入，年轻妇女在家务农获得农业收入和照顾家庭，老年人和青少年做辅助性工作。在性别分工中，务工收入要高于务农收入，务工与务农的收入比为 6:4 或 7:3。没有年轻男子外出务工的家庭要比有年轻男子外出务工的家庭收入少。如果一个家庭有孩子放弃学业外出务工，那么其家庭收入又要增加许多。

到 2000 年以后，家庭的合理分工转变为以代际分工为基础的"半工半耕"，也就是年轻妇女外出务工获得工资性收入，中老年人在家务农获得务农收入并照顾孙辈。这样一个家庭也有务工和务农两笔收入，务工和务农的货币化收入比为 8:2 或 9:1。年轻夫妇务工的收入要远高于中老年人务农的收入，农民家庭的货币化收入迅猛增加。年轻夫妇是否外出务工对家庭收入的增加及参与村庄竞争至关重要，缺少了他们务工的收入，一个农民家庭将无法担负不断上涨的基本生活与劳动力再生产的成本，更不用说在村庄竞争中彰显成功。中老年人务农收入不能仅用货币来衡量，它还有较大的非货币化收益，一是中老年人在家务农和照顾孙辈，解放了至少一个壮劳动力，使其能够外出获得务工的收入；二是中老年人自我养老能够给年轻人节省很大一部分养老的费用；三是中老年人和孙辈在农村生活消费低，如果把他们的花销放在城市，就会徒增年轻人的生活成本。中老年人在家务农减轻了年轻人的负担，解除了他们的后顾之忧，让他们在村庄竞争中轻装上阵。中老年人"半耕"这一块的劳动力配置不能忽视。

归结起来，在 20 世纪八九十年代，家庭劳动力的充分调动就是要将壮劳动力配置在务农的第一线，或将年轻男子及成年子女的劳动力市场化，将半劳动力配置在辅助性劳动上。到了2000年以后，家庭劳动力的充分调动和合理配置就是要将年轻人的劳动充分市场化，将老年人的劳动力配置在务农和家务上，同时让小孩儿接受良好教育以提升劳动力素质。在中西部农村，参与村庄竞争的基础不是市场机会、权力和社会关系资源，而是劳动力的充分调动和合理配置，这样就会带来三个结果，一是农民家庭间在经济上有差距，但是差距不大，大部分农民处在中等收入水平；二是由于农民家庭间的差距并非不能逾越，即便落后的农民家庭也觉得追赶上领先者并非遥不可及，竞争领先者不会觉得高枕无忧，他们仍然处在相互竞争之中；三是劳动力相对于其他资源来说较为充裕，而各家庭之间的差距又不大，就使得相互之间的竞争非常激烈。

（三）竞争压力向下层农民家庭集聚

村庄竞争越激烈就越要充分调动和合理配置家庭劳动力。家庭劳动力被充分调动和合理配置起来的家庭就能在竞争中取胜，而在竞争中落后则主要源于无法调动家庭劳动力。家庭劳动力无法被调动主要表现为，一是家庭缺少劳动力特别是缺少壮劳动力；二是劳动力素质不高或劳动力残疾、患疾病等；三是劳动力没有被充分调动起来，尤其是年轻男子和老年人的劳动力没有被充分调动和合理配置。

劳动力被充分调动和合理配置起来的家庭，要达到村庄的竞争标准就相对比较容易，因而他们的竞争压力就相对较小。劳动力无法被调动的家庭在没有其他资源可动员的情况下，其家庭条件就会相对落后，因而会感受到较大的压力和焦虑。越是落后家庭其压力和焦虑就越大，他们就越需要通过充分调动和合理配置家庭劳动力来改善家庭处境。但是当家庭劳动力又无法被调动时，他们的期待与现实之间的张力就很大。而在竞争中处优势的农民家庭的价值期许与他们对家庭劳动力的调动相协调，能够较容易地达成价值目标，因而其家庭成员所感知的心理张力就较小。这说明，村庄竞争的压力有向下层农民家庭集聚的效应。

对张力的心理感知越大的人越可能选择自杀。在村庄竞争中，下层或相对落后的农民家庭的价值期许与现实条件之间的张力较大，而上层农民家庭的张力较小，那么前者的家庭成员就越有可能选择自杀。从调查来看，村庄上层农民的自杀率最低，中间农民次之，自杀率最高的是下层农民。

四、竞争压力的家庭配置及其后果

不同年龄段不同性别的农民都存在自杀现象，但年轻妇女和老年人是自杀的高危群体，说明村庄通过家庭劳动力的调动与配置机制将竞争压力主要分配给了下层农民家庭，而在下层农民家庭中则配置到了年轻妇女和老年人身上。农民家庭配置竞争压力的机制有两套，分别是压力的不均衡分配机制和代际传递机制。

（一）压力的不均衡分配与年轻妇女自杀

农村年轻妇女自杀率最高时期是在 20 世纪八九十年代，说明这一时期村庄竞争的压力在家庭内部被主要分配给了年轻妇女。之所以如此，与这一时期农民分化、村庄竞争状况以及年轻妇女在家庭中的身份与角色相关。

1.压力的不均衡分配：谁的竞争意识强，谁承受的压力就大

20世纪八九十年代距分田到户后已有20年时间，农民从集体经营向以个体家庭为主的经营形式转变，农村经济也从计划经济、自然经济迈进市场和商品经济，农村劳动力的流动和就业渠道增多，推动了农民家庭横向和纵向上的分化，并在家庭条件等方面展开了竞争。农民竞争激活了农村经济和社会的活力，推动了农民经济社会的发展，但同时也给下层农民家庭带来了较大的压力和焦虑。

在下层农民家庭中，竞争压力的分配是不均衡的。不同家庭成员对竞争及其压力的感受会有差别，这与农民家庭成员的竞争意识强弱有关。当某些（个）家庭成员有较强的竞争意识时，他们（他）对村庄竞争及其压力的感受就很强烈，反之当某些家庭成员对于与其他农民家庭的比较和竞争不那么上心时，他们感受到来自其他家庭的竞争压力就弱。家庭成员竞争意识的强烈程度与他们在家庭中的身份、角色与地位有关系。竞争意识强弱在家庭成年成员中的排序从强到弱分别是年轻妇女、年轻男子与老年人。年轻妇女的竞争意识最强烈与其"外来者"角色相关。年轻妇女作为夫姓家族和村落的"外来者"，一向就对安全感和归属感十分敏感。虽然年轻妇女已经嫁入了夫姓家族和村落，但是按照传统宗族观念她们依然被视为夫姓家族和村落的"外人"，直到她们去世后葬入夫姓祖坟山成为夫姓祖先才能算得上夫姓家族和村落的正式成员。因此年轻妇女在夫姓家族和村落一直没有较强的安全感和归属感。为此她们一方面极力融入夫姓家族和村

落，在其中获得相应的身份和位置，得到承认和认可；另一方面她们又着手构建属于自己的血缘集团，即组建由子女、丈夫和自己构成的"女性家庭"，她们在该家庭而不是夫姓家族和村落上花费更多的时间和精力。在20世纪八九十年代，伴随着宗族血缘认同的瓦解，农民横向分化加剧，年轻妇女最先感受到夫姓家族和村落较过去更不能给她们带来安全感和稳定性，于是她们更加倾向营造"女性家庭"。"女性家庭"建设得越强大、各方面条件越好，她们在其中就越有安全感和归属感。年轻妇女更倾向于将"女性家庭"与其他家庭进行比较、将其他家庭当作竞争的对象。另外，农村妇女的日常生活主要与柴米油盐打交道，农村妇女之间的闲聊也多是家长里短，因而她们更容易感受到自己家庭与其他家庭的差别和距离。因此农民分化之后，年轻妇女的竞争意识最强烈。

相对于年轻妇女来说，年轻男子和老年人对小家庭之间的差别不太敏感，因而竞争意识不强。他们具备天然的家族和村落成员身份，能够在家族和村落获得安全感和归属感。他们的宗亲观念较强，把其他家庭当作大家庭的一员和"自己人"来看待，一般不拿自己家庭与其他家庭进行对比。年轻男子和老年人对小家庭利益的独立意识不强，大家庭"共有"的观念较深入，甚至觉得兄弟、堂兄弟家庭条件搞好了，自己脸上也跟着沾光。他们对待家族其他成员更多的是提携和帮助，相互之间讲究互助合作而不是攀比。因此，当农民家庭之间出现横向分化之后，他们的反应不是要与其他家庭一争高下，而是感到痛心疾首，感慨世道变了人心散了，甚至试图去扭转和挽救家族瓦解趋势。年轻男子是小家庭的成员，相对于老年人而言他们的大家庭意识要弱一些，而跟其他家庭进行比较和竞争的意识相对强一些。

总之，农民家庭竞争意识最强的是年轻妇女，她们习惯于拿小家庭与其他家庭比较，一旦发现有差距就会有压力和焦虑。年轻男子和老年人对家庭间的差别和竞争反应较为迟钝，对竞争的压力感和焦虑感不那么强烈。村庄竞争的压力就被集中分配到了年轻妇女身上。

2. 劳动力调动、家庭矛盾与年轻妇女自杀

由于年轻妇女承受的竞争压力最大，她们也就最有动力去调动资源参与竞争，以舒缓压力和焦虑。在20世纪八九十年代的中西部农村，工商业发展程度还不高，市场机会较少，农民家庭的资源主要是劳动力及耕地。年轻妇女对家庭资源的动员和配置体现在四个方面，一是节约家庭资源，二是争夺共有资源，三是最大限度地调动家庭劳动力资源，四是不让他人在上述资源上占自己的便宜。其中最重要的是要调动年轻男子和老年人的劳动力。此时家庭劳动力不能被充分调动起来的原因主要有三。

一是家庭劳动力竞争意识不强，不能主动地将自身劳动力投入家庭竞争中。当年轻男子和老年人没有主动的竞争意识时，就需要年轻妇女强制性地将他们拉入竞争中。年轻妇女调动家庭劳动力及其他资源参与村庄竞争，本质上就是按照自己的意志和想法配置家庭资源和劳动力的投入方向，安排家务事的轻重缓急和优先次序。因此，年轻妇女要调动家庭资源和劳动力，就必须触动和调整家庭原有的权力关系，主要是要涉及年轻妇女与公婆、丈夫之间的权力关系，也就是婆（翁）媳关系和夫妻关系。一方

面，在 20 世纪 90 年代中期以前，虽然年轻妇女在家庭关系中的地位有较大提升，夫妻关系越来越重要，但是夫妻关系依然没有超越父子关系而成为家庭关系的主轴。因此，在婆（翁）媳关系中，公婆有家族力量、村庄舆论和儿子的支撑，婆（翁）媳关系的重心依然在公婆一边。在夫妻关系中也还是以丈夫为重，没有实现夫妻平权。另一方面，无论是公婆还是丈夫，他们对竞争及其压力的感受都没有年轻妇女强烈，因此对年轻妇女的资源动员不会那么理解和上心，甚至可能无动于衷。当年轻妇女要调动公婆和丈夫的劳动力时，就意味着要调整原有的家庭权力关系。也就是说，年轻妇女对家庭劳动力的调动是对家庭竞争压力的再次分配，她们要强制性地将公婆和丈夫拉到小家庭的竞争中来。这就会造成年轻妇女与公婆、丈夫之间的矛盾和冲突。此时年轻妇女在家庭中的权力和地位无法支持她们在矛盾冲突中获胜，意味着她们的资源动员失败。

二是家庭劳动力有缺陷，包括生病、残疾、素质不高及有懒惰、酗酒、赌博等坏习惯。家庭劳动力如果是有懒惰、酗酒和赌博等习惯则很难被调动起来，而生病、残疾和素质不高等则即便被调动起来也属于无效劳动力，这些状况都难以支撑家庭参与村庄竞争，从而使家庭较长时期处于贫困落后状态。这对于年轻妇女来说是致命打击，她们一方面会埋怨和责怪丈夫并与之发生矛盾冲突，另一方面则看不到家庭希望而陷入绝望状态。

三是老年人的劳动力既属于老年人自己家庭，亦属于多个子代家庭的状况。老年人分身乏术，干脆不给任何一个儿子家帮忙，从而可能导致婆（翁）媳矛盾。

不能充分有效地动员家庭资源，特别是家庭劳动力无法充分调动和合理配置，仅凭年轻妇女一己之力无法在竞争中成功。那么，落后、失败的阴影对她们来说就会挥之不去，挫败感和无力感愈发强烈，她们中有的人就可能在价值期许与现实条件的张力中选择自杀。

3. 年轻妇女自杀的类型

根据年轻妇女在资源动员及家庭冲突中的心理感知，可以将年轻妇女自杀归纳为三种主要类型，分别是绝望型自杀、报复型自杀和威胁型自杀。

（1）绝望型自杀。绝望是指一个人在对自身和家庭及周遭环境做了全面而系统的分析之后，对自己、家庭和未来所持的消极观念，绝望型自杀则是自杀者在消极观念支配下选择自我结束生命的自杀形态。农村妇女在竞争压力的支配下，企图调动家庭资源参与村庄竞争，缓解竞争压力，然而受制于自身的权力和地位，无论自己怎么努力也无法充分动员家庭资源，或劳动力本身是无效的，而对自己家庭的未来生活和家庭竞争丧失信心而自杀。年轻男子的绝望型自杀则是将家庭贫困状态归咎为自身的无能，而对家庭其他成员有愧疚心理，在该心态的支配下走向自杀。年轻妇女的绝望型自杀中有一半是由于丈夫无能或生病使家庭处于绝对贫困，另约一半是劳动力调动失败，年轻妇女无力改变现状而自杀。绝望型自杀是典型的因家庭竞争无望带来的自杀。一般来说，贫困本身并不一定导致家庭成员的自杀，只有当贫困家庭成员对未来有预期，但是理性又告诉他们无法实现预期时就可能绝望自杀。因此，将贫困与自杀现象联系起来的必要条件是"村庄竞争与资源动员失败"。

（2）报复型自杀。该类自杀是自杀者对自杀后果有明确的预期，遂通过结束自己生命的方式来对报复对象进行惩罚。在农村年轻妇女对自杀后的世界有想象，一是自杀后娘家会来"打人命"，会对夫家进行包括物质、肉体和精神上的惩罚；二是自杀死亡在信仰中属于"凶死"，死者会变成"厉鬼"来纠缠夫家，这会给夫家的生活蒙上阴影。报复型自杀要占年轻妇女自杀总量的一半多，说明年轻妇女与丈夫、公婆形成了强烈的难以化解的对峙。一方面，年轻妇女感受到巨大竞争压力，不仅过度剥削自身劳动力，对家庭的资源动员也充满期待。但是另一方面，丈夫和公婆不仅对自己的动员不理解、不支持和不配合，甚至对自己恶语相向、拳脚相加，年轻妇女会由此生发强烈的怨恨情绪和报复心态，即"既然你不让我好过，我死之后你也不会有好日子"。年轻妇女以自杀作为报复手段，说明其对家庭生活和竞争目标已经不抱希望，但报复型自杀与绝望型自杀不同的是，前者对自杀的后果有期待。

（3）威胁型自杀。该自杀的前提是，年轻妇女虽然在资源动员中遭遇了挫折，但是她们并没有对生活和竞争丧失信心，并相信只要持续地抗争和采取得当手段，对丈夫和公婆的动员就可以成功。"威胁自杀"是20世纪八九十年代年轻妇女普遍采用的资源动员手段，但真正实施了自杀行为的占少数。威胁型自杀并不是以"死亡"为目的，而是把自杀作为达到资源动员目标的手段，因此自杀方式一般不是上吊、投河、跳楼等而是喝农药，因为喝农药容易控制剂量，自杀多是未遂。由于人们对年轻妇女自杀有顾忌，通过"威胁自杀"来动员家庭资源一般都容易奏效。调查中有这么一个案例，一对年轻夫妇吵架，妻子倒在地上不吃不喝，威胁丈夫说要自杀。丈夫知道这是惯用伎俩，便没有搭理她。但是婆婆却担心儿媳妇真自杀，怕其娘家人会来"打人命"，就先喝药自杀了。儿媳妇一听婆婆死了就不再闹腾了。

（二）压力的代际传递与农村老年人自杀

2000年以后农村总体自杀率降低到世界平均水平以下，但是农村老年人自杀率在有些地方反而有增长趋势。这个时候的老年人自杀与20世纪八九十年代的老年人自杀在逻辑上有差别，后者主要是在年轻妇女干预家庭决策、调动老年人的劳动力过程导致的老年人激愤自杀。2000年后老年人自杀是在老年人的劳动力被充分调动以后发生的。一方面老年人感受到了子代在村庄竞争中的巨大压力，有为子代减轻负担的念头，另一方面子代在竞争中会有意无意地忽略老年人，所以当老年人丧失劳动力或生病之后，就可能在为子代着想和被子代忽略的双重压力下选择自杀。

1.村庄高度竞争与中老年人被忽略和挤压

20世纪90年代中后期尤其是2000年以后，农村社会结构转型和年轻妇女的自杀抗争有了两个结果，一是实现了夫妻平权，年轻夫妇在家庭中的地位平等化，妻子掌握了家庭的决策权，年轻男子被彻底拉进小家庭，真正成为小家庭发展和竞争的主力。二是代际关系的重心从偏向老年人到偏向年轻人转变，传统父权式微，年轻人掌握了家庭财产和决策权，老年人在家庭中的地位降低角色边缘化。这些转变进一步加剧了宗族认同弱化和血缘连接纽带的松散化，核心家庭利益的独立性越来越强，村庄竞争愈发激烈，竞争的标准越来越高，给每个家庭带来的压力越来越大。

村庄的高度竞争对家庭劳动力的调动要求更高，不仅年轻夫妇的劳动力被充分调动了起来，中老年人的劳动力、半劳动力也被纳入村庄竞争中。家庭劳动力和家庭资源为竞争服务的理念被树立起来，家庭资源分配以竞争为导向，村庄社会对家庭劳动力的评价也以是否对竞争有贡献为标准。因此凡是家庭成年劳动力都被过度地置入村庄竞争之中，进行自我剥削和压榨。家庭劳动力的配置以获取最大家庭收入为基准，半工半耕式代际分工是最有效的家庭劳动力配置模式，在这种模式中年轻夫妇外出务工获取工资性收入，占家庭收入的大头，中老年人在家务农获取务农收入和照看小孩儿。只有务工和务农两笔收入加在一起才能够使得家庭总收入达到村庄中等收入水平。中老年人有劳动能力很重要，一是他们可以自食其力和自我照顾，二是他们务农的收入可以输入子代家庭，三是他们还能照顾孙辈，解放了子代的劳动力。因此中老年人的劳动力在资源上支持子代家庭，减轻了子代家庭的负担。年轻夫妇和中老年人两方的劳动力对家庭参与竞争都至关重要，如果年轻人的劳动力缺乏或没有外出务工，那么该家庭基本上难以完成家庭再生产，更谈不上家庭竞争。如果中老年人缺乏劳动力或没有被调动起来，以至于需要腾出年轻人的劳动力来照顾小孩儿和老年人，那么家庭收入也会大为减少。

村庄竞争越激烈，家庭劳动力就越会往能够提高竞争力的方向投入，如务工、务农、打零工、做生意、投资等，家庭资源就越要向能够体现家庭竞争优势的方面倾斜，如建房（买房）、搬进城市、小孩儿读书、购买耐用消费品等。这必然造成对农村老年人的忽略和挤压，一是年轻人在激烈的竞争中对老年人无暇顾及，二是家庭资源较少向老年人倾斜。对于子代家庭来说，赡养老人与否不牵涉村庄竞争，更何况赡养老人要额外消耗掉家庭资源，会减少家庭其他牵涉竞争方面的开支。老年人在丧失劳动力或是生病之后，不仅不能创造财富，还要徒耗家庭资源拖子代竞争的后腿。子代专门腾出劳动力来照顾老年人的机会成本就更大。那么，在村庄高度竞争的背景下，子代的时间、精力和财富等稀缺资源就不会向老年人倾斜。越是家庭条件差的家庭，这些资源就越稀缺，分配到老年人身上的就更少，老年人被忽略和挤压的程度就更高。当老年人丧失劳动能力或是生病之后，子代又无法兼顾竞争与赡养时，就会有希望老人"早点死"的心态。

对于中老年人来说，他们一方面对子代有价值和情感寄托，有恩往下流的价值体验，当子代在竞争中承受了巨大压力时，他们也希望分担子代压力、缓解子代焦虑，为子代完成竞争目标添砖加瓦。另一方面农村代际关系从反馈模式发展到交换模式，父代认识到如果自己不在有劳动能力时为子代多做贡献，在自己丧失劳动能力后就得不到子代的照顾。因此，子代竞争的压力就会传递到老年人身上，使他们也不会感到轻松自在，不会有"享清福"的想法。子代家庭的负担越大，老年人的压力就越大。当他们还能劳动时就劳动，自己养活自己，不要子代供养，还尽可能向子代输入资源，给子代照顾家庭和孩子，以尽最大力量解除子代的后顾之忧减轻子代负担。当他们年老或生病丧失劳动能力后，他们就会觉得自己没有用了，不仅不能给子代做什么，还要子代照顾自己，白白浪费子代的时间和资源。他们感觉到自己成了子代的拖累和累赘，会产生很强的心理负担及对子代的负罪感。子代家庭越是条件不好，老年人的这种负面心态就越严重。这个时候他们能够做的一是尽量不给子代"添麻烦"，生病了能拖则拖，不找子代要钱看病，生活上尚能自理就不要子代照顾；二是期待自己早点死，既能早解脱又能给子代减轻负担。有的老年人在生病之后就把自己给拖死、饿死或者自杀。

农村老年人自杀是他们在被子代忽略挤压和自己为子代着想的双重压力下采取的结束自己生命的行为。此时老年人自杀不是出于一时激愤，也不是因为在代际矛盾冲突中受到了屈辱导致价值观崩溃，而是经过长时期思考后的理性选择。老年人自杀时一般较为平静，甚至做好了后事准备。这一时期村庄对老年人自杀也看得比较淡定，老年人自杀不再激起村庄波澜，子代也不会因老年人自杀而受负面影响。村庄不认为老年人自杀是非正常死亡，尤其是老年人得病后自杀就直接认定为病死。

2. 农村老年人自杀的类型

根据农村老年人自杀时的主观动机和客观影响，可以将农村老年人自杀分为绝望型自杀、利他型自杀和利己型自杀。

（1）绝望型自杀。绝望型自杀是指老年人在子代的赡养上不抱希望后做出的自杀行为，包括物质上和精神上两种绝望形态。物质上的绝望表现为老年人因为物质贫乏而处于绝对贫困和饥饿状态，包括缺乏基本的口粮维持生计。子代不按时给老年人送口粮，老年人又不好意思向子代开口要，有时要了还要受到儿子儿媳妇的数落，说他们不做事吃得还多。为了不去看儿子儿媳妇的脸色就尽量饿着也不去要，实在受不了才向子代开口讨饭吃。老年人不能自理之后得不到子代的照料也会带来绝望情绪。之所以得不到照料，一是儿子儿媳妇确实太忙了照顾不过来，二是不能自理的老年人受到儿子儿媳妇嫌恶而故意不去照看。老年人生病之后得不到治疗也是产生绝望心理的重要原因。对于子代来说，老年人生病不仅治疗要消耗家庭财富，治疗好后还不能给家庭创造财富，子代觉得划不来就不会给予治疗。从精神上来说，老年人不能劳动之后，且不说得到子代细心照料，连基本的尊重都得不到，他们看不到子代的好脸色，有的会受到子代的辱骂和殴打，使他们在精神上受到创伤和折磨。老年人与其在子代面前苟延残喘低声下气地活着，还不如死了算了。许多农村老年人在物质和精神绝望中走向自杀。

（2）利他型自杀。这种类型的老年人自杀对子代是有利的，包括两个方面，一是老年人对子代不会产生负面影响或者影响很小，这是"利他"的前提，说明村庄已经认可了老年人自杀。二是老年人自杀能够减轻子代负担，使他们能了却后顾之忧，在村庄竞争上轻松上阵。当老年人不能劳动就成了纯粹"消费者"之后，对于子代来说是额外负担，老年人活得越长对子代造成的负担就越重。当老年人生病或不能自理之后给子代带来的负担就更大。子代不仅要出治疗费用，还要专门腾出劳动力来照顾老人，从而给子代造成巨大的机会成本。农村一些高龄老人虽然能够自理，但是他们的子代还得在家里守着，因为说不定哪天老人就去世了，这就耽搁了子代外出务工。不能外出务工就无法获取足够的家庭收入，也就难以完成竞争目标，所以会给子代带来巨大的心理压力。在访谈中这些子代并不讳言希望老人早点死，这样他们才能安心外出务工，如果再拖上几年就没人要了。而老年人自杀提前结束自己的生命，不仅可以节省子代的物质供给、医疗费用，还可以减少子代照料的机会成本，使他们外出务工更加从容，没有牵挂。子代家庭负担越大，老年人就越有为子代减轻负担的心理；子代付出越多，对老年人照顾越是周到体贴，老年人就越有愧疚心理，就越可能通过自杀来减轻子代负担。

（3）利己型自杀。这是农村老年人通过结束自己生命来解脱自己的一种自杀类型。农村老年人若处在缺乏物质和精神照料的情况下，生活对他们来说就是一种折磨和痛苦，当他们实在熬不过去时就可能选择自杀来寻求解脱。老年人难以熬过的折磨有两种情况，一种是病痛折磨。老年人得病之后不仅要受到病痛本身的折磨，使他们身体上痛苦难耐，得不到子代物质和精神上的照料，甚至还要遭到子代嫌恶唾弃。老年人生病后会在精神上受到痛苦折磨。有受访者称，农村老年人不能生病，一生病就活不了多少天。有些老年人因为磨不过病痛带来的身体和精神上的痛苦而自杀，甚至有的老年人发现自己生了小病后就自杀了，因为生怕小病发展成大病之后连自杀都做不成。老伴儿去世的老年人在生病之后更可能自杀。另一种情况是孤独的折磨。农村青壮年劳动力大量外出务工，在村有劳动能力的人又都在忙着自己的事情，农村串门的越来越少，老年人得不到年轻人的照料和看望，使他们的生活孤寂无聊。有的老年人一年到头看不到子代，因为子代无法放弃外出务工而回来专门陪伴老人，即便子代就住在村里也无暇去看老人。村里的棋牌室、商店等需要付费的空间是中青年人的专享，对老年人是排斥的。在居住较为分散的农村地区，留守老人空虚孤独的情况更加严重。有的老年人因受不了孤独的折磨而自杀。

五、小结

现代性进程的一个重要后果是促进了村庄熟人社会的分化，改变了农村社会关系的性质，使传统以血缘为基础的宗亲自己人关系转变为以核心家庭为单位的竞争关系。熟人社会特性使得村庄竞争异常激烈，不同层级的农民都感受到竞争的压力。村庄竞争越激烈，处于优势地位的上层农民不断刷新竞争标的物，相对落后的农民就越要与之看齐。相对来说，上层农民有更多的条件调动资源参与竞争，以缓解压力和焦虑，而处在下层的农民则由于缺少资源而备感压力。

村庄社会关系性质的转变必然引起家庭关系性质的转换和调整。当农民家庭感受到了竞争压力之后就要调动资源参与竞争以缓解压力。对于许多农民家庭来说，家庭最重要的资源就是劳动力资源，而调动劳动力的过程实质上就是调整家庭关系的过程。在20世纪八九十年代，由于年轻夫妇的性别特性及其在家庭结构中的角色与位置，使得她们感受到的竞争压力最大，因此她们最有动力去调动家里的劳动力参与竞争。年轻妇女在对年轻男子、中老年人的劳动力的调动中必然要强制性地变革夫妻关系和代际关系，在这个过程中就会产生矛盾和冲突，并可能导致这三个农民群体的自杀。其中由于年轻妇女承受的竞争压力最大，对劳动力的调动意愿最强烈，但是她们在家庭权力结构中较低的地位无法支撑她们实现目标诉求，因此她们在矛盾和冲突中受挫自杀的可能性最大，自杀率也就最高。那么越是在竞争中落后、资源薄弱的家庭，就越需要充分调动家庭劳动力参与竞争，对家庭关系的调整力度就越大，家庭矛盾与冲突就越多越大，这些家庭中的年轻妇女自杀的可能性就越大。

2000 年以后农村家庭关系有了质的转变，家庭关系中夫妻实现了平权，夫妻关系成为家庭关系的主轴，代际关系从属于夫妻关系。由于村庄竞争的加剧，不仅年轻夫妇的劳动力被充分调动了起来，中老年人的劳动力也被充分调动了起来。村庄高度竞争引导家庭资源单向性地向年轻人流动，而较少向中老年人倾斜，从而迫使农村代际关系由传统的反馈模式向交换式、剥削式转变。农村中老年人在有劳动能力时要为子代参与竞争贡献劳动力，在丧失劳动力后就成了子代参与竞争的负累，他们为此会有较强的心理压力和负罪感。而此时提早结束生命是他们唯一能够减轻子代负担和释放自身焦虑的方式。所以有的老年人会在子代资源挤压与为子代着想的双重压力下选择自杀。

涂尔干在他经典的自杀论著作中批评了从心理等因素来解释自杀率和自杀行为的倾向，他推动了将自杀现象作为社会事实进行研究的社会学转向，认为自杀现象总是与特定的社会进程联系在一起，自杀行为更可能发生在特定的社会环境之中。自杀不是心理因素导致的结果，而是社会变迁的表征。在研究策略上，涂尔干及其追随者首先找到特定环境内的主要指标，然后再挖掘这些指标与个体发生作用并导致自杀后果的机制。但是在涂尔干的研究中，并没有彻底贯彻社会事实的解释路径，他在不知不觉当中陷入了心理学解释的陷阱，譬如在对几种主要自杀类型的分析中大量直接套用"愿望""意义""目标""尊严""个性""激情""冷漠""厌恶""道德"等心理学分析的常用概念，但是他并没有勾连个体心理与社会环境之间的逻辑联系。在本章的分析中，希图通过"分化—竞争—压力的社会配置"的分析框架打通"社会环境"—"主体认知"—"自杀行为"三者之间的逻辑关系，构建了对农民自杀行为的精巧解释机制。本章中特定的"社会环境"是指中国及农村社会整体变迁所带来的农村社会的分化与农民的社会竞争，"主体认知"就是农民在竞争中所感受到的竞争压力及由此带来的焦虑感，农村不同群体或个体因各自在村庄社会结构中的位置、地位、权力及个性等方面的差异，所能感受到的压力和焦虑在程度上有差异，感受到较大压力和焦虑而又无力舒缓的农民群体或个体的自杀可能性较大。本章的分析框架对自杀研究之心理学和社会学两大路径的结合是一个初步尝试，意在抛砖引玉，希图有更多的研究者参与这项工作，以使对农民自杀行为的分析以及自杀干预更切中要害。